高等学校及职业院校海运专业教材

海运地理

宋　彬　主编

上海浦江教育出版社

图书在版编目（CIP）数据

海运地理 / 宋彬主编 .— 上海 : 上海浦江教育出版社有限公司 , 2021.12（2024.12 重印）

ISBN 978-7-81121-745-2

Ⅰ . ①海…　Ⅱ . ①宋…　Ⅲ . ①海上运输—运输地理—世界—教材　Ⅳ . ① F551.9

中国版本图书馆 CIP 数据核字（2021）第 256057 号

HAIYUN DILI
海运地理

上海浦江教育出版社出版发行

社址：上海海港大道 1550 号上海海事大学校内　邮政编码：201306
电话：（021）38284910（12）（发行）　38284923（总编室）　38284910（传真）
E-mail：cbs@shmtu.edu.cn　URL：http://www.pujiangpress.com
上海商务联西印刷有限公司印装
幅面尺寸：185 mm × 260 mm　印张：18.75　字数：377 千字
2021 年 12 月第 1 版　2024 年 12 月第 2 次印刷
策划编辑：于　杰　责任编辑：周　悦　封面设计：赵宏义
定价：58.00 元

前言

21世纪是海洋的世纪，海洋已经成为了人类第二大生存和发展空间。党的十八大报告提出“提高海洋资源开发能力，坚决维护国家海洋权益，建设海洋强国”。习近平总书记在党的十九大报告中指出：“坚持陆海统筹，加快建设海洋强国。”

“海运地理”课程的开设主要依托于国际海运业的蓬勃发展。在这样的背景下，国际海运市场每时每刻都展现出新的面貌，国际海运航道和海运港口也都发生了诸多变化。随着中国“一带一路”倡议的提出，很多国家的港口从籍籍无名变得举世皆知。市场上的诸多教材，即便一版再版，也并未紧跟时代前沿，知识和数据等内容都已陈旧，严重落后于时代，亟待更新。

本书紧密结合世界海运发展现状，将地理学与海运相结合，从海运地理的历史沿革入手，着重介绍海运地理相关知识，并将海运企业的真实航线引入到本书的编写中，以航线为脉络，以港口为基点，重新梳理教学内容，划分教学模块，并立足最新的知识和数据，充分体现航运特色，秉承基础性、趣味性和开拓性相统一的教学思想，以激发学生对所学专业课程的热爱、追求与创造性思维活动。

本书可作为交通运输、国际物流、港口与航运管理、港口物流等与国际贸易和国际航运密切相关专业的教学用书，也可作为船公司、港务公司、国际贸易公司、国际货运代理公司和国际船舶代理公司的继续教育培训教材。

全书由上海海事大学高等技术学院、上海港湾学校宋彬老师主编，上海海事职业技术学院吴文一副教授主审。感谢上海港湾学校管理专业所有教师同仁以及上海浦江教育出版社编辑对本书编写提供的帮助。此外，本书在编写的过程中，参考了大量的相关资料，在此对这些资料的作者及译者表示由衷的感谢。囿于编者水平问题，以及当前国际形势和海运业高速发展等原因，书中难免有失宜之处，尚祈诸位专家和广大读者教正。

编者

目 录

项目一

初识海运地理

凡是过去，皆为序章。

——莎士比亚戏剧《暴风雨》

任务一　认知海运地理发展史

任务描述

海运从最初的海上冒险即航海开始，而航海离不开地理知识。我们今日所认知的地球，是经过万千年人类探索之后才得以呈现于我们面前的。海运地理从史前发展到现在，经历了诸多阶段。因此，在认识海运地理之前，有必要了解其历史。

纵观历史，航海在文明发展中发挥了重要作用，无论是迁徙、捕捞、贸易、运输还是战争，都为人类提供了比陆地旅行更大的流动性。可以说，历史是一面镜子，通过这面镜子去看人类航海、运输、经济贸易的发展脉络，会更容易明白海运地理这门学科的地位和重要性。

知识讲解

一、史前及古代海运地理

在欧洲中世纪之前，古代世界的航海以地中海区域最为闻名。在古代世界航海民族行列中，又以两河流域的苏美尔人和巴比伦人、埃及人、腓尼基人、希腊人、波斯人、古罗马人最为著名。他们在地中海区域从事海上运输及贸易。为了争霸地中海，控制海上航域，海上战争从未间断。这一时期的航海事业，拓宽了贸易区域，开辟了早期的海上航线，促进了语言、文化、宗教和法律的跨海传播，并逐步帮助人们认清自己所居住的这个地球的地理环境。

1. 两河流域的航海

美索不达米亚（Mesopotamia），是古希腊对两河流域的称谓，意为“（两条）河流之间的地方”，这两条河即幼发拉底河（Euphrates River）和底格里斯河（Tigris River）。

由于美索不达米亚地处平原，而且周围缺少天然屏障，所以在几千年的历史中有多个民族在此经历了接触、入侵、融合的过程。苏美尔人、阿卡德人、阿摩利人、亚述人、埃兰人、喀西特人、胡里特人、迦勒底人等民族先后进入美索不达米亚，他们先经历了史前的欧贝德，早期的乌鲁克、苏美尔和阿卡德时代，后来又建立起先进的古巴比伦和庞大的亚述帝国。迦勒底人建立的新巴比伦将美索不达米亚古文明推向鼎盛时期。

欧贝德（Ubaid）时期（约公元前6500年—公元前4000年）是美索不达米亚的史前时期。该遗址位于伊拉克南部济加尔省的欧贝德，在乌尔古遗址的西面。当地政府将它归为新石器时期的陶器文化到铜石文化，它代表了美索不达米亚南部冲积平原上最早的人类定居生活。在欧贝德时期，人们学会了使用帆船。在公元前5500年—公元前5000年间科威特欧贝德文化遗址As-Sabiyah发现的圆盘形陶器上，描绘有两个桅杆的船的模型，见图1-1。

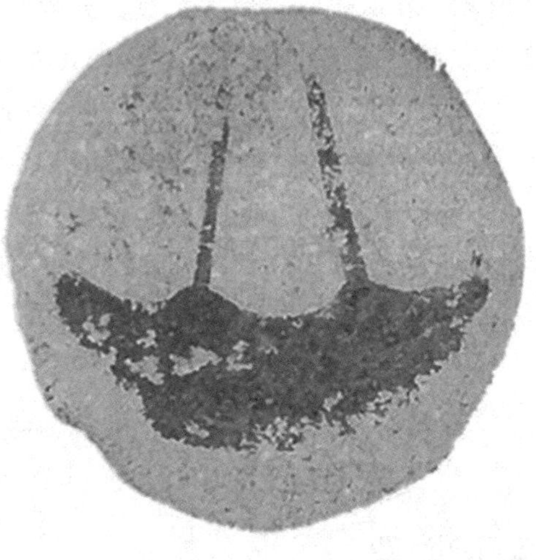

图 1-1　欧贝德文化遗址 As-Sabiyah 发现的圆盘形陶器

两河流域文明最早的创造者是公元前4000年左右来自东部山区的苏美尔人（Sumerians）。他们于公元前3200年左右发明了楔形文字。到了公元前3000年，苏美尔人就在两河流域建立了众多城邦并修建了一些港口，比如乌尔和尼普尔。这一时期的很多黏土板上也描绘了船和航行的记录。两河流域因木材稀少，盛行纸莎草船。公元前3000年左右的美索不达米亚圆筒印章（见图1-2），通过印在湿黏土上而留下船舶的印记。该印章发现于伊拉克（古代的吉尔苏）的泰罗，距离今巴格达东南约 250 km 和纳西里耶以北 80 km 处的幼发拉底河畔。

图 1–2 美索不达米亚圆筒印章①

公元前 1792 年，巴比伦（Babylon）第一王朝的第六代国王汉谟拉比（Hammurabi）（约公元前 1792 年—公元前 1750 年）即位，征服了苏美尔人和阿卡德人，统一了美索不达米亚平原，建立一个强大的中央集权制国家，成为西亚古代奴隶制国家的典型。史称古巴比伦王国（约公元前 1894 年—公元前 1595 年）。其所颁《汉谟拉比法典》是古代西亚第一部较为完备的法典，是迄今世界上最早的一部较为完整地保存下来的成文法典。该法典中有许多条款涉及商人之间的关系和利息，有 7 个条款直接涉及航运，见图 1–3。法典还包括早期历史上罕见的“行驶规则”，“规定向下游航行的船舶必须避开逆流航行的船舶，如果船主因粗心大意而造成损失则需自行承担后果”。法典明确规定航运相关的费用与行驶规则，说明当时的航行活动已经具有一定规模和普遍性。

图 1–3 以楔形文字写成的《汉谟拉比法典》

---

① 林肯 · 佩恩 . 海洋与文明［M］. 陈建军、罗燚英，译 . 天津：天津人民出版社，2017：41.

然而，在公元前 1595 年，来自安纳托利亚中部的赫梯人（The Hittites）大举入侵，推翻了巴比伦人的统治。苏美尔北部被并入起源于伊朗的米坦尼王国，而美索不达米亚南部地区则落入海地王朝（巴比伦第二王朝）之手。在同一时期，印度文明也出现了衰落。位于东西方贸易路线两端的文明古国的衰落，导致巴基斯坦和印度与波斯湾之间的远距离海上贸易中断长达 1 000 年。

2. 古埃及的航海

古埃及（Ancient Egypt），是四大文明古国之一，位于非洲东北部尼罗河中下游地区。古埃及文明形成于公元前 4000 年左右，古埃及前王朝开始于公元前 3100 年左右时美尼斯统一上下埃及建立第一王朝，终止于公元前 30 年罗马征服埃及托勒密王朝。

文字、艺术及考古方面的发现清晰表明，水上运输对古埃及人至关重要，他们与船舶之间的直接联系渗透到其生活的方方面面。古埃及各式各样的船舶证据来自古代的文献、墓画、浮雕、模型以及船只残骸。已知最古老的帆船图像就出现在已出土的涅伽达文化（Naqada Culture）Ⅱ期（格尔津时期，约公元前 3500 年—公元前 3100 年）的陶罐上，见图 1–4。[①]

图 1–4　涅伽达文化Ⅱ期彩陶（藏于开罗大埃及博物馆）

① 林肯 · 佩恩 . 海洋与文明［M］. 陈建军、罗燚英，译 . 天津：天津人民出版社，2017：41.

1954 年，埃及考古学家在胡夫金字塔南侧 18 m 处发现两个长方形石坑。东面的石坑当年开始挖掘，并出土了第一艘胡夫太阳船，见图 1–5。胡夫太阳船是古埃及文明的结晶。胡夫太阳船是古埃及第四王朝法老胡夫的陪葬品，于公元前 2500 年左右被埋藏于金字塔脚下的基坑中，是古埃及历史最悠久、规模最大、保存最完好的船只。第一艘太阳船经过考古学家 13 年的努力才修复完成。该船长约 43 m。1982 年它被安放在于原址上落成的胡夫太阳船博物馆内。

图 1–5　胡夫太阳船（现藏于开罗大埃及博物馆）

迄今为止，考古学家已发现了 21 艘古埃及船舶，以及几百种关于船舶的模型、墓画、文献以及关于河上与海上运输船的记录。对于一个在非洲沙漠中的狭长肥沃地带上发展起来的文明而言，胡夫太阳船十分有力地表明了水路的重要性。

古埃及人利用先进的造船技术，通过地中海和红海与美索不达米亚及安纳托利亚地区主要国家进行海上运输与贸易，并开始在地中海东部进行持续的远距离航行。大约在公元前 2500 年，埃及人便驾驶帆桨船沿地中海的亚细亚东岸行进，从西奈半岛运回砂岩、铜矿石，从黎巴嫩、叙利亚运回橄榄油和贵重的雪松。古埃及人的军事行动中最引人注目的，就是他们开辟了穿过黎凡特和东地中海地区的海上交通线。在近 4 000 年的时间里，这条海上交通线一直是海上文化交流和商业贸易的重要通道。

知识链接

世界上最古老的港口

考古学家在 2013 年 4 月宣布，在邻近红海、苏伊士城以南 191.5 km 的瓦迪·伊尔·加尔夫开启了一个深入基岩的地下储藏室，发掘出船只、绳索和陶器的碎片，还有一些莎草纸文书，证明这是一座古代的港口。从挖掘出的这些文物来看，这座港口比世界上现存的任何港口都要古老，距今约有 4 500 年历史，因此也被美国《考古学》杂志评为 2013 年世界十大考古发现之一。

考古学家推测，该港口应该是埃及第四王朝法老胡夫时期建立的，可能是当时最重要的商业港口，古埃及当时应该是用此港口将铜等资源从西奈半岛运送至埃及。

3. 腓尼基人的航海

在地中海东部和红海海域，埃及人继续扮演重要角色，但是主动权已经转移到腓尼基人（Phoenician）和希腊人的手中。腓尼基人和希腊人创造了最早的海上殖民帝国。

腓尼基人是一个古老民族，生活在地中海东岸，相当于今天的黎巴嫩和叙利亚沿海一带，自称为迦南人，被希腊人称为腓尼基人，是西部闪米特人的西北分支，他们曾经建立过一个高度文明的古代国家。腓尼基人是古代世界最著名的航海家和商人，他们驾驶着狭长的船只踏遍地中海的每一个角落，地中海沿岸的每个港口都能见到腓尼基商人的踪影，在全盛期曾控制了西地中海的贸易。

公元前 1100 年腓尼基人经过直布罗陀海峡进入大西洋并沿西班牙海岸航行。公元前 10 世纪至公元前 8 世纪是腓尼基城邦的繁荣时期。主要城市有在黎巴嫩境内的比布鲁斯（Byblos，或翻译为白布罗斯）、泰尔和西顿，其中泰尔和西顿二城曾先后为各城邦的盟主。公元前 8 世纪，腓尼基人在北非建立迦太基城，当时迦太基城还只是腓尼基城邦泰尔的海外殖民地，公元前 650 年，迦太基脱离泰尔独立，建立城市国家古迦太基。古迦太基强势时疆土辽阔，势力最大曾囊括今天北非沿岸、西班牙中部、科西嘉岛、撒丁岛、西西里岛和马耳他岛。

古希腊史学家希罗多德曾经记述，公元前 600 年左右，在埃及第二十六王朝尼科二世法老的支持下，一支由 40 艘船组成的舰队首先从西奈半岛的亚喀巴湾出发沿着红海岸航行，穿过曼德海峡进入亚丁湾；再沿着今天的索马里海岸线一直南下到达今南非南海岸；再从南非和今纳米比亚的非洲西海岸北上到几内亚湾；最后沿着西非的海岸线转入直布罗陀海峡进入地中海回到家乡腓尼基。历时 3 年，航程 3 万 km 完成环绕非洲航行。[①] 不过希罗多德自己对于腓尼基人的远征持怀疑态度，他补充道："有的人也许信他们的话，但是我是不相信的。"而法国学者保罗·佩迪什在其《古代希腊人的地理学》中表示愿意相信腓尼基人成功绕行了非洲，但认为他们必须在塞内加尔止步并走陆路回去。他说："从塞内加尔到直布罗陀的航行当年是不可行的，因为有与海岸平行不间断的东北风。"[②]

腓尼基人在西地中海建造了东方样式的挖掘港湾，迦太基港想象复原图见图 1–6。这种人工港据现在的考古学家研究要比希腊人的年代更早，可能是西式地中海最早的人工港口。其构造特点是在陆地上挖掘航道（水路），四角形内港，称为固城。通过比较狭窄的水路与外海相通，有铺石的水门，在其后面有仓库、船库之类的建筑物。而如迦太基港等不仅同为挖掘式，而且是圆形的军港和四角形固城商港并存。[③]

图 1–6 迦太基港想象复原图

（资料来源：理查德·迈尔斯著《迦太基必须毁灭》）

此外，大约在公元前 1000 年，腓尼基人创造了人类历史上第一批字母文字，共 22 个字母（无元音），见图 1–7。这是腓尼基人对人类文化最伟大的贡献。腓尼基字母（Phoenicia Alphabet）是世界字母文字的开端。在西方，它派生出古希腊字母，后者又发展为拉丁字母和斯拉夫字母。希腊字母和拉丁字母是所有西方国家字母的基础。在东方，它派生出阿拉美亚字母，由此又演化出印度、阿拉伯、希伯来、波斯等民族字

① 参见希罗多德的著作《历史》。

② 保罗·佩迪什. 古代希腊人的地理学 [M]. 北京：商务印书馆，1983.

③ 参见日本高见玄一郎所著的未出版的《世界港口史》曾在期刊《中国港口》连载 2 年。

母。中国的维吾尔文、蒙文、满文字母也是由此派生演化而来的。

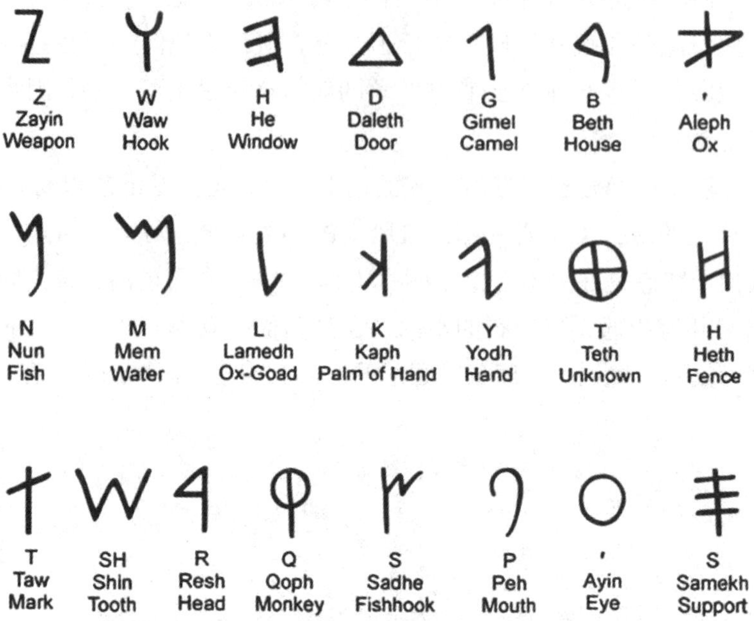

图 1–7　腓尼基字母

公元前 9 世纪左右，腓尼基人和罗德岛人通过梳理多年海上贸易的经验教训和成功实践，制定了首部航海习惯法——《罗得海法》。《罗得海法》是最早的海事法法典或汇编。关于其编纂日期有多种说法，一般认为是公元前 9 世纪。只有“海上抛货”（jettison）一章保留在罗马法《学说汇纂》中，称为 *Lex Rhodia de Jactu*。它规定，如货主为船舶或船上其他货主的安全需要而抛货的，则其有权要求分摊损失。该规定后被现代民法法系国家和其他法典所吸收，演化为现代海商法中的“共同海损”。但《罗得海法》的其余篇章均已遗失，现代所能看到的同名法典被认为是伪作。尽管《罗得海法》的历史存在很多不确定之处，但仍经常被引为海商法和海事法的渊源。

公元前 6 世纪至公元前 4 世纪，腓尼基各城邦先后被新巴比伦王国征服，后又成为波斯帝国的第五行省。公元前 332 年，马其顿王亚历山大大帝东征，攻陷推罗城。公元前 3 世纪 70 年代，罗马对外扩张，成为迦太基的劲敌，爆发了古代史上著名的 3 次“布匿战争”。最后迦太基灭亡。公元前 147 年，迦太基城被罗马军队夷为废墟。此后，腓尼基人处于罗马人的长期统治下，逐渐与其他民族融合，并最终消失于历史舞台。

4. 希腊人的航海

古代爱琴海文明按地区分可分 4 个区域：①克里特岛；②基克拉泽斯群岛；③希腊本土；④特罗多斯地区。占据古代地中海文化中心地位的是克里特岛的米诺斯文明。

克里特岛是古代的一大海运国家，受东方的影响，特别是埃及的影响很深。克里特文化发展显著的时期是公元前 1900 年。

但是，为古代地中海留下了绚烂文化的克里特文明，在公元前 1450 年时，却突然从地球上消失了。这被认为是一大历史谜团。有 2 种说法：一种说法是它被来自希腊的侵略和袭击摧毁；另一说法是由于锡拉岛火山的大爆发，它被地震和海啸所吞灭。雅典的科学研究所都认为是后者。锡拉岛火山在公元前 1500 年和公元前 1450 年曾两度爆发，特别是后一次很剧烈，这同克里特文化的泯灭在年代上是一致的。

不过，克里特文明的文化遗产传到了迈锡尼文明的手中。迈锡尼文明建立的贸易网络覆盖了爱琴海、安纳托利亚沿海地区、塞浦路斯、黎凡特和埃及，一直持续到公元前 12 世纪。

之后，希腊进入黑暗时代，即荷马时代（Homeric Age），也叫英雄时代（Heroic Age），指的是希腊历史中从多利亚人入侵及迈锡尼文明灭亡的公元前 12 世纪直到公元前 9 世纪最早的希腊城邦之崛起时期。公元前 8 世纪《荷马史诗》记录的便是这段历史，其中最著名的故事为《木马屠城记》。

公元前 8 世纪至公元前 6 世纪，希腊各地建立了 200 多个城邦，荷马时代就此结束。由于这个时期的繁荣度类似于迈锡尼文明时期和克里特文明时期，故又被史学家称为“古风时代”。这一时期，出现了 3 层桨座战船（Athenian Trireme），见图 1-8。公元前 490 年发生的历史上著名的希波战争中，希腊就曾以数百艘长约 130 英尺[①]、3 层桨座的战舰抵抗波斯舰队。

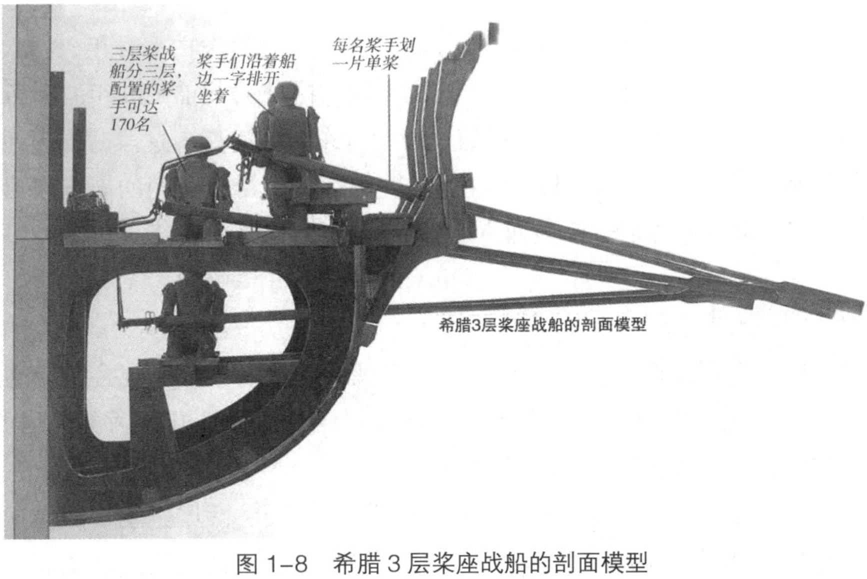

图 1-8　希腊 3 层桨座战船的剖面模型

① 1 英尺 =0.304 8 m。

公元前4世纪，希腊最繁忙的港口是比雷埃夫斯港。不管是过去还是现在，这里都是雅典的外港，它是个军港，同时也是进行谷物贸易和与东方进行高价商品贸易的中心。

进入公元前4世纪，马其顿成为强大的国家。公元前338年夏，马其顿军与以雅典、底比斯军为首的反马其顿联军决战于中希腊的克罗尼亚，联军惨败。战后，希腊各邦被迫承认马其顿的霸主地位，只有斯巴达保持了自己的尊严。公元前337年，“希腊联盟”即“科林斯同盟”成立。这是由马其顿国王腓力二世创建的希腊城邦同盟，旨在联合整个希腊世界的军事力量与波斯较量。公元前336年，腓力二世被波斯派来的刺客杀死在他女儿的婚礼上。腓力二世的儿子亚历山大，年仅20岁就继位了，并以权谋和武力镇压了希腊人反马其顿运动。亚历山大大帝于公元前335年组建起一支由3万步兵、5 000骑兵构成的东征军，在第二年初春率领35 000人的大军和160艘战舰渡过赫勒斯滂海峡（即今达达尼尔海峡），开始了历史性的希腊化征程。东征历时10年，亚历山大征服了波斯、埃及、小亚细亚、两河流域，最终建起地跨欧、亚、非3洲的亚历山大帝国，是历史上继波斯阿契美尼德王朝之后第二个地跨亚欧非3洲的帝国。

亚历山大东征是一次掠夺性远征，对亚洲文明造成一些毁坏性的破坏。但是客观上，也促进了东西方文化的交流，开拓了人们的眼界。东方的城市出现了优美的希腊式雕塑（比如著名的犍陀罗佛教造像艺术[①]）和建筑，东方的天文学和数学知识也传入希腊及西方，丰富了西方的知识宝库。亚历山大的东征，还开辟了东西方贸易的通路。他在东方建立的几十座城市，都逐渐发展成为商业中心，如埃及的亚历山大港至今仍是埃及著名的大海港。

公元前323年，亚历山大在筹备远征阿拉伯半岛时突然病亡，时年33岁。此后，中东和近东地区进入“希腊化时代”。“希腊化时代”指从公元前330年波斯帝国灭亡到公元前30年罗马征服托勒密王朝为止的一段中近东历史时期，这段时期内地中海东部原有文明区域的语言、文字、风俗、政治制度等逐渐受希腊文明的影响而形成新的特点，在19世纪30年代以后逐渐被西方史学界称为“希腊化时代”。

5. 波斯人的航海

公元前6世纪，古波斯人成为阿契美尼德王朝的统治者，他们统合伊朗高原各民族，建立了波斯帝国。波斯帝国始于公元前550年居鲁士大帝开创阿契美尼德王朝，终于1935年巴列维王朝礼萨 · 汗改国名为伊朗。

历史上波斯人曾建立过多个帝国，如阿契美尼德王朝、萨珊王朝、萨曼王朝、萨非王朝等。全盛时期领土东起印度河平原、帕米尔高原，南抵埃及、利比亚，西至小

① 孙英刚，何平 . 犍陀罗文明史［M］. 北京：生活 · 读书 · 新知三联书店，2018.

亚细亚、巴尔干半岛，北达高加索山脉、咸海。

中世纪之前的波斯帝国主要经历了两个王朝，即阿契美尼德王朝（波斯第一帝国，公元前550—公元前330年）和萨珊王朝（波斯第二帝国，224—651年）。两个王朝之间，是安息帝国（亦称帕提亚帝国，公元前247—224年）。安息帝国位于罗马帝国与汉朝中国之间的丝绸之路上，成为了商贸中心，与汉朝、罗马、贵霜帝国并列为当时亚欧四大强国之一。

全盛时期的波斯帝国，一度控制了地中海东部、黑海、红海、波斯湾和印度洋的海上贸易。

6. 古罗马时期的航海

古罗马指从公元前9世纪初在意大利半岛（即亚平宁半岛）中部兴起的文明，先后经历罗马王政时代（公元前753—公元前509年）、罗马共和国（公元前509—公元前27年）、罗马帝国（公元前27—476年/1453年）3个阶段。

在公元前4世纪至公元前3世纪时，罗马的共和制开始推广到了意大利全土。这时，罗马人几乎没有航海经验。他们向海外扩张领土，并进行统治之后，才开始有意识地发展海上势力。起初，既没有足够的海军，也没有商船队。

公元前3世纪至公元前2世纪，罗马为争夺地中海霸权，掠夺资源与奴隶，同地中海西部强国迦太基进行了3次布匿战争。布匿战争的结果是迦太基被灭，迦太基城也被夷为平地，罗马争得了地中海西部的霸权。

罗马共和国末期，是一个动荡的年代。公元前44年，恺撒遇刺身亡，遗嘱指定其甥外孙屋大维为其继承人。公元前27年，元老院授予屋大维“奥古斯都”称号，建立元首制，罗马共和国事实上被罗马帝国所取代。皇帝图拉真（98—117年）在位时，罗马帝国版图达到最大，经济空前繁荣，西起西班牙、不列颠，东到幼发拉底河上游，南至非洲北部，北达莱茵河与多瑙河一带，地中海成为帝国的内海。罗马人将地中海称为“我们的海”。

由于大罗马帝国的形成，地中海的贸易就集中到了罗马。罗马人食用的面包是用埃及和北非洲的小麦粉烧制的，罗马的贵妇人身穿中国的丝绸，化妆品是从阿拉伯带来的，香料是从印度和亚洲地区输入的，葡萄酒是从希腊寄来的。在罗马的城市建设中使用了尼罗河的石料和希腊及马尔莫拉的大理石；输入了很多比罗马更早就为人们所熟知的西班牙的银、塞浦路斯的铜和铁、蒂尔（现称苏尔）的纺织品等。这些东西都集中在罗马，遂有“条条大路通罗马”之说。

罗马的港口有了相当的进步，出现了用混凝土施工法建造的防波堤和码头，出现了集希腊的圆形港和腓尼基的挖掘港湾技术于大成的港湾。出现了像普特奥利

（Puteoli）和奥斯蒂亚（Ostia）那样的新式港口。在这些港口中，还出现了直线码头。①

300 年，罗马帝国的政治、经济中心移向了东方，君士坦丁大帝（324—337 年在位）于 330 年定都君士坦丁堡，号称新罗马。君士坦丁堡即现在的伊斯坦布尔。

395 年，狄奥多西一世于米兰去世，他将帝国分为东西两部分，东部分给长子阿卡迪乌斯，西部分给幼子霍诺里乌斯。东罗马帝国建都君士坦丁堡，因此又称拜占庭帝国。这个地方位于丝绸之路的终点站，在到 13 世纪威尼斯兴盛起来的约 1 000 年的时间里，形成了东洋和西洋的交易中心。全盛时期的拜占庭完全是一个海洋帝国，帝国由从首都开始的海上路线网维护着。

7. 古代中国的航海

远古时期，原始社会的航海活动最早开始于新石器时代，至少在 7 000 年前，中国已能制造原始的水上航行工具，如竹筏、木筏和独木舟（见图 1-9）等。南宋王应麟的《玉海》引《世本》曰："古者观落叶因以为舟（编者按：疑为宋衷注）。"《世本》载："共鼓、货狄作舟（宋衷注：二人并黄帝臣）。"《山海经 · 海内经》载："帝俊生禺号，禺号生淫梁，淫梁生番禺，是始为舟。"

图 1-9　距今约 8 000 年的世界上最早的独木舟（现藏于杭州市萧山跨湖桥遗址博物馆）

殷商与西周时期，人们除了会制造船舶之外，已能制成帆而利用风力航行。甲骨文用"凡"通假"帆"字，说明殷人行船已经使用帆，不过这时的帆一般主要用在陆地江河中航行。随着春秋战国时期各国的海上活动兴起，人们航海的地理知识逐渐增

① 参见日本高见玄一郎所著的未出版的《世界港口史》曾在期刊《中国港口》连载 2 年。

加，将中国东部外测的不同水域划成“北海”（今渤海）、“东海”（今黄海）、“南海”（今东海）。人们已了解到“百川归海”并开始在沿海巡航。在这一时期，人们在认识风的同时，也对一些云雨气象有所了解，如《尚书·洪范》的“月之从星，则以风雨”等都是人们在航行中注意天气变化而总结出的经验规律。此间更值得一提的是，春秋战国时期，海上导航技术已与天文学联系起来。战国时期人们已经对二十八星宿和一些恒星进行了定量观测，取得了可喜成果，并把海上航行与天文学相结合，利用北极星为航行定向。战国时期，磁石“司南”已发明，但其用途主要用于陆上定位。春秋战国时期主要以太阳和北极星为海上导航标志。

总之，在此初创时期的航海技术已有一定的基础，人们对海洋的认识逐渐深刻，对洋流、风力、潮汐和海上天文、气象知识有一定的认识，利用太阳和北极星为海上导航标志，并发明了海上测天体高度的仪器。

秦汉时期是我国航海的发展期。此间正是造船业大发展和航海工具的成熟时期。在此时期，人们已经掌握了西太平洋与北印度洋的季风规律，并将其应用于航海活动。实际上，东汉应劭在《风俗通义》已经提到：“五月有落梅风，江淮以为信风。”“落梅风”意即梅雨季节以后出现的东南季风。两汉时期人们只有利用季风，才能做远洋航行。从汉朝枚乘、王充以及晋代葛洪的著作中，可以看出人们对海洋水文特别是潮汐有了一定的了解。（网间文章及个别学术论文经常引用所谓《尚书·禹贡》或者《管子》中的“朝夕迎之，则遂行而上”说明当时人们已经知道趁涨潮出海，利用海洋潮汐航行，但事实上，无论《禹贡》还是《管子》中都没有这句话，反而是清人陈仪撰《直隶河渠志》有类似句子“潮汐迎之，则逆行而上。《禹贡》所谓逆河是也”①。可能是因为“朝夕”一词确实较早出现于《管子》，《直隶河渠志》中又出现《禹贡》字样，故被不学无术者张冠李戴，遂成此错）。在先秦时期天文导航的基础上，秦汉时期的导航技术有了进一步的提高。根据《汉书·艺文志》，西汉时海上导航的占星类书籍已有《海中星占验》十二卷，《海中五星经杂事》二十二卷等六种书籍总计达一百三十六卷之多，这些应是古代中国航海人员记载下来的他们在航海过程中总结出来的天文经验和规律，此中应涉及航海中对星座、行星等位置的判定对于确认航线的重要性。《淮南子》等文献所见以星象判定海上航行方向的情形，亦可以说明海上技术的进步。② 与此同时，地文导航与陆地定位在航海中也占据着十分重要的地位。魏晋时，刘徽在《海岛算经》中利用“重差法”精确测量海上地形地貌。

《史记》载，秦始皇在位期间曾先后四次巡游江海，以“示强威，服海内”，其中，公元前 219 年的巡游为中国古代史上第一次有组织、有计划、有目的的大规模远航活

---

① 参见陈仪撰《直隶河渠志》（哈佛燕京图书馆影印版）。

② 参见《淮南子·齐俗训》：“夫乘舟而惑者，不知东西，见斗极则寤矣。”

动。秦始皇还派遣方士徐福（徐市）入海寻找海上三山。汉代时期，汉武帝也曾七次巡海航行并以军事实力扫清阻力从而畅通了沿海的海上航路。另外，汉朝时期还开辟了一条印度洋远洋航行的航路，以合浦为起点，史称“徐闻、合浦南海道”，即后来19世纪由德国学者提出的“海上丝绸之路”。

秦汉时期，随着造船业的发展，能够利用季风航行，能对潮汐现象做出科学合理的解释，天文和地理导航知识得到进一步提高，这些航海技术的进步，都使中国航海的发展不落人后。在东汉以及之后的三国时期，在中外航海贸易商的努力下，中国实现同罗马帝国的贸易对接，两个大国终于直航。

三国时，魏国与倭国往来，吴国孙权派卫温到夷洲（即今中国台湾地区），他们都进行了大规模的航海活动；两晋时期，孙恩、卢循海上大起义，反映了东南沿海人民巨大的航海能量。法显和尚天竺求学后能够只身航海回国，并留下一部关于远洋航行，且对了解和研究中国与亚洲的古代航海活动有重大意义的纪实性文献——《佛国记》（即《法显传》）；南北朝时对外贸易络绎不绝，广州直达阿拉伯海与波斯湾的远洋航线开通，东西亚海上联系增强。

但是，此时的中国基本上处于分裂状态，这从总体上影响了秦汉以来古代航海活动的发展势头。由于东南沿海相对稳定，经济重心与航海重心开始南移，江南与东南沿海各政权也尽量利用濒江临海的优越自然条件加强了海内外各种性质的对外航海联系。因此这个阶段即三国两晋南北朝时期为中国古代航海的徘徊起伏期。

这一时期的古代中国并没有以航海为导向，但是河流与运河的开发和利用促进了疆域扩张及国内稳定，同时，积累的财富使精英阶层可以进口外来物产。儒家士大夫极其憎恶随这些贸易而来的外来思想，但是佛教的兴起及此后对宗教书籍、雕塑和其他宗教物品的需求，刺激了中国与东南亚、朝鲜半岛和日本进行贸易。最初，中国、东南亚和印度洋之间的海上航线需要绕过一系列沿海和环岛的水道，但是当5世纪的水手开始经马六甲海峡穿过南海前往越南时，中国便开创了在下一个千年中举世闻名的最长的海上航线。这确保了长途贸易的飞速增长，进而促进了伊斯兰哈里发国家在最初几个世纪中的繁荣和中国唐朝盛世的出现[①]。

二、中世纪时期的海运地理

中世纪（Middle Ages）（约476—1453年），是指自西罗马帝国灭亡（476年）到文艺复兴和大航海时代（15世纪末到17世纪）的这段时期。“中世纪”一词是15世纪后期的意大利人文主义者比昂多（Flavio Biondo）开始使用的。这个时期的欧洲没有一

① 林肯·佩恩.海洋与文明［M］.陈建军、罗燚英，译.天津：天津人民出版社，2017：202.

个强有力的政权来统治。封建割据带来频繁的战争，天主教对人民思想的禁锢，造成科技和生产力发展停滞，人民生活在毫无希望的痛苦中，所以中世纪或者中世纪早期在欧美普遍被称作“黑暗时代”，传统上认为这是欧洲文明史上发展比较缓慢的时期。而此时，中国亦处于封建时代，先后经历了南北朝、隋、唐、五代十国、宋、元和明早期。

1. 阿拉伯帝国的航海

7 世纪，伊斯兰教先知穆罕默德登上历史舞台，开始奉真主之命而在麦加传播伊斯兰教。其信徒和继承者之后建立了阿拉伯帝国（632—1258 年）。唐代以来的中国史书均称之为大食，而西欧则习惯将其称作萨拉森（Saracen）帝国。阿拉伯极盛疆域东起印度河及葱岭，西抵大西洋沿岸，北达高加索山脉、里海以及法国南部，南至阿拉伯海与撒哈拉沙漠，国土面积达 1 340 万 km^2，是世界古代历史上东西方跨度最长的帝国之一，亦是继波斯阿契美尼德王朝、亚历山大帝国、罗马帝国、拜占庭帝国之后地跨亚、欧、非三洲的大帝国。

阿拉伯帝国历经 626 年，主要有四大哈里发时期（632—661 年）和倭马亚王朝（661—750 年）、阿拔斯王朝（750—1258 年）两个世袭王朝。1258 年，阿拔斯首都巴格达被大蒙古国的西征统帅成吉思汗之孙旭烈兀攻陷，阿拉伯帝国灭亡。

通过早期的军事扩张，阿拉伯占领了地中海地区诸多港口，并有机会接触到船只和有经验的水手，从而具备了从海上袭击拜占庭帝国的能力。随着阿拉伯帝国击败拜占庭帝国和波斯萨珊王朝称霸中东，他们就完全控制了东西方贸易的通道。阿拉伯人重视商业和航海，他们在中世纪起到了联结东西方贸易的桥梁作用。阿拉伯商人和船队西到西班牙、北非，东到东非、印度、马六甲、爪哇、苏门答腊，远到中国和日本。

阿拉伯人的海上航行在发展航海业、造船业和帆船驾驶技术方面起着重要作用，促进了航海所必需的地理知识和其他知识的积累。阿拉伯海员在长期的航行过程中，研究和详细记述了印度洋上的季风，并且在航行中巧妙地利用了这种季风从而大大缩短了航行所需的时间。在古代阿拉伯的地理书籍中也记录了大量的海洋地理资料。10 世纪，阿拉伯商人苏莱曼（Suleiman）与航海家伊本·瓦哈比（Ibn Wahab）的商船由巴士拉（Basra）与希拉（Siraf）经海上丝绸之路驶进中国的广州港。① 之后，他们对于中国风土人情的大量的叙述，使得当时的阿拉伯世界进一步认识了中国。此类故事可能为阿拉伯名著《一千零一夜》（*The Arabian Nights*）提供了与中国有关的素材。

大规模的阿拉伯商业贸易，促进了亚欧非三大洲各个封建文明区域间的经济文化

① 参见苏莱曼的著作《苏莱曼东游记》.

交往，推动了中世纪印度洋区域海上贸易的繁荣与发展。而阿拉伯人对地中海东部的征服，打破了罗马时代以来地中海商贸圈，导致西欧依赖的东方商道被切断，间接导致了欧洲西部经济文化的衰落，而与拜占庭不断的海上争锋又使作为第三方的意大利商人得到了发展。

2. 维京人的海上扩张

维京人（Viking），泛指北欧海盗，他们从 8 世纪至 11 世纪一直侵扰欧洲沿海和英国岛屿，其足迹遍及从欧洲大陆至北极广阔疆域，通过强大的航海能力成为那个时候的海上霸主（维京人的龙船见图 1–10）。欧洲这一时期被称为“维京时期”（Viking Age）。

图 1–10　维京人的龙船（现藏于挪威奥斯陆的维京船博物馆）

最早见于历史记载中的维京海盗是记录在《盎格鲁 – 撒克逊编年史》中的 789 年一次对英国的袭击，当时他们被当地官员误认为是商人，这些海盗杀死向他们征税的官员。第二次记录是在 793 年。以后 200 年间维京人不断地侵扰欧洲各沿海国家，沿着河流向上游内地劫掠。

维京人的老家是挪威、瑞典和丹麦。他们和后代曾一度控制了大部分的波罗的海沿岸、俄罗斯的内陆、法国的诺曼底、英国、西西里、意大利南部和巴勒斯坦的部分地区。他们在 825 年时发现冰岛（爱尔兰的僧侣早已经在那里）并在 875 年定居下来。985 年，他们又在格陵兰岛殖民。有强力的证据显示，在哥伦布发现新大陆之前的 500

年，他们就曾到达纽芬兰并探索了部分北美地区。

3. 意大利港口城市的崛起及十字军东征

意大利港口城市的崛起，是中世纪欧洲商业革命早期阶段开始的标志，商人阶层拥有了支配性的特权和权力。其突出代表是威尼斯人和热那亚人。

威尼斯起初只不过是一个小渔村，从9世纪后半期开始，同拜占庭的贸易就繁盛起来。根据840年的法兰克和威尼斯条约，威尼斯得到了同西欧和拜占庭帝国全城的通商特权，这决定了威尼斯在同东洋和西洋贸易中的优势地位。因为其他的意大利城市——那不勒斯、阿马尔菲、加埃塔同穆斯林关系密切，所以没能得到在拜占庭帝国内的贸易特权；而佛罗伦萨、比萨、热那亚还没拥有那样有力的海运。

威尼斯10世纪开始发展，14世纪前后，这里已经发展成为意大利最繁忙的港口城市，被誉为整个地中海最著名的集商业、贸易、旅游于一体的水上都市；14—15世纪为威尼斯全盛时期，成为意大利最强大和最富有的海上“共和国”、地中海贸易中心之一。16世纪始，随着哥伦布发现美洲大陆，新航路开通，欧洲商业中心逐渐移到大西洋沿岸，威尼斯逐渐衰落。

威尼斯留给后世的海运及贸易遗产是非常丰富的。威尼斯的商船队主要是由被称为圆形船的帆船组成的，吨位是100~250 t，在其最盛时期（1420—1450年）约拥有300艘。这种船是从事谷物、木材等散装货物运输的。此外，还有叫作“长船”的大型单层甲板大帆船，这种船速度快，用来运输从中国来的丝绸和东方的香料等高价货物；再把欧洲的毛织品和其他的商品运到东地中海沿岸诸城市。根据单层甲板大帆船的记录，14—15世纪，每年约在海上运输3 000~5 000 t的高价商品。不言而喻，这种贸易就是威尼斯财富的源泉。而这些船并不受王权的控制，而是为威尼斯商人自己所有，自己来从事商品贸易。

航海和贸易是家庭的共同事业，有时还几个家庭联合起来进行贸易，但这只限于一个航次。他们共同出资金、分配所得。资本投资、契约、利息、损益这些明确的概念就是这样在这里产生了。

从10世纪起，威尼斯就制定了康索拉度海法（*Lex Consolato*），规定了有关投资的利益分配方法，是一种分配利益的海上贷款。契约一方的当事者是航海者，另一方的当事者是出资者，被称为在陆地上的人。出资者为承担海难、盗贼等风险，要收取利益的3/4，航海者获得利益的1/4。这种制度包含了现今海上保险的内容。

由于出色的海运和商品交易技术，威尼斯的重要性越来越高，东西贸易进一步得到了扩大。

11世纪末开始的十字军三次远征，在保证其海上运输的同时，不仅拥有了对东方的直接通商权，而且在海上通道的每个重要地方设置仓库（寄存处），军事性地控制着这些地方。如黎巴嫩代表着当时东地中海沿岸诸国的通商仓库。十字军远征时海上道路的重要港口也成了威尼斯控制的地方。例如：罗得、雅法、莫栋、阿斯卡隆以及西奥斯等。

十字军第四次出征，从原来的目的地转向了对拜占庭的攻击，也是从这个港口转向了爱琴海。威尼斯通过这种远征把其势力从希腊沿岸扩展到西库拉提群岛、斯波拉提群岛，从马尔马拉海扩展到黑海。在叙利亚沿岸和埃及也建立起贸易据点。威尼斯在完成其成为海洋帝国的同时，也获得了其对东方贸易的完全控制权。这就是威尼斯财富的源泉。

热那亚位于利古里亚海沿岸。在早期的几个世纪，热那亚是一个重要的贸易城市，只是仅次于威尼斯这个大城市。热那亚的重要贸易遍布地中海和黑海。它的主要对手是比萨，但比萨最终被热那亚打败。12—16 世纪，热那亚藉十字军东征而逐渐繁荣起来，并建立起一个独立而强壮的海洋共和国，并与威尼斯、比萨和阿马尔菲齐名。为了东方的商业霸权，热那亚跟威尼斯共和国进行 4 次大的战争，威尼斯人马可 · 波罗就是被捕后在热那亚的监狱里口述其旅行经历，并由鲁斯蒂谦（Rustichello da Pisa）写出《马可 · 波罗游记》，即东方见闻录。

马可 · 波罗的中国之行及其游记，在中世纪时期的欧洲被认为是神话，被当作“天方夜谭”。虽然对于马可 · 波罗是否曾到过中国一直没有定论，但不可否认的是《马可 · 波罗游记》大大丰富了欧洲人的地理知识，打破了宗教的谬论和传统的“天圆地方”说。同时，《马可 · 波罗游记》对 15 世纪欧洲的航海事业起到了巨大的推动作用。意大利的哥伦布，葡萄牙的达 · 伽马、鄂本笃，英国的塞巴斯蒂安 · 卡波特、安东尼 · 詹金森、马丁 · 弗罗比歇等众多的航海家、旅行家、探险家读了《马可 · 波罗游记》以后，纷纷东来，寻访中国，打破了中世纪西方神权统治的禁锢，大大促进了中西交通和文化交流。因此，可以说马可 · 波罗和他的《马可 · 波罗游记》直接或间接地开辟了中西方直接联系和接触的新时代，也给中世纪的欧洲带来了新世纪的曙光。

4. 汉萨同盟

在欧洲，最初把城市间的商品交易大规模地汇集起来的是汉萨同盟（Hanseatic League），其印戳见图 1–11。它是德意志北部城市之间形成的商业、政治联盟。汉萨（Hanse）一词，德文意为“公所”或者“会馆”。13 世纪逐渐形成，14 世纪达到兴盛，加盟城市最多达到 160 个。1367 年成立以吕贝克城为首的领导机构，有汉堡、科隆、不来梅等大城市的富商、贵族参加，拥有武装力量和金库。1370 年战胜丹麦，订立《施特拉尔松德条约》。15 世纪转衰，1669 年解体。

图 1–11　汉萨同盟的印戳

凭借强大的贸易能力，汉萨同盟征服了整个北欧。其贸易帝国东起诺夫哥罗德，西至伦敦，从最南端的科隆，向北伸展到斯德哥尔摩，甚至还通过复杂的水道将一些欧洲内陆城市囊括进这张巨大复杂的贸易网络中，贸易一直延伸到南方的地中海。德意志、英格兰、法国北部、尼德兰、波兰、骑士团国家和罗斯城市都是这个贸易帝国中的重要组成部分。

美国历史学家詹姆斯 · W · 汤普逊曾评论说："像汉萨这样的团体，过去从来没有过；在商业史上也不曾见过像汉萨这样取得影响广阔且延续时间久远的成就。"①

知识链接

吃货战争——鲱鱼争夺战

汉萨同盟的目标是建立整个北欧的海上贸易霸权，而在通往这个目标的路上，横挡着一个强劲的对手——丹麦。汉萨同盟的世界分为两部分：西方的北海和东方的波罗的海，两者相隔以日德兰半岛，也就是丹麦。从东方到西方，有两条路可以走：第一条，是从日德兰半岛和斯堪的纳维亚半岛之间的厄勒海峡和斯卡格拉克海峡穿过；第二条，是走陆路，从吕贝克出发，途径石勒苏益格地峡，到达汉堡。历史上为争夺这两个兵家必争之地打过无数次仗。而在汉萨同盟所处的 14 世纪，不巧的是，这两个贸易要道都处在丹麦人的控制之下。当所有经过

① 詹姆斯 · W · 汤普逊 . 中世纪晚期社会经济史 [M] . 徐家玲，译 . 北京：商务印书馆，1992.

的商船和货车都可能被人收取过路费、过桥费，甚至保护费，汉萨同盟感觉被人紧紧地扼住了咽喉。不仅如此，双方还有一个更大的矛盾——海峡的鲱鱼捕捞权。

厄勒海峡是全世界最著名的鲱鱼产地。每年夏天，大量的鲱鱼游过海峡，被海面上翘首以待的渔民们一网网地打捞上来，晒干、腌制，远销海外，成为穷苦人、军队以及水手的主要食物。因此，鲱鱼是经济欠发达的北欧地区一种重要的出口商品。

在利益面前，双方矛盾不可能化解。汉萨同盟若要完成垄断梦想，就必须击败丹麦势力，这将是一场夺取北欧贸易支配权的战争。丹麦和汉萨同盟两者势均力敌，都视彼此为最大的威胁，北欧局势陡然紧张，如一触即炸的火药桶。

最终，强大的汉萨同盟联合舰队击溃了丹麦海军，陆地上汉萨同盟占领了丹麦全境。在海陆夹击下，瓦尔德玛和他的挪威女婿哈康六世被完全击败。1370 年，瓦尔德玛四世在王国国会强迫下签订了《施特拉尔松德条约》。战争以汉萨同盟的全胜收尾。在这份合约书中，汉萨要求拥有 15 年内斯堪尼亚收入的 2/3、一些军事据点的驻军权和海峡的自由通行权，甚至还要求 15 年内有权对丹麦统治者的继承表示否决，以及其他大量的特权和优惠权。借由这场战争，汉萨同盟从最开始一个单纯的商业组织发展成为具有强大实力的政治联盟。

5. 中古时期的中国海上贸易

中国隋唐五代时期航海技术趋于成熟，人们已能熟练运用季风航行，天文、地理导航水平都有明显提高，对潮汐也能进一步正确解释。

隋朝时，对高句丽进行了三次航海活动并五次派使节赴日考察，此间，常骏、王君政也出使赤土国（在今东南亚附近）[①]；唐朝时，鉴真东渡日本，为中日交流做出很大贡献；杜环游历西亚、北非，写成《经行记》一书；“海上丝绸之路”全面繁荣，中国能够直航阿拉伯海和波斯湾，并首次到达红海与东非水域。此外唐朝还出现了大型海港，如广州、交州港（今越南比景港）、扬州、明州（今宁波港）、登州、泉州、福州等，并设置了专门管理航海贸易的市舶使（市舶司前身）。唐王朝在初期依靠高句丽的中间商与高句丽及日本进行贸易，到 10 世纪，中国商人开始活跃在亚洲的各条航线上，其影响远至印度南部及日本。[②] 五代十国时期，东南沿海继续发展。这都为宋元时期航海的全盛奠定了良好的基础。

唐代，人们已能认识到北起日本海，南至南海的风到来和结束的规律，并称这种

---

① 参见《隋书》卷八十二。

② 林肯 · 佩恩 . 海洋与文明［M］. 陈建军、罗燚英，译 . 天津：天津人民出版社，2017.

与航行有关的季风为“信风”。在利用信风航行的同时，人们不断归纳总结直至掌握完整信风的规律。唐代僧人义净正是利用对南海季风、北印度洋及孟加拉湾的季风和洋流规律的认识乘船到达东南亚室利佛逝国并回归中国的。在唐代，由于对海洋气象也有了进一步认识，人们已经能利用赤云、晕虹等来预测台风。唐代天文定位术的发展，集中体现在利用仰测两地北极星的高度来确定南北距离变化的大地测量术。开元年间天文学家僧一行已可以利用“复矩”仪器来测量北极星距离地面的高度，虽与实际数字有一定的差距，但这是世界首次对子午线的实测，而且这种测量术很可能已经在航行中使用。唐代航行者已掌握利用北极星的高度而进行定位导航。与天文定位术一样，隋唐地文导航技术也有一定提高。《新唐书 · 艺文志 · 地理类》提到的“广州通海夷道”中对航海方向、距离、时间的记录已相对具体，对某些地区的地理位置或地形特征已有明确的地文定位描述，而且其记录了远洋航行中的人工航标。特别是随着数学的进步，航海家已经能在勾股定理相似关系的原理基础上，运用两次观测计算的“重差法”来测量陆标，这大大提高了海岸测量术的水平。在《海涛志》中，窦叔蒙深入研究了潮汐运动与月亮运动的同步规律，对潮汐运动中的形成原因、大小潮出现的时间、计算方式、潮汐循环的周期等做了详细的论述。封演也对一月之中潮汐逐日推移的规律做了非常清晰的论述。

此时，中国航海发展已很繁荣，隋末唐初后，中国的海船就以体积大、载量多、风力强而闻名于世。

宋元时期，中国古代航海进入全盛时期。

宋朝时期，航海技术的提高，最突出的是指南针的广泛应用。宋朝以前的航海指引，一般是凭天象、天体识别方向，“舟师识地理，夜则观星，昼则观日”。至北宋时期，航海技术开始有了重大的突破，船队已能利用指南针航行（张择端《清明上河图》上的开封的客运平底帆船，见图 1–12）。在 1117 年朱彧所撰的《萍洲可谈》一书中，记载了最早用于船上导航的指南针[①]。南宋时期，指南针发展成罗盘形结构，精确度不断提高，应用更为广泛，海上航行已普遍依靠指南针指示方向。指南针应用于航海，不仅促进了中外海上交通的发展，更是世界人类文明史上的重大突破，对世界文明的发展做出了重大的贡献。由于罗盘被广泛地应用于航海，加上前人积累的牵星术、地文、潮流、季风等航海知识，以及造船技术的发展，特别是水密隔舱技术，宋代后的航海家得以长年在海上远行，如北宋著名的航海活动家徐兢。

① 参见朱彧的著作《萍洲可谈》.

图 1–12 张择端《清明上河图》上的开封的客运平底帆船

此外，宋朝关于海图的记述也已十分明确。如徐兢的《宣和奉使高丽图经》和南宋叛臣刘豫献于金主完颜亶的海道图等，都说明了当时海图的发展。海上交通航线的发展，为海道图的产生创造了条件。海道图的产生是人类海洋知识不断积累的结果，为人类进一步征服海洋，发展海上交通事业，提供了更多的技术工具与技术知识。宋朝航海在海洋地理识别探测方面也有较大进步，能够根据天气变化确定方位，判断环境，并已懂得利用长绳系砣测量海深，并从砣底所黏附的海底泥沙判断航行位置及情况。在海上航行安全方面也有一定的保障措施，他们利用信鸽作为海上交通工具，而且已经能进行水下修补船只的作业以防止船舶渗漏致沉。航海技术的不断提高，使两宋时期的对外海上交通更为安全，航向更为稳定准确，航行时间也大为缩短，进而有利于中外海上交通贸易的进一步发展。据记载，南宋的海外贸易收入达到朝廷岁入的20%。

宋代对东南亚、阿拉伯以及非洲东岸地区统称“南洋诸国”。宋代远洋海船从泉州、广州两港出发，基本上是沿着唐代“通海夷道”这条航线到达波斯湾各地，但向西却范围更广，已经到达了红海和非洲东部。宋代到各国的航线基本都是直达。

宋代在唐代基础上，专设了市舶司。据《宋史 · 职官志》的记载，市舶司的职责是“掌蕃货、海舶、征榷、贸易之事，以来远人，通远物”。[①]《宋会要辑要》上说：“市舶司，掌市易南蕃诸国物资，航舶而至者，初于广州置司。”[②]

元代中国海洋航运业的一个突出特点是海上漕运占有相当重要的位置。元朝建都于大都（今北京），要解决京城地区及北方粮食紧缺问题，就必须从江南调运，其中海

① 参见《宋史 · 卷一百六十七志第一百二十職官七》。

② 参见影印版《宋会要辑稿》。

上漕运是主要途径之一。在远洋航运方面，无论是航行规模，还是造船和航海技术方面，元代都超过了唐宋：元代较大的远洋船舶能承载千余人，有十余道风帆；不但远洋海船的形体构造、适航性能和装载能力为世界造船之冠，而且沿海运输船舶也有创造性的发展。阿拉伯的天文航海技术传入中国，也促进了中国航海技术的发展。由于当时积极的航海贸易政策和以罗盘导航为标志的航海技术取得重大突破，中国领先西方进入“定量航海”时期。中国舟帆所及之处几乎涵盖西太平洋与北印度洋全部海岸，与亚非 120 多个国家和地区建立了航海贸易关系。

元代远洋航运的发展，促进了国内外贸港口的繁荣，拥有市舶司的港口增至 7 个。尤其是泉州港在元代经历了历史上最辉煌的时期，不但成为中国最重要的对外贸易港和东方第一大港，而且成为世界上最著名的海外贸易港。此时，民间航海也有了很大发展，元代民间航海家汪大渊就曾于 1330—1390 年两次从泉州出发，航海远游，行踪遍及南海、印度洋，远达阿拉伯半岛及东非沿海地区。为此，他于 1349 年写成《岛夷志略》一书，其中记述国名、地名达 96 处之多。

三、大航海时代的海运地理

在这个时代，哥伦布发现新大陆，达·伽马开辟欧洲与印度洋之间的新航路，麦哲伦进行环球航行。凡此种种，不仅是那个时代的壮举，事实上也可以说是整个人类历史上的伟绩。在此之前，地球上的各个区域之间大多毫无联系，而经由他们的努力，这些地区之间建立新的联系成为可能，并由此为欧洲在世界舞台上的逐步崛起奠定了基础。这是一个史无前例的时代。在整个世界的范围内，涌现出大量杰出的人物，迸发出无数新颖而奇特的想法，积聚了极大的物质财富，更重要的是，欧洲第一次在世界变革中居于先导地位。

而此时的中国，处于明清时期。明朝时，中国航海发展可谓达到了顶峰，最典型的代表事件就是郑和下西洋。郑和下西洋，长期以来被认为是中国航海史上的创举，然而郑和的七下西洋却并未给当时明朝带来多大的经济利益，反而让这种厚往薄来的贡赐体系增加了明朝的经济负担。

1. 奥斯曼帝国的海陆封锁

奥斯曼帝国（1299—1922 年）为土耳其人建立的帝国，创立者为奥斯曼一世。奥斯曼人初居中亚，后迁至小亚细亚，日渐兴盛。极盛时势力达亚、欧、非三大洲，占有南欧、巴尔干半岛、中东及北非之大部分领土，西达直布罗陀海峡，东抵里海及波斯湾，北及今奥地利和斯洛文尼亚，南及今苏丹与也门。

奥斯曼帝国自消灭东罗马帝国后，定都于君士坦丁堡，且以东罗马帝国的继承人自居。故奥斯曼帝国的君主苏丹继承了东罗马帝国的文化及伊斯兰文化，因而东西文明在此得以统合。奥斯曼帝国位处东西文明交汇处，并掌握东西文明的陆上交通线达6个世纪之久。

15世纪末以前，从西方通往东方的商路主要有三条。一条是陆路，即传统的“丝绸之路”，从君士坦丁堡登陆，经小亚细亚、黑海和里海南岸至中亚，再翻越帕米尔高原到中国。另两条是海路：一条从叙利亚和地中海东岸，经两河流域到波斯湾；另一条从埃及经红海至亚丁湾，再换船到印度和中国。这几条商路运输的货物本来就经过意大利、阿拉伯、拜占庭和波斯等地的商人多次转手，才能运抵西欧。15世纪中叶奥斯曼土耳其帝国兴起，先后占领小亚细亚和巴尔干半岛，控制传统商路，对过往商品征收重税，使运抵西欧的货物不仅量少，而且比原价高8~10倍。于是，西欧的商人、贵族迫切希望另辟一条绕过地中海东岸直达中国和印度的新航路。

2. 新航路的开辟

地理大发现（Age of Discovery），又名探索时代或大航海时代、新航路的开辟，是指15—17世纪，欧洲的船队出现在世界各处的海洋上，寻找着新的贸易路线和贸易伙伴，以发展欧洲新生的资本主义。

15世纪，欧洲人对世界的认识还仅限于欧洲、地中海、北非海岸、中东、印度、中国和日本。尽管对于中国和日本认识的唯一依据只是一本《马克·波罗游记》，但对于“黄金之国”的说法，欧洲人还是深信不疑的。但这些令西欧人垂涎的商品的交易权却是控制在异教徒穆斯林的手中。这些商品当中就有欧洲人不可或缺的宝贵的香料。因此葡萄牙、西班牙、法国和英国的商人非常渴望能和东亚地区直接贸易，但奥斯曼帝国的存在，使直接贸易的唯一途径只有开拓一条去往东亚的新航线。

为打破意大利对东方市场和海上航路的垄断，欧洲人竭力开辟新的海上航路。最先探寻通往印度新航路的是葡萄牙人。1416年，葡萄牙亨利王子创立的航海学校，推动了航海探险活动的开展。1488年，迪亚士沿非洲西岸航行，最先发现好望角，并绕过非洲南端进入印度洋。1497年达·伽马沿迪亚士航线继续东进，经非洲东海岸，于1498年到达印度，开辟了连接大西洋和印度洋的航线。

知识链接

“陆止于此，海始于斯”——罗卡角

罗卡角（Cape Roca）距离里斯本大约40 km，处于葡萄牙的最西端，也是整个欧亚大陆的最西点。罗卡角上立有灯塔和一个面向大洋的十字架。罗卡角石碑（见图 1–13）上刻的葡萄牙语写有著名的诗句“陆止于此，海始于斯”（Aqui，Onde a terra se acaba e o mar começa）出自葡萄牙伟大诗人路易·德·贾梅士（Luís de Camões），描写葡萄牙航海家开辟新海路的史诗《葡国魂》（*Os Lusíadas*）。

图 1–13　罗卡角石碑（图片来源：isomewhere.cn）

在葡萄牙亨利王子指挥下，从罗卡角出发的葡萄牙航海家不断去探索着新的世界。

当葡萄牙人沿非洲海岸向印度探航时，西班牙航海家却朝另一方向开辟新航路。意大利热那亚出生的哥伦布受雇于西班牙，1492—1504 年曾 4 次西航，到达了美洲。但哥伦布误认为所到之处是目的地印度。他发现新大陆的消息大大刺激了欧洲人航海探险的热情。

1519 年，葡萄牙人麦哲伦在西班牙政府资助下，率领船队作首次环球航行。他们从西班牙出发，渡过大西洋，于次年经南美洲南端的海峡（后被称为麦哲伦海峡），驶入浩瀚无际的太平洋。1521 年 3 月，麦哲伦去世后，其副手继续航行，于 1522 年 9 月回到西班牙。麦哲伦的环球航行，第一次证实了地圆说。

16 世纪，荷兰人巴伦支为探寻一条由北方通向东方的航线，曾在北冰洋地区航行 3 次。17 世纪初，英国人哈德逊曾屡次探索经北冰洋通向中国的航路。

葡萄牙和西班牙积极探索新航路，也先于其他国家开始了对亚、非和美洲的殖民掠夺。两国把所到之处都宣布为本国领土，自然会发生冲突。为了调节葡、西两国的殖民冲突，在教皇调节下，两国于 1494 年签订了瓜分世界的《托尔德西里亚斯条约》，西班牙获得了西印度群岛和新大陆，葡萄牙则确立了在印度、东亚和非洲广大地区的统治权（包括巴西）。这是世界上第一次瓜分殖民地。1517 年，葡萄牙人开始与中国通商；1553年，他们借口上岸晒货，入居中国澳门；1557年起，设官府、修炮台、窃取中国澳门作为殖民据点。1543年，葡萄牙殖民者到达日本，不久在九州设立商站。

葡萄牙开辟新航路和随之而来的殖民掠夺，对世界历史产生了深远影响。亚洲、非洲和美洲许多国家，从此逐渐沦为殖民地或半殖民地，成为西方殖民者掠夺的对象。葡萄牙和西班牙是殖民掠夺的总先锋，而后起的荷兰、法国、英国等，利用其强大的军事和经济力量挤掉西班牙和葡萄牙，继续在亚、非、美洲进行残酷的殖民掠夺。

英荷战争以后，欧洲殖民大国就剩下英法两国了。

15世纪末到17世纪初，随着英国海外贸易的发展和原始的资本积累，英国的资本主义迅速发展起来，并于1688年率先完成资产阶级革命。英国于英荷战争后取得了荷兰的大量贸易权，在海上取得了优势，变成了世界上的商业和海军强国，开始把它的殖民触角伸向法国的殖民地。法国则是欧洲大陆上最强大的国家，也是一个新兴的海洋国家，1689年，法国舰队数量相当于英国和荷兰舰队的总和，同时，法国殖民势力也在迅速扩大。在北美，法国占领了今加拿大及美国路易斯安那；在亚洲，法国占领了印度南部。于是，英法的殖民利益就产生了不可调和的矛盾。

在17世纪后期到19世纪初，英、法为争夺海上霸权进行了100多年的曲折斗争，主要经历了英格兰王位继承战争、30年战争、奥地利王位继承战争、7年战争等。战争均以英国胜利而告终，于是，英国殖民地大为增加，并巩固了在印度的统治地位。

知识链接

吃货战争——由胡椒引发的战争

早在古罗马时期，精明的商人们就开辟出了一条途经红海到印度马拉巴尔海岸的运送胡椒的贸易路线。不过在西罗马帝国灭亡后，东西方之间的交流曾经一度中断，这使得胡椒几乎从欧洲人的餐桌上消失了。后来阿拉伯商人把胡椒从印度运到埃及，再由威尼斯商人转运到地中海沿岸。不过当胡椒抵达欧洲港口时，价格却已经是原产地的四五十倍了，如此巨大的利润使得欧洲的商人们羡慕、嫉妒。

随着新航路的开辟，印度再也不是欧洲人可望而不可及的地方了，一场关于胡椒等香料的争夺战也逐渐拉开了序幕。1511年，葡萄牙率先从印尼满载胡椒等名贵香料返回欧洲。西班牙随后也加入到胡椒的抢夺中，与葡萄牙大打出手。在16世纪中期，英国也开始加入其中，并抢夺西班牙船队，西班牙从此一蹶不振。到了17世纪初，有“海上马车夫”之称的荷兰将英国的势力从印尼排挤了出去。

在欧洲的历史上，十字军的东征、美洲的发现等重大事件中，都弥漫着胡椒辛辣的味道。

3. 郑和下西洋

明朝时，中国航海发展可谓达到了顶峰，最典型的代表事件就是郑和下西洋。1405—1433 年间，伟大的中国航海家郑和率领远洋船队，先后 7 次下西洋，遍访亚非各国，其船队规模之大、船舶之巨、航路之广、航技之高在当时无与伦比。郑和宝船模型见图 1–14。在 1405—1411 年的 6 年中，郑和船队更是几乎没有间断地 3 次出洋，每次均游历南洋和印度附近的大小国家，加强了中国与这些国家、地区之间的联系，尤其是政治、经济上的来往。此后外国使臣纷纷回访中国，当时的南海上桅帆点点，中外往来日趋频繁，许多国家和地区使臣的来华也不再限于搭载郑和下西洋的船只。同时郑和的几次出访，在旧港（在今天的印尼）消灭了海盗，也加强了与南洋各国的联络，使海路得以安全通畅。

图 1–14　郑和宝船模型（中国香港科学馆）

郑和下西洋意义深远，其在航线及航海经验上具有历史性的突破，他的航线从西太平洋穿越印度洋，直达东非。在世界航海史上也居于领先地位。在当时靠木船、仅凭借自然的风力航行的情况下，想克服海上种种困难，不但要具备航海技术、造船技术、航海经验，掌握海洋知识，而且也需要勇气和探险精神，这些为以后中国人的航海奠定了基础。元代以前中国的远洋航线基本上是沿海岸航行，船的规模、数量和人数、航行的次数以及持续的时间都远不及郑和下西洋。

郑和通过 7 次大西洋的探险航行，开辟了海上交通路线，形成了系统完善的海上交通网络。前3次主要到印度以东，最远到达古里，这里是古代东西方海上贸易的重要港口。第4次开始到达西亚、东非地区。郑和重要航线有56条，航线总长近2.5万km里，如开辟了古里到溜山到东非索马里摩加迪沙（木骨都束）、卜喇瓦，肯尼亚的麻林地，并向南航行到比剌（莫桑比克港）、孙剌（今索法拉港）。据说分船队过了南非风暴区，远远超过了季风航行的要求。郑和下西洋的航线从航海发展史角度看具有创新性的突破，为以后的航海奠定了坚实的基础。

然而，在郑和下西洋结束后不久，悲剧就发生了，明朝政府实行了严格的“海禁”政策，国内的海运由政府直接组织，中国航运的发展受到了严重的限制。中国晚期封建主义的保守和僵化使后来的清王朝也实施了闭关锁国的政策，这都严重阻碍了中国航海业的进一步发展和航海科学技术的不断进步，自此中国航海业进入了由盛转衰的时期。

四、工业革命以来的近代海运地理

17—18世纪，在启蒙思想的影响下，英国、美国、法国通过资产阶级革命先后建立了资本主义制度，进入资本主义时代，但欧洲封建势力仍比较强大，资本主义制度在建立和复辟中反复。18世纪60年代至19世纪70年代，在工业革命的推动下，资产阶级力量极大增强，19世纪六七十年代，出现资产阶级革命或改革的世界潮流，资本主义最终战胜封建主义，确立对世界的统治。英法美俄日等国完善了资本主义制度，逐步开始了对外扩张。

此时，海上运输有了很大发展，1807年诞生了第一艘蒸汽轮船，给古老的海运业注入了新的活力。资本主义国家的早期工业大多沿通航水道设厂，使得当时水运的发展对工业布局有着很大的影响。同时，由于国际贸易地理条件的限制，加上海运运量大、成本低，国际贸易量的2/3是通过海上运输的。

詹姆斯·库克是18世纪英国最伟大的航海家和探险家之一，他在1768年后的10年中曾4次跨越大洋，完成了人类历史上第一次环南大洋航行。在这期间，至少有2次穿越南极圈，创下了人类南进的新纪录。1768年，英国人库克考察了澳大利亚东岸和新西兰，英国随即向该地移民。1770年，“奋进”号进入澳大利亚。1778年1月，库克船长在第3次航行中发现了夏威夷。1779年2月，他在夏威夷岛被当地人打死，使其充满惊险的传奇一生就此止步。

19世纪，英国开始对中国下手，在两次“鸦片战争”后，不仅要中国赔款，还强迫开辟通商口岸，租借了中国香港。再后来英国人又把势力范围扩充到了非洲等地。到20世纪初，世界领土已被瓜分完毕，其中英国所占份额最大。到1914年，英国领地达3 350万km^2，人口3.9亿人，分别超过英国本土土地的137倍、人口的8倍。由此，英国成为了真正的海上霸主——“日不落帝国”。伦敦也成为世界第一大港。

19世纪中叶，美国发展了海上快速的交通运输，并挤入了远东贸易市场和跨越大西洋的贸易市场。纽约取代伦敦成为世界第一大港。该时期，苏伊士运河也启用蒸汽机船取代帆船，对后来的航运发展有着极为深远的影响。20世纪初，巴拿马运河通航，加速了帆船的败退，最终使帆船的活动被局限在较小的地区（如波罗的海及东方的海域等）。

而16—19世纪，我国除1661—1662年郑成功率军渡海收复中国台湾的大规模海上活动外，在鸦片战争之后，海上贸易先是受清朝政府“海禁”的阻碍，后受帝国主义入侵而日益衰落。甲午海战之后，北洋水师全军覆没，清朝海上力量遭遇巨大打击。

进入20世纪，航运经营有以下重大的进展：班轮航线遍布全球，班轮公会（按航线形成）数量增多，实力增强，班轮航线经营的竞争性也愈加明显。集装箱运输的发展，使班轮经营出现质的变化。在实现集装箱“门到门”运输服务过程中，推进了国际多式联运，这对航运经营有开拓性的意义。在一些主要的集装箱班轮航线，运输企业实行联营已取得成效，集装箱运输联营的发展在传统的班轮公会之外出现了企业联营的不完全垄断组织。

第二次世界大战以后，世界经济逐步向一体化过渡，国际客货交流在数量上不断增加。20世纪80年代初，国际海运量在货运总量中约占82%，按货运周转量计算则占94%。

两次世界大战加速了科技前进的步伐，材料、机械、电气、电子、控制、信息技术等逐步应用于航海，构成了近代和现代航海科学技术。航海科学技术的不断进步，使航海从技艺逐步发展成为科学技术，从帆船时代进入到了机动船时代，从地文航海和天文航海时代进入到了电子航海时代。

五、当代世界海运地理

当代国际航运在世界经济与国际贸易的推动下，获得了空前的发展。同时，国际航运对世界经济、国际贸易的迅速发展与不断扩大做出了重大贡献，航运业已成为推动世界经济一体化、国际贸易全球化的基础性产业。在人类社会的经济发展史上，航运的重要作用与地位不仅被经济发达国家（美国、日本、欧洲国家等）的实践所证实，而且也被新兴的工业化国家和地区的实践所证实。

21世纪是海洋的世纪，海洋已经成为了人类第二大生存和发展空间。“谁控制了海洋，谁就控制了贸易，谁就控制了世界的财富，最后也就控制了世界本身”，这是英国航海探险家雷利的名言。国际贸易和大宗货物运输的主要通道只能是海洋，世界各国未来的竞争将在海洋上展开。

21世纪以来国际海运中心呈现出从地中海到大西洋、从大西洋到太平洋的路径转换。我国的崛起与国际航运业的重心转移不期而遇，2021年我国已成为第一大贸易出口国和第三大航运国，港口吞吐量和集装箱装卸量连续几年居世界第一。截至2021年底，全球集装箱吞吐量排名前10的港口，中国占据7席，其中上海是世界第一大集装箱港；全球货物吞吐量排名前10的港口，中国占据8席，其中宁波舟山港是世界第一大港。在著名航运咨询公司VesselsValue公布的2021年最新十大船东国总资产榜单中（按船型分类）中国居第二。2019年，中国船舶集团重组整合，成为全球第一大造船集团，不但是我国海军武器装备设计建造的主体，更占据了全球民船市场23%的市场份额。与此同时，我国已经成为全球第一造船大国。数据显示，2020年，我国造船三大指标国际市场份额保持世界领先；承接各类海工装备25艘/座，金额达20.4亿美元，占全球市场份额的35.5%。

“2021新华·波罗的海国际航运中心发展指数”在上海发布。国际航运中心综合评价结果显示，上海继续排名第三，仅次于新加坡和伦敦；中国香港、迪拜分列第四、五位。鹿特丹、汉堡、雅典、纽约—新泽西、宁波舟山分列第六到十位。2020年，上海首次跻身国际航运中心前三。值得一提的是，连续12年保持着全球货物吞吐量之最的宁波舟山，首次跻身前10，成为中国港航的另一股“硬核”力量。

十八大报告中提出：“提高海洋资源开发能力，坚决维护国家海洋权益，建设海洋强国。”习近平总书记在党的十九大报告中指出：“坚持陆海统筹，加快建设海洋强国。”世界强国，必然是海洋强国。海洋是生命的摇篮、资源的宝库、交通的命脉、战略的要地。海洋事关国家安全和长远发展，世界主要海洋国家将海洋权益视为核心利益所在，积极推行新一轮海洋经济政策和战略调整。中国作为世界第二大经济体，已发展成为高度依赖海洋的外向型经济，对海洋资源、空间的依赖程度大幅提高。中国是一个拥有300多万km^2海域、1.8万km海岸线的大国，建设海洋强国、维护海洋权益是发展之要、民生之需，也是中国海洋权益维护和拓展的题中之义。600多年前，郑和率庞大船队下西洋，传播了中华文明，为世界航海事业和人类文明进步做出了巨大贡献。而今，中国这艘巨轮重新整装，再次扬帆起航。我们坚信，建设海洋强国不仅势在必行，而且势在必成。我们期待，在富饶美丽的蓝色国土上，早日实现中华民族的强国梦。

知识链接

“一带一路”倡议

2013年9月和10月，中国国家主席习近平在出访中亚和东南亚国家期间，先后提出共建“丝绸之路经济带”和“21世纪海上丝绸之路”的重大倡议，得到国际社会高度关注。

“一带一路”（The Belt and Road，B&R）是“丝绸之路经济带”和“21世纪海上丝绸之路”的简称。丝绸之路经济带战略涵盖东南亚经济整合、涵盖东北亚经济整合，并最终融合在一起通向欧洲，形成欧亚大陆经济整合的大趋势。21世纪海上丝绸之路经济带从海上连通欧亚非三个大陆和丝绸之路经济带形成一个海上、陆地的闭环。

“一带一路”作为中国首倡、高层推动的重大倡议，对我国现代化建设和屹立于世界的领导地位具有深远意义。“一带一路”倡议的提出，契合沿线国家的共同需求，为沿线国家优势互补、开放发展开启了新的机遇之窗，是国际合作的新平台。“一带一路”倡议在平等的文化认同框架下谈合作，是国家的重大决策，体现的是和平、交流、理解、包容、合作、共赢的精神。

截至2022年1月，中国与147个国家、32个国际组织签署200多份共建“一带一路”合作文件。

课后任务

1. 思考海权的重要性。

2. 思考地理与世界霸权的关系。

3. 思考海上贸易发展与宗教传播的关系。

4. 分析古代几个海上帝国的兴衰。

5. 小组讨论：学生课下搜索视频网站，观看纪录片《大国崛起》。分小组讨论影片中提到的九个世界性大国是如何通过海运发展而推动国家兴旺的，并说明对于我国发展海运业有哪些启示。

你想了解大海的秘密吗?
舵手们回答:
只有那些勇敢面对危险的人,
才能真正理解它的秘密!

——[美]H.W.朗费罗《大海的秘密》

任务二 认知海运地理与海运业以及海运地理环境

任务描述

海运地理是经济地理学的分支学科。海运在当代的地位愈来愈凸显。海运环境也是风云变幻。

了解海运地理的研究对象,明晰海运和地理的关系,熟悉当前海运的大环境变得尤为重要。

知识讲解

一、海运地理研究的对象和任务

1. 海运地理研究的对象

海运地理是经济地理学的分支学科,是研究世界各国和地区的产业分布、经济地域及其相互间经济贸易与海运关系的学科,是从国际海运的角度研究社会生产力分布规律及其对海运需求与影响的学科。

海运既是国际贸易实现货物空间位移的重要手段，也是人类经济活动的重要组成部分，是推动当今世界各国、各地区经济增长的手段之一。而生产力的发展、分布、变化与国际贸易形成、发展是不可分割的统一体，亦即政治、经济地理环境（当然也包括自然地理环境）与国际经济贸易关系密切。目前，国际贸易中 80% 左右的货物是通过海运完成的，所以研究和分析海运地理十分必要。

海运地理环境对国际贸易有着广泛而深刻的影响，它直接关系国际贸易是否能顺利地进行。

任何国家的双边贸易或多边贸易都是在具体的特定的地理环境下进行的。地理环境一般分为自然地理环境和人文地理环境两大类。自然地理环境中的自然资源直接影响一个国家在国际贸易中初级原料商品的构成。

一个国家和地区的纬度、海陆位置、地形、气候、水文等自然条件影响着这个国家的国际经济贸易。中纬度地区气候适中，沿海地区交通方便，这些都成为经济贸易发展迅速的有利条件。例如，日本以“贸易立国”，这和它的岛国位置是分不开的。相反，高纬度和低纬度地区气候条件恶劣，内陆山区交通闭塞，都易造成经济贸易长期落后的局面。全球性气候变化往往给国际经济、贸易造成冲击，因为气候可以影响农产品尤其是粮食的产量，由此而产生的价格波动直接影响粮食的交易。世界各海域的不同气候类型直接影响国际贸易中的商品运输。如世界各国的港口有的可全年通航，有的则因冬季封冻船舶不能停靠。在签订业务合同、决定装运期时，要根据商品的性质选择季节，否则会造成不必要的损失，如雨季不宜装运易潮、易霉变的商品，夏季不宜装运沥青、浸酸羊皮等易融化的物品。

此外，人口的数量、年龄结构，不同民族的风俗习惯、宗教信仰、语言、消费习惯和消费水平及市场状况等也在不同程度上直接影响着国际贸易，影响着对外贸易进出口的商品结构。如伊斯兰教国家不崇拜偶像，因而他们禁止进口人物雕像、肖像和娃娃玩具等。印度教国家禁止进口牛类制品。还有许多国家对花卉、颜色、商标等都有不同的要求和偏好，如荷花及其造型图案和绿色是日本人的禁忌，德国人认为蓝色为最美色；东南亚各国喜爱大象，英国人却不喜欢。因而出口商品时，对包装、商标、颜色等一定要注意，否则会影响出口贸易。

总之，地理环境包括的内容异常丰富，它常常从不同方面，以不同方式和不同程度同时对国际经济贸易产生影响，也对海运业的布局和发展起到至关重要的作用。

2. 海运地理研究的任务

（1）研究海运地理与自然地理、人文地理和经济地理的关系，把握国内外经济贸易发展的新情况、新问题，及时进行研究、总结和论证。

（2）研究各国各地区海运经济的地理分布和发展规律，理解合理布局运输生产力的意义。

（3）培养应用型人才。海运地理所具备的综合性、地域性以及实践性优势，使得学习了解各国各地区的自然资源、社会经济发展状况、世界主要航线和大宗贸易货物的运输非常重要。同时这对于从事国际海运业务和国际贸易工作的人员来讲，起到了学习基础理论的作用。

二、理解海运业的重要性

海洋运输又称“国际海洋货物运输”，是国际物流中最主要的运输方式。它是指使用船舶通过海上航道在不同国家和地区的港口之间运送货物的一种方式，在国际货物运输中使用最广泛。目前，国际贸易总运量中的2/3以上，中国进出口货运总量的约90%都是利用海上运输的。海洋运输对世界的改变是巨大的。

随着中国经济的快速发展，中国已经成为世界上最重要的海运大国之一。全球目前有19%的大宗海运货物运往中国，有20%的集装箱运输来自中国；而新增的大宗货物海洋运输之中有60%~70%是运往中国的。中国的港口货物吞吐量和集装箱吞吐量均已居世界第一位。随着中国经济影响力的不断扩大，世界航运中心正在逐步从西方转移到东方，中国海运业已经进入世界海运竞争舞台的前列。

1. 海洋货物运输是国际贸易运输的主要方式

国际海洋货物运输虽然存在速度较慢、风险较大的不足，但是由于它的通过能力大、运量大、运费低，以及对货物适应性强等长处，加上全球特有的地理条件，使它成为国际贸易中主要的运输方式。我国进出口货物运输总量的80%~90%是通过海洋运输进行的。集装箱运输的兴起和发展，不但使货物运输向集合化、合理化方向发展，而且节省了货物包装用料和运杂费，减少了货损货差，保证了运输质量，缩短了运输时间，从而降低了运输成本。

2. 海洋货物运输是国家节省外汇支付，增加外汇收入的重要渠道之一

在我国运费支出一般占外贸进出口总额10%左右，尤其大宗货物的运费占的比重更大，贸易中若充分利用国际贸易术语，争取我方多派船，不但可节省外汇的支付，而且还可以争取更多的外汇收入。特别把我国的运力投入到国际航运市场，积极开展第三国的运输，为国家创造外汇收入。目前，世界各国，特别是沿海的发展中国家都十分重视建立自己的远洋船队，注重发展海洋货物运输。在一些航运发达国家，外汇运费的收入成为这些国家国民经济的重要支柱。

3. 发展海洋运输业有利于改善国家的产业结构和国际贸易出口商品的结构

海洋运输是依靠航海活动的实践来实现的，航海活动的基础是造船业、航海技术和掌握技术的海员。造船工业是一项综合性的产业，它的发展可带动钢铁工业、船舶设备工业、电子仪器仪表工业的发展，促进整个国家的产业结构的改善。我国由原来的船舶进口国，近几年逐渐变成了船舶出口国，而且正在迈向船舶出口大国的行列。由于我国航海技术的不断发展，船员外派劳务已引起了世界各国的重视。我国的远洋运输船队已进入世界前列，为今后大规模的拆船业提供了条件，不但为我国的钢铁厂冶炼提供了廉价的原料、节约能源、减少进口矿石的消耗，而且可以出口外销废钢。由此可见，海洋运输业的发展，不但能改善国家产业结构，而且会改善国际贸易中的商品结构。

4. 海洋运输船队是国防的重要后备力量

海上远洋运输船队历来在战时都被用作后勤运输工具。美、英等国把商船队称为"除陆、海、空之外的第四军种"，当时苏联的商船队也被西方国家称之为"影子舰队"。可见它对战争的胜负所起的重要作用。正因为海洋运输占有如此重要的地位，世界各国都很重视海上航运事业，通过立法加以保护，从资金上加以扶植和补助，在货载方面给予优惠。

三、海运地理环境

1. 国际与区域组织

随着国际经济一体化的发展，各国经济的相互依赖性日益增强，世界经济正走向全球化。在经济全球化的同时，各国经济发展不平衡，因此各国为了提高自身在经济发展与经济交往中的竞争能力、获得更大的利益，都积极参与各种经济合作，实行区域经济一体化进程。各种区域经济一体化组织取得了迅速发展。

1）欧盟

欧洲联盟（德语：Europäische Union，法语：Union européenne，英语：European Union）简称欧盟（EU），是由欧洲共同体发展而来的，总部设在比利时首都布鲁塞尔（Brussels）。盟歌是贝多芬第九交响曲中《欢乐颂》的序曲。

欧盟现有 27 个成员国，其中法国、德国、意大利、荷兰、比利时、卢森堡为创始成员国，于 1951 年结盟。此后，丹麦、爱尔兰、英国（包括直布罗陀）（1973 年加入，2016 年后退出），希腊（1981 年），西班牙和葡萄牙（1986 年），奥地利、芬兰、瑞典

（1995 年）先后成为欧盟成员国。2004 年 5 月 1 日，欧盟实现了有史以来规模最大的扩盟，波兰、捷克、匈牙利、斯洛伐克、斯洛文尼亚、塞浦路斯、马耳他、拉脱维亚、立陶宛和爱沙尼亚等 10 个国家同时加入欧盟。2007 年 1 月 1 日，保加利亚和罗马尼亚加入欧盟。2013 年 7 月 1 日，克罗地亚入盟。此外，欧盟还启动了与冰岛的入盟谈判；将土耳其、马其顿、黑山、阿尔巴尼亚、塞尔维亚列为欧盟候选国；与波黑签署了《稳定与联系协议》。

2013 年 1 月 23 日，英国前首相卡梅伦首次提及脱欧公投。2016 年 6 月，英国全民公投决定“脱欧”。2018 年 6 月 26 日，英女王批准英国脱欧法案，允许英国退出欧盟。2020 年 1 月 30 日，欧盟正式批准了英国脱欧。

欧盟是世界上经济最发达的地区之一，经济一体化的逐步深化又促进了该地区经济的进一步繁荣。2016 年，欧盟 28 国名义 GDP 折合 16.40 万亿美元，人均名义 GDP 折合 32 102 美元。欧元区 19 国名义 GDP 折合 11.88 万亿美元，人均名义 GDP 折合 34 906 美元。欧盟为世界货物贸易和服务贸易最大进出口方。欧盟对外贸易中，美国、中国、俄罗斯、瑞士为主要贸易伙伴。欧盟也是全球最不发达国家最大出口市场和最大援助者，多边贸易体系的倡导者和主要领导力量。欧盟成员国、欧元国和申根国见图 1–15。

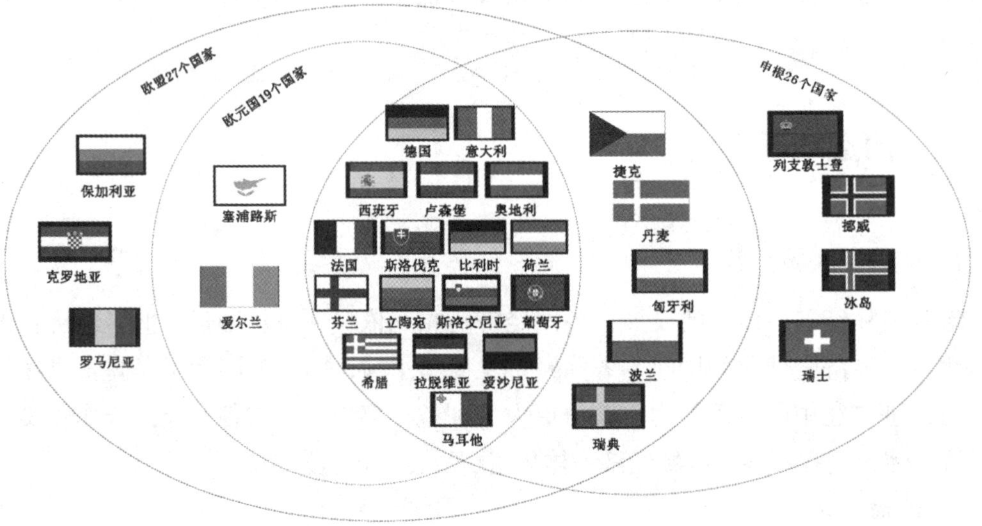

图 1–15　欧盟成员国、欧元国和申根国

2）北美自由贸易区

北美自由贸易区（North American Free Trade Area，NAFTA）是在区域经济集团化进程中，由发达国家和发展中国家在美洲组成的。美国、墨西哥和加拿大于 1992 年 8 月 12 日就《北美自由贸易协定》达成一致意见，并于同年 12 月 17 日由三国领导人分

别在各自国家正式签署。1994 年 1 月 1 日，协定正式生效，北美自由贸易区宣布成立。2018 年 11 月 30 日，美国、墨西哥、加拿大三国领导人在阿根廷首都布宜诺斯艾利斯签署《美国 – 墨西哥 – 加拿大协定》，替代《北美自由贸易协定》。2020 年 1 月 29 日，美国时任总统唐纳德 · 特朗普签署修订后的“美国 – 墨西哥 – 加拿大协定”（简称美墨加协定）。

北美自由贸易区成立 20 多年来，虽然对其发展的成果评价不一，存在较大争议，但无论支持者还是反对者基本上都确信，美国、墨西哥和加拿大在自由贸易区建立后消除了贸易壁垒，开放了市场，从而实现了经济增长和生产力提高。尤其是墨西哥的加入，使得 NAFTA 成为 20 年来南北区域经济合作的成功范例，国际对于发达国家和发展中国家能否通过自由贸易实现经济的共同增长、迈向经济一体化的疑问基本得到消除。

类似的自由贸易区还有：中日韩自由贸易区（中国、日本、韩国）、美洲自由贸易区（简称 FTAA，包括美洲 34 国）、中欧自由贸易区（简称 CEFTA，包括波兰、匈牙利、捷克、斯洛伐克、斯洛文尼亚、罗马尼亚和保加利亚）、东盟自由贸易区（简称 AFTA，包括东盟十国）、欧盟与墨西哥自由贸易区、中国与东盟自由贸易区等。

3）亚太经合组织

亚洲太平洋经济合作组织，简称亚太经合组织（Asia–Pacific Economic Cooperation，APEC）是亚太地区最具影响的经济合作官方论坛。

1989 年 11 月 5 日—7 日，举行亚太经济合作会议首届部长级会议，标志着亚洲太平洋经济合作组织的成立。1993 年 6 月改名为亚太经济合作组织。1991 年 11 月，中国以主权国家身份，中国台北和中国香港以地区经济体名义正式加入亚太经济合作组织。2001 年 10 月，APEC 会议在中国上海举办。这是 APEC 会议首次在中国举行。2014 年，APEC 会议时隔 13 年再次来到中国。截至 2021 年，亚太经济合作组织共有 21 个正式成员（澳大利亚、文莱、加拿大、智利、中国、中国香港、印度尼西亚、日本、韩国、马来西亚、墨西哥、新西兰、巴布亚新几内亚、秘鲁、菲律宾、俄罗斯、新加坡、中国台北、泰国、美国和越南）和 3 个观察员（东盟秘书处、太平洋经济合作理事会和太平洋岛国论坛秘书处）。

亚太经济合作组织的宗旨是：保持经济的增长和发展；促进成员间经济的相互依存；加强开放的多边贸易体制；减少区域贸易和投资壁垒，维护本地区人民的共同利益。

4）世界贸易组织

世界贸易组织（World Trade Organization，WTO），简称世贸组织。1994 年 4 月 15 日，在摩洛哥的马拉喀什市举行的关贸总协定乌拉圭回合部长会议决定成立更具全球性的世界贸易组织，以取代成立于 1947 年的关贸总协定。世界贸易组织是当代最重要的国际经济组织之一，拥有164个成员，成员贸易总额达到全球的98%，有“经济联合国”之称，总部设在瑞士日内瓦。

自2001年12月11日开始，中国正式加入WTO，标志着中国的产业对外开放进入了一个全新的阶段。

世贸组织的宗旨：提高生活水平，保证充分就业和大幅度、稳步提高实际收入和有效需求；扩大货物和服务的生产与贸易；坚持走可持续发展之路，各成员方应促进对世界资源的最优利用、保护和维护环境，并以符合不同经济发展水平下各成员需要的方式，加强采取各种相应的措施；积极努力确保发展中国家，尤其是最不发达国家在国际贸易增长中获得与其经济发展水平相适应的份额和利益；建立一体化的多边贸易体制；通过实质性削减关税等措施，建立一个完整的、更具活力的、持久的多边贸易体制；以开放、平等、互惠的原则，逐步调降各会员国关税与非关税贸易障碍，并消除各会员国在国际贸易上的歧视待遇。在处理该组织成员之间的贸易和经济事业的关系方面，以提高生活水平、保证充分就业、保障实际收入和有效需求的巨大持续增长，扩大世界资源的充分利用以及发展商品生产与交换为目的，努力达成互惠互利协议，大幅度削减关税及其他贸易障碍和政治国际贸易中的歧视待遇。

世界贸易组织的目标是建立一个完整的，包括货物、服务、与贸易有关的投资及知识产权等内容的，更具活力、更持久的多边贸易体系，使之可以包括关贸总协定贸易自由化的成果和乌拉圭回合多边贸易谈判的所有成果。

5）欧佩克

石油输出国组织（Organization of Petroleum Exporting Countries，OPEC），中文音译为欧佩克。1960年9月，由伊朗、伊拉克、科威特、沙特阿拉伯和委内瑞拉的代表在巴格达开会，决定联合起来共同对付西方石油公司，维护石油收入，9月14日，五国宣告成立石油输出国组织。1962年11月6日，欧佩克在联合国秘书处备案，成为正式的国际组织，总部设在奥地利首都维也纳。其宗旨是协调和统一成员国的石油政策，维护各自和共同的利益。截至2021年底，OPEC共有13个成员国，分别是：阿尔及利亚（1969年）、伊朗（1960年）、伊拉克（1960年）、科威特（1960年）、利比亚（1962年）、尼日利亚（1971年）、沙特阿拉伯（1960年）、阿拉伯联合酋长国（1967年）、委内瑞拉（1960年）、安哥拉（2007年）、加蓬（1975年加入，1995年退出，2016年7月1日重新加入）、赤道几内亚（2017年）、刚果（布）（2018年加入）（注：印度尼西亚1962年加入，2008年退出，2015年12月重新加入，2016年11月30日再次退出；卡塔尔1961年加入，2019年退出；厄瓜多尔1973年加入，1992年退出，2007年重新加入，2020年再次退出）。

欧佩克组织在近年曾多次通过石油价格暴涨来抗衡美国等西方发达国家，对平衡世界力量起到不可小觑的作用。半个多世纪以来，这个全球最大的石油生产国卡特尔，历经石油市场风云变幻，主导国际油价潮起潮落。如今，面对以北美页岩油气为代表的市场竞争对手崛起，面临全球能源消费从高碳向低碳的转型大潮冲击，欧佩克或将应时而动。

6）跨太平洋伙伴关系协定及跨太平洋伙伴关系全面进展协定

跨太平洋伙伴关系协定（Trans-Pacific Partnership Agreement，TPP），也被称作“经济北约”，是目前重要的国际多边经济谈判组织，前身是跨太平洋战略经济伙伴关系协定（Trans-Pacific Strategic Economic Partnership Agreement，P4），是由亚太经济合作组织成员国中的新西兰、新加坡、智利和文莱四国发起，从 2002 年开始酝酿的一组多边关系的自由贸易协定，原名亚太自由贸易区，旨在促进亚太地区的贸易自由化。TPP 不仅涵盖国际贸易领域，还对劳工和环境、知识产权、国有企业等敏感议题进行了规范，因此也被称为“21 世纪的贸易协定”。

2009 年 11 月 14 日，奥巴马宣布美国将参与 TPP 谈判，强调这将促进美国的就业和经济繁荣，为设定 21 世纪贸易协定标准做出重要贡献。与此同时，秘鲁、越南和澳大利亚也宣布加入谈判，由此实现了 P4 向 P8 的转变，影响随之扩大。

2016 年 2 月 4 日，美国、日本、澳大利亚、文莱、加拿大、智利、马来西亚、墨西哥、新西兰、秘鲁、新加坡和越南 12 个国家在奥克兰正式签署了跨太平洋伙伴关系协定（TPP）协议。这 12 个国家加起来占全球经济的比重达到 40%，超过欧盟。但 TPP 仍需各国立法机构批准才能生效。

2017 年 1 月 23 日，美国当选总统特朗普签署行政命令，正式宣布美国退出跨太平洋伙伴关系协定（TPP）。在美国退出 TPP 之后，澳大利亚、文莱、加拿大、智利、日本、马来西亚、墨西哥、新西兰、秘鲁、新加坡和越南于 2018 年 3 月在智利首都圣地亚哥签署跨太平洋伙伴关系全面进展协定（Comprehensive Progressive Trans-Pacific Partnership，CPTPP）。同年 12 月 30 日，该协定正式生效。2021 年 9 月 16 日，中国正式提出申请加入全面与进步跨太平洋伙伴关系协定。

7）区域全面经济伙伴关系协定

区域全面经济伙伴关系协定（Regional Comprehensive Economic Partnership，RCEP），即由东盟 10 国（文莱、柬埔寨、印度尼西亚、老挝、马来西亚、缅甸、菲律宾、新加坡、泰国、越南）发起，邀请中国、日本、韩国、澳大利亚、新西兰、印度共同参加（“10+6”），通过削减关税及非关税壁垒，建立 16 国统一市场的自由贸易协定。它是东盟国家近年来首次提出，并以东盟为主导的区域经济一体化合作，是成员国间相互开放市场、实施区域经济一体化的组织形式。2019 年 11 月 4 日，第三次区域全面经济伙伴关系协定领导人会议在泰国曼谷举行，会议发表声明称“其中 15 个成员国已经结束谈判并启动了法律文本审核，期望能够在 2020 年签署协定”。印度于当日正式宣布退出 RCEP 谈判。2020 年 11 月 15 日，第四次区域全面经济伙伴关系协定领导人会议以视频方式举行，会后东盟10国和中国、日本、韩国、澳大利亚、新西兰共15个亚太国家正式签署了区域全面经济伙伴关系协定（Regional Comprehensive Economic Partnership，RCEP）。

区域全面经济伙伴关系协定的签署，标志着当前世界上人口最多、经贸规模最大、最具发展潜力的自由贸易区正式启航。签署RCEP，是地区国家以实际行动维护多边贸易体制、建设开放型世界经济的重要一步，对深化区域经济一体化、稳定全球经济具有标志性意义。

8）亚洲基础设施投资银行

亚洲基础设施投资银行（Asian Infrastructure Investment Bank，AIIB，简称亚投行）是一个政府间性质的亚洲区域多边开发机构。重点支持基础设施建设，成立宗旨是为了促进亚洲区域的建设互联互通化和经济一体化的进程，并且加强中国及其他亚洲国家和地区的合作，是首个由中国倡议设立的多边金融机构。2013年10月2日，习近平主席提出筹建倡议，2014年10月24日，包括中国、印度、新加坡等在内21个首批意向创始成员国的财长和授权代表在北京签约，共同决定成立投行。2015年12月25日，亚洲基础设施投资银行正式成立。2016年1月16日至18日，亚投行开业仪式暨理事会和董事会成立大会在北京举行。截至2021年10月，亚投行有104个成员国。联合国安理会五大常任理事国已占4席：中国、英国、法国、俄罗斯。G20国家中已占15席：中国、英国、法国、印度、印度尼西亚、沙特阿拉伯、德国、意大利、澳大利亚、土耳其、韩国、巴西、南非、俄罗斯、加拿大。七国集团已占5席：英国、法国、德国、意大利、加拿大。金砖国家（中国、俄罗斯、印度、巴西、南非）全部加入亚投行。

亚投行主要宗旨：通过在基础设施及其他生产性领域的投资，促进亚洲经济可持续发展、创造财富并改善基础设施互联互通；与其他多边和双边开发机构紧密合作，推进区域合作和伙伴关系，应对发展挑战。

未来，亚投行将继续扩大投资，从核心的基础设施领域，延伸到面向未来的基础设施，聚焦应对气候变化，加强亚洲地区互联互通，动员私营资本，缩小亚洲和其他地区的数字鸿沟。（资料来源：环球网）

9）20国集团（G20）

20国集团（G20）是一个国际经济合作论坛，于1999年9月25日由八国集团（G8）的财长在德国柏林成立，于华盛顿举办了第一届G20峰会，属于非正式对话的一种机制，由原八国集团以及其余12个重要经济体组成（中国、阿根廷、澳大利亚、巴西、加拿大、法国、德国、印度、印度尼西亚、意大利、日本、韩国、墨西哥、沙特阿拉伯、南非、土耳其、英国、美国、俄罗斯以及欧盟）。2009年9月举行的匹兹堡峰会将G20确定为国际经济合作的主要论坛，标志着全球经济治理改革取得重要进展。

G20的成立为国际社会齐心协力应对经济危机，推动全球治理机制改革带来了新动力和新契机，全球治理开始从“西方治理”向“西方和非西方共同治理”转变。

2. 国际经济地理格局

目前，以技术革命为引擎的全球化过程促使世界经济地理格局发生了多次阶段性转变，多个新兴经济体在产业链国际化的助推下迅速崛起，使全球格局逐步向多极化发展。

近半个世纪以来，全球经济地理格局有如下变化趋势。

第一，全球经济地理格局在最近50年间表现出了明显的变化趋势，其最主要的特征即为从传统资本主义发达国家为单一中心的“核心－边缘”结构逐步向“多极”世界演变，单中心集聚程度明显降低，区域间呈现优势分散化、差异缩小化的特征。目前，北美地区、东亚及太平洋地区和欧洲地区已成为全球经济中最重要的三大支柱区域，多中心结构已经成形。在这一过程中，东亚的崛起和欧洲的衰落，抑或是国家层面上中国的崛起和英法意等欧洲国家的衰落是全球经济地理格局发生变动的深层原因。

第二，一方面，全球制造业的主要转出区域为北美地区和欧洲地区，主要转入区域为东亚及太平洋地区，这与以经济总量度量的全球经济变化趋势高度一致，且制造业格局变动幅度更为剧烈，在很大程度上说明制造业的区域转移过程是刻画全球经济地理格局演化的主要影响因素。但是，全球制造业份额最高的区域为东亚及太平洋地区，且与北美和欧洲的差异性还在进一步增大。另一方面，全球服务业的主要转出区域为欧洲地区，主要转入区域为东亚及太平洋地区，其他区域份额相对稳定，转移并不明显。全球各区域服务业份额的分布变化特征及趋势与各国经济总量的份额变化较为相似，这说明服务业的发展也是全球经济地理格局演化的重要驱动力。

第三，在产业层面上，全球经济地理格局在近几十年来的演化是由区域制造业和服务业发展共同驱动的。从主要区域的具体变化特征来看，东亚及太平洋地区在全球经济中所占比重的提升得到了制造业和服务业的共同推进，特别是其制造业份额一直位于各大地区之首；欧洲地区在全球经济中所占比重的逐步降低主要受到其服务业衰落的影响，而其制造业份额相对较为稳定；北美地区在制造业占全球份额略有走低的情况下仍保持经济总量比重的基本稳定，这主要源于北美服务业持续稳定的强大实力。

在这一新形势的背景下，中国、印度和巴西等新兴国家应积极面对制造业回流的挑战，调整自身发展战略，以增强自身制造业核心竞争力为根本任务，实现新型工业化的推进。

然而，2020年全球暴发的新冠肺炎疫情成为进一步塑造全球格局的新因素，影响了包括全球经济、技术、安全、贸易的地理格局、各国贸易政策等方方面面。

课后任务

1. 思考海运业的重要性。
2. 思考地理与海运业的关系。
3. 列举国际主要全球性经济组织和区域性经济组织。
4. 阐述什么是自由贸易区。
5. 从美国退出 TPP 这一行为谈谈对于周边国家的得失。

项目二

认知海运地理相关知识

海洋史为我们认识这个世界和我们自己的历史提供了一个宝贵的视角。

——[美]林肯·佩恩《海洋与文明》

任务一　认识全球海洋、海峡与运河

任务描述

航海是人类在海上航行，跨越海洋，由一方陆地去到另一方陆地的活动。在从前是一种冒险行为，因为人类的地理知识有限，彼岸是不可知的世界。

如今，曾经神秘的全球地图已被打开。而要了解海洋运输，就必须要掌握各大洋、诸海域、重要通航海峡、国际运河等的特点及对海运的重要作用。

知识讲解

一、认识海洋

海洋（Sea）是地球上最广阔的水体的总称，海洋的中心部分称作洋，边缘部分称作海，彼此沟通组成统一的水体。

地球表面被各大陆地分隔为彼此相通的广大水域称为海洋，其总面积约为3.6亿 km^2，约占地球表面积的71%，平均水深约3 795 m。

21世纪是海洋世纪，海洋已成为人类第二大生存和发展空间。世界各国未来的竞争也将在海洋上开展。充分开发和综合利用海洋资源是世界各国进一步发展的必然要求，国际贸易和大宗货物运输的主通道只能是海洋，未来维护国家权益和安全的领域将主要是海洋。1992年联合国环境与发展大会通过的《21世纪议程》指出：海洋是全球生命支持系统的一个基本组成部分，也是一种有助于实现可持续发展的宝贵财富。根据此次大会精神，中国政府制定了《中国21世纪议程》，并在1996年制定了《中国海洋21世纪议程》。

1. 大洋

大洋，是海洋的中心部分，是海洋的主体。世界大洋的总面积约占海洋面积的89%。大洋的水深一般在3 000 m以上，最深处可达1万多米。大洋离陆地遥远，不受陆地的影响，它的水温和盐度的变化不大。每个大洋都有自己独特的洋流和潮汐系统。大洋的水色蔚蓝，透明度很大，水中的杂质很少。世界共有5个大洋，即太平洋、印度洋、大西洋、北冰洋、南冰洋。

1）太平洋

太平洋（Pacific Ocean）是地球第一大洋，覆盖着地球约46%的水面以及约32.5%的总面积，是地球上最大、最深和岛屿最多的洋，占地球总表面积的1/3。太平洋一词最早出现于16世纪20年代，它是由大航海家麦哲伦及其船队首先命名的。太平洋跨度从南极大陆海岸延伸至白令海峡，在亚洲、大洋洲、北美洲、南美洲和南极洲之间。太平洋北到白令海峡，北纬65°44'；南到南极洲，南纬85°33'，跨纬度151°；东到西经78°08'；西到东经99°10'；跨177个经度；南北长约15 900 km，东西最大宽度约19 900 km。

太平洋在国际交通上具有重要意义。有许多条联系亚洲、大洋洲、北美洲和南美洲的重要海、空航线经过太平洋；东部的巴拿马运河和西南部的马六甲海峡，分别是通往大西洋和印度洋的捷径和世界主要航道。

2）大西洋

大西洋（Atlantic Ocean）是世界第二大洋，占地球表面积的近20%，原面积9 165.5万km^2，在南冰洋被命名后，面积调整为7 676.2万km^2，平均深度3 627 m，最深处波多黎各海沟深达9 219 m。大西洋呈"S"形，以赤道为界被划分成北大西洋和南大西洋。此外，大西洋还有数个附属海，较大的如地中海、加勒比海、北海、波罗的海、墨西哥湾等。

大西洋在世界航运中处于极为重要的地位，它西通巴拿马运河连太平洋，东穿直布罗陀海峡、经地中海、苏伊士运河通向印度洋，北连北冰洋，南接南极海域，航路四通八达、十分便利。同时大西洋沿岸几乎都是各大洲最发达的地区、经济水平较高的资本主义国家，贸易、经济交往频繁，是世界环球航运体系中的重要环节和枢纽。

3）印度洋

印度洋（Indian Ocean），是世界第三大洋，位于亚洲、大洋洲、非洲和南极洲之间。

印度洋西南以通过南非厄加勒斯特的经线同大西洋分界，东南以通过塔斯马尼亚岛东南角至南极大陆的经线与太平洋联结。印度洋的轮廓为北部为陆地封闭，南面则以南纬 60° 为界，与南冰洋相连。

印度洋是连通亚洲、非洲和大洋洲之间的交通要道。从印度洋往西北通过曼德海峡、红海；苏伊士运河、地中海和直布罗陀海峡到达西欧；向西南经好望角进入大西洋，通向欧美沿海各地；向东北经马六甲海峡和龙目海峡进入太平洋。印度洋沿岸是世界资源的一个重要出口地，沿岸各国出口的石油、矿砂、橡胶、棉花、粮食和进口的水泥、机械产品和化工产品等大宗货物都需要依靠廉价的海洋运输，再加上大量的过境运输，使印度洋有较大的运输量。

4）北冰洋

北冰洋（Arctic Ocean）又称北极海，是世界最小最浅以及最冷的大洋。大致以北极圈为中心，位于地球的最北端，被亚欧大陆和北美大陆环抱着，有狭窄的白令海峡与太平洋相通；通过格陵兰海和许多海峡与大西洋相连。面积仅为 1 475 万 km^2，不到太平洋的 10%。它的平均深度为 1 097 m，最深为 5 527 m。1845 年由英国伦敦地理学会命名，翻译为北冰洋。洋名 Arctic 源于希腊语，意指正对着大熊星座的海洋。

北冰洋位于北极周围，大致以北极为中心，被亚欧大陆和北美大陆所环抱。尽管它是世界上最小、最浅和最冷的大洋，但却有着极其重要的意义。就海上运输来说，北冰洋航线是俄罗斯欧洲部分与远东地区联系的捷径，从摩尔曼斯克到东方的符拉迪沃斯托克（海参崴）之间的航距为 10 400 km，走此航线比绕道苏伊士运河要近 13 700 km 有余，比绕经好望角的航线要缩短超 2 万 km。北冰洋在航运上的最大缺点是通航期短暂，除巴伦支海南部全年不冻外，俄罗斯、美国和加拿大北部沿海一年仅有 1/2 或 1/3 的时间能够通航。即使在短暂的通航期内，也必须靠破冰船开道，而且运载能力有限。

5）南冰洋

南冰洋（Southern Ocean 或 Antarctic Ocean 或 Austral Ocean），也叫南大洋或南极海，是世界第五个被确定的大洋，是世界上唯一完全环绕地球却未被大陆分割的大洋。南冰洋是围绕南极洲的海洋，是南纬 50° 以南的印度洋、大西洋和南纬 55°~62° 间的太平洋的海域。以前一直认为太平洋、大西洋和印度洋一直延伸到南极洲，南冰洋的水域被视为南极海，但因为海洋学上发现南冰洋有重要的不同洋流，于是国际水文地理组织于 2000 年确定其为一个独立的大洋，成为五大洋中的第四大洋。但在学术界依旧有人认为依据大洋应有其对应的中洋脊而不承认南冰洋这一称谓。

国际水文地理组织定义南极洋为以南纬 60° 为界的经度 360° 内包围南极洲的海洋，主要有罗斯海、别林斯高晋海、威德尔海、阿蒙森海，部分南美洲南端的德雷克海峡以及部分新西兰南部的斯克蒂亚海，面积 2 032.7 万 km^2，海岸线长度为 17 968 km。海洋学家对此定义仍有不少异议，澳大利亚的地图将澳大利亚和新西兰以南的洋面都标注为南冰洋，而不是印度洋。2021 年 6 月 9 日，据美国《纽约邮报》报道，美国国家地理学会宣布南极洲周围海域将被称为南大洋，也就是世界第五大洋。

2. 海

海又称为“大海”，是指与“大洋”相连接的大面积咸水区域，即大洋的边缘部分。通常没有与海洋连通的大型咸水湖泊（如里海、咸海、死海等）不是“海”。

海域是人类最先通向大洋的桥梁。海域对人类的作用不仅是提供丰富的各类可用资源，它里面的藻类也为调节整个地球水平衡发挥出重要作用。海在大洋的边缘，是大洋的附属部分。海的面积约占海洋的 11%，海的水深比较浅，平均深度从几米到 3 km。由于海靠近大陆，受大陆、河流、气候和季节的影响，水的温度、盐度、颜色和透明度都受陆地影响出现明显的变化，有的海域海水冬季还会结冰，河流入海口附近海水盐度会变淡、透明度差。和大洋相比，海没有自己独立的潮汐与洋流。

海分为边缘海和内陆海（地中海）。

边缘海，又称陆缘海（Marginal Sea），是位于大陆和大洋边缘的海洋，其一侧以大陆为界，另一侧以半岛、岛屿或岛弧与大洋分隔，但水流交换通畅的海称为边缘海，如黄海、东海、南海、白令海、鄂霍次克海、日本海、加利福尼亚湾、北海、阿拉伯海等。其中东海、南海以及白令海是亚洲三大边缘海。世界上最大的边缘海为珊瑚海。

内陆海（Inland Sea）深入大陆内部，被大陆或岛屿、群岛所包围，仅通过狭窄的海峡与大洋或其他海相沟通。又称地中海、封闭海。其海洋水文特征受大陆影响显著，个性较强。而且在不同环境条件下，其个性特征有明显差异。按形态特征和水文特征，内陆海可分为陆间海和陆内海两种类型。陆间海如欧洲地中海、亚洲地中海、美洲地中海（加勒比海与墨西哥湾）、北极地中海。陆内海深入一个大陆内部，面积较小，平均深度较浅，海底地貌较为单纯。受大陆影响相对较大的海，又叫陆内地中海、小地中海。如中国渤海、波罗的海、红海、波斯湾、哈德孙湾等。世界上最小的内陆海为马尔马拉海。

太平洋主要海域和海湾：白令海 Bering Sea；阿拉斯加湾 Gulf of Alaska；科尔特斯海 Sea of Cortez；鄂霍次克海 Sea of Okhotsk；日本海 Sea of Japan；濑户内海 Seto Inland Sea；东海 East China Sea；南海（南中国海）South China Sea；泰国湾 Gulf of Thailand；苏禄海 Sulu Sea；西里伯斯海（苏拉威西海）Celebes Sea；保和海 Bohol Sea；菲律宾海 Philippine Sea；弗洛勒斯海 Flores Sea；班达海 Banda Sea；阿拉弗拉海 Arafura Sea；帝汶海 Timor Sea；塔斯曼海 Tasman Sea；黄海 Yellow Sea；珊瑚海 Coral Sea；渤海 Bo Hai；北部湾 Beibu Wan（Gulf of Tonkin）。

大西洋主要海域和海湾：哈得孙湾（哈德逊湾）Hudson Bay；詹姆斯湾 James

Bay；巴芬湾 Baffin Bay；圣劳伦斯湾 Gulf of St. Lawrence；加勒比海 Caribbean Sea；墨西哥湾 Gulf of Mexico；马尾藻海 Sargasso Sea；北海 North Sea；波罗的海 Baltic Sea；波的尼亚湾 Gulf of Bothnia；爱尔兰海 Irish Sea；地中海 Mediterranean Sea；亚得里亚海 Adriatic Sea；爱琴海 Aegean Sea；黑海 Black Sea；亚速海 Sea of Azov；爱奥尼亚海 Ionian Sea；利古里亚海 Ligurian Sea；第勒尼安海 Tyrrhenian Sea；锡德拉湾 Gulf of Sidra；马尔马拉海 Sea of Marmara；克里特海 Sea of Crete；比斯开湾 Bay of Biscay；几内亚湾 Gulf of Guinea。

印度洋主要海域和海湾：红海 Red Sea；亚丁湾 Gulf of Aden；波斯湾 Persian Gulf；阿曼湾 Gulf of Oman；阿拉伯海 Arabian Sea；孟加拉湾 Bay of Bengal；爪哇海 Java Sea。

北冰洋主要海域和海湾：巴伦支海 Barents Sea；喀拉海 Kara Sea；波弗特海 Beaufort Sea；挪威海（挪威语：Norskehavet）；阿蒙森湾 Amundsen Gulf；楚科奇海 Chukchi Sea；拉普捷夫海 Laptev Sea；东西伯利亚海 East Siberian Sea；白海 White Sea。

南极海域主要海域和海湾：威德尔海 Weddell Sea；罗斯海 Ross Sea；别林斯高晋海 Bellinsgauzen Sea；阿蒙森海 Amundsen Sea；戴维斯海 Davis Sea。

二、认识海峡

海峡是指两个水域之间的狭窄水上通道。它不仅是海上交通要道、航运枢纽，而且历来是兵家必争之地，人称海上交通“咽喉”。海峡是由海水通过地峡的裂缝经长期侵蚀，或海水淹没下沉的陆地低凹处而形成的。一般水较深，水流较急且多涡流。其中有的沟通两海（如台湾海峡沟通东海与南海），有的沟通两洋（如麦哲伦海峡沟通大西洋与太平洋），有的沟通海和洋（如直布罗陀海峡沟通地中海与大西洋）。全世界有上千个海峡，其中著名的约 50 个。

海峡可以分为内海海峡、领海海峡和非领海海峡。

内海海峡：位于领海基线以内，系沿岸国的内水，航行制度由沿岸国自行制定，如中国的琼州海峡。

领海海峡：宽度在两岸领海宽度以内者，通常允许外国船舶享有无害通过权。如海峡两岸分属两国，通常其疆界线通过海峡的中心航道，其航行制度由沿岸国协商决定；如系国际通航海峡，则适用过境通行制度。

非领海海峡：宽度大于两岸的领海宽度，在位于领海以外的海峡水域中，一切船舶均可自由通过。

知识链接

领海和无害通过权

领海是沿海国主权管辖下与其海岸或内水相邻的一定宽度的海域，是国家领土的组成部分。领海的上空、海床和底土，均属沿海国主权管辖。

领海基线为沿海国家测算领海宽度的起算线。基线内向陆地一侧的水域称为内水，向海的一侧依次是领海、毗邻区、专属经济区、大陆架等管辖海域。

长期以来，领海宽度是国际海洋法最具争议的问题之一，也是领海制度中的核心问题之一。在第三次联合国海洋法会议上，各国基本取得一致意见。根据《联合国海洋法公约》第三条的规定，沿海国的领海宽度从领海基线量起不应超过 12 n mile。然而事实上各国宣布的领海宽度有 3 n mile、4 n mile、6 n mile、12 n mile、20 n mile、30 n mile、50 n mile、70 n mile、100 n mile、200 n mile 等不同的宽度。领海示意见图 2–1。

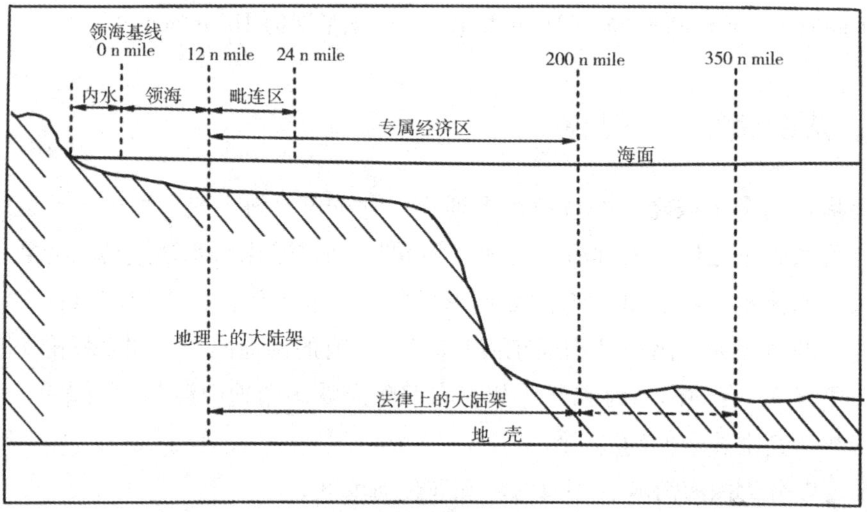

图 2–1　领海示意

所谓无害通过权，是指所有国家，不论为沿海国或内陆国，其船舶（主要是商船）在不损害沿海国和平、良好秩序或安全的前提下，均享有自由通过他国领海的权利。这是一项根据长期国际实践所形成的习惯法规则。《领海与毗连区公约》和《联合国海洋法公约》均承认无害通过权这项惯例并把它确定为一种制度。“无害”，指不损害沿海国的秩序和安全。“通过”，是指穿过领海但不进入内水，或为了驶入或者驶出内水而通过领海的航行。关于军舰的无害通过，在国际法的理论和实践上，一般认为外国军舰通过领海应当事先征得沿海国的同意。《中华人民共和国领海及毗连区法》中规定：“外国军用船舶进入中华人民共和国领海，须经中华人民共和国政府批准。我国政府有权采取一切必要措施，以防止对领海的非无害通过。”

1. 亚洲主要海峡

亚洲主要海峡见表 2–1。

表 2–1 亚洲主要海峡

海峡名称	位置	沟通海域	长度 /km	宽度 /km	深度 /m	航运中的意义
白令海峡（Bering Strait）	亚洲迭日涅夫角和美洲威尔士王子角之间	楚科奇海和白令海	约 60	35~86	30~52	沟通北冰洋和太平洋的唯一航道，也是北美洲和亚洲大陆间的最短海上通道。国际日期变更线也从白令海峡的中央通过
宗谷海峡（又称拉彼鲁兹海峡）（Soya Strait）	北海道岛和萨哈林岛之间	日本海与鄂霍次克海	101	43（最窄处）	50~118	日本海出入太平洋的北部门户，也是俄罗斯太平洋舰队出入太平洋的重要通道，是第一岛链上最北的海峡，中部为日本专属经济区，为国际航道，各国的船只都可以无害通行
津轻海峡（Tsugaru Strait）	本州岛和北海道岛之间	日本海与太平洋	110	18.5~78.0	131~521	日本海通往太平洋的重要水道，建有青函海底隧道。日本对宗谷海峡、津轻海峡、大隅海峡以及对马海峡东西水道共 5 处海域实行 3 海里领海宽度，从而在海峡中间留出了专属经济区通道，使这 5 处海峡水道成为实行自由航行制度的非领海海峡
朝鲜海峡（又称大韩海峡）（Korea Strait）	朝鲜半岛和九州岛之间	日本海与东中国海（黄海、东海等）	390	180~200	80~228	日本海出入太平洋的南部门户。对马岛将海峡分为西、东两条水道。西水道为釜山海峡（Busan Strait）。东水道中部的壹岐岛又将该水道分为两部分：对马岛与壹岐岛之间的水域称对马海峡（Tsushima Strait），壹岐岛与九州岛之间的水域称壹岐水道

（续表）

海峡名称	位置	沟通海域	长度 /km	宽度 /km	深度 /m	航运中的意义
大隅海峡（Osumi-kaikyo）	九州岛（大隅半岛）和大隅群岛之间	东海与太平洋	约 24	28.2~33.0	80~150	东海通往日本东南岸各港口的捷径。东中国海和朝鲜海峡到日本海沿岸港口和日本东岸港口间的海上要道，美国海军第7舰队的常用航道
台湾海峡（被称为“海上走廊”）（Taiwan Strait）	福建与台湾之间	南海与东海	约 400	130~400	60（平均深度）	台湾海峡具有重要的国际航运价值，东北亚各国与东南亚、印度洋沿岸各国间的海上往来，大多从此经过。台湾海峡属我国管辖海域（12 n mile 临海 +200 n mile 专属经济区），根据《联合国海洋法公约》的规定，从此经过的外国船舰，必须实行无害通过
巴士海峡（Bashi Strait）	中国台湾岛和菲律宾的巴坦群岛之间	南海与太平洋	222	95.4（最窄处）	2 200~5 126	巴士、巴林塘和巴布延海峡，不仅是日本、美国石油航线和日本输入战略物资的必经之地，也是俄罗斯太平洋舰队和其远东地区南北航线重要通道。海峡正面宽、水深大，适于舰船和潜艇水下活动
巴林塘海峡（Balintang Channel）	巴坦群岛和巴布延群岛之间	南海与太平洋	222	82（最窄处）	50~200	巴士、巴林塘和巴布延海峡，不仅是日本、美国石油航线和日本输入战略物资的必经之地，也是俄罗斯太平洋舰队和其远东地区南北航线重要通道。海峡正面宽、水深大，适于舰船和潜艇水下活动
巽他海峡（Sunda Strait）	苏门答腊岛和爪哇岛之间	爪哇海与印度洋	120	22~105	50~1 080	是太平洋通往印度洋的重要通道。由于马六甲海峡有通行能力限制，故巨型船只可取道于此。但该地区海啸频发，海浪奇大，浅滩众多，适合通航的宽度并不理想

（续表）

海峡名称	位置	沟通海域	长度 /km	宽度 /km	深度 /m	航运中的意义
望加锡海峡（Makassar Strait）	加里曼丹岛和苏拉威西岛之间	苏拉威西海与爪哇海、弗洛勒斯海	约 800	130~370	967（平均水深）	既是中国南海、菲律宾到澳大利亚的重要航道，也是东南亚区际间航线的捷径，是世界上有重要军事和经济意义的八大海峡之一。它与龙目海峡相连，成为联结太平洋西部和印度洋东北部的战略通道
龙目海峡（Lombok Sela）	巴厘岛和龙目岛之间	巴厘海与印度洋	80	32~64	164~1 360	是印度尼西亚群岛之间的纽带，也是太平洋与印度洋海上航运的重要通道。许多来往于波斯湾与东南亚、日本之间的巨型船只，从马六甲海峡不能通过时，均取道于此南下印度洋，或再经望加锡海峡北上
马六甲海峡（Strait of Malacca）	马来半岛和苏门答腊岛之间	南海与印度洋安达曼海	1 080	37~370	25~151	由新加坡、马来西亚和印度尼西亚三国共同管辖。该海峡是沟通太平洋与印度洋的咽喉要道，对于亚太诸国，都是最主要的能源运输通道，是“海上生命线”，目前是世界上最繁忙的海峡
新加坡海峡（Singapore Strait）	新加坡和廖内群岛之间	南海与马六甲海峡	110	4.6~37	22~157	新加坡海峡为马六甲海峡的一小段，为通向新加坡港口的深水航道，是世界上最繁忙的商业航线之一
霍尔木兹海峡（Strait of Hormuz）	伊朗和阿曼之间	波斯湾与阿拉伯海	150	56~125	71~219	波斯湾至印度洋的出海口。作为当今全球最为繁忙的水道之一，霍尔木兹海峡又被称为世界重要的咽喉，具有十分重要的经济和战略地位，是海湾地区石油输往世界各地的唯一海上通道，被誉为西方的“海上生命线”“世界油阀”

（续表）

海峡名称	位置	沟通海域	长度 /km	宽度 /km	深度 /m	航运中的意义
曼德海峡（Strait of Bab el–Mandeb）	阿拉伯半岛西南角和吉布提东北岸之间	红海与阿拉伯海	50	26~43	30~323	意为“流泪门”。是红海进出印度洋的门户，大西洋到印度洋的捷径。苏伊士运河通航后，曼德海峡已成为太平洋、印度洋和大西洋三大洋的海上交通要道，西方有人称它是世界战略心脏
伊斯坦布尔（博斯普鲁斯）海峡（Bosporus Strait）	小亚细亚半岛和巴尔干半岛之间	黑海与马尔马拉海	30	0.75~3.7	27.5~124	是沟通黑海和马尔马拉海的一条狭窄水道，与达达尼尔海峡和马尔马拉海一起组成土耳其海峡（又叫黑海海峡），是沟通欧亚两洲的交通要道，也是黑海沿岸国家出外海的第一道关口
恰纳卡莱（达达尼尔）海峡（Dardanelles Strait）	小亚细亚半岛和巴尔干半岛之间	马尔马拉海与爱琴海	65	1.3~7.5	57~70	古称赫勒斯滂。亚洲与欧洲两大陆的分界线，并且是连接黑海以及地中海的唯一航道。与马尔马拉海和博斯普鲁斯海峡并称土耳其海峡，海峡终年可以通航，至今仍具有重要的经济意义和国际政治意义

资料来源：姜伟，《航运地理（第 3 版）》，人民交通出版社，2020

2. 欧洲主要海峡

欧洲主要海峡见表 2–2。

表 2–2　欧洲主要海峡

海峡名称	位置	沟通海域	长度 /km	宽度 /km	深度 /m	航运意义
英吉利海峡（English Channel）	英国与法国之间	北海—大西洋	560	34~180	24~172	英吉利海峡和多佛尔海峡是世界上海洋运输最繁忙的海峡之一，战略地位重要。历史上由于它对西、北欧各资本主义国家的经济发展曾起过巨大的作用，人们把这两个海峡的水道称为“银色的航道”
多佛尔海峡（加莱海峡）（Strait of Dover）	英国与法国之间	北海—大西洋	30~40	30~40	24~64	

（续表）

海峡名称	位置	沟通海域	长度 /km	宽度 /km	深度 /m	航运意义
直布罗陀海峡（Strait of Gibraltar）	西班牙最南部和非洲西北部之间	地中海—大西洋	90	13~43	301~1 181	直布罗陀海峡是沟通地中海和大西洋的唯一通道，和地中海一起构成了欧洲和非洲之间的天然分界线，被誉为西方的"生命线"
斯卡格拉克海峡（Skagerrak Strait）	丹麦和挪威之间	波罗的海—北海	300	65~130	29~809	是波罗的海沿岸国家通往北海及大西洋、北冰洋的重要通道
卡特加特海峡（Kattegat Strait）	瑞典和丹麦之间	波罗的海—北海	220	111（最窄处）	26~124	是波罗的海沿岸国家通往北海及大西洋、北冰洋的重要通道
厄勒海峡（Oresund Strait）	瑞典和丹麦之间	波罗的海—大西洋	110	4~28	12~38	厄勒海峡是连接波罗的海和北海的主要通道，是世界上最繁忙的河道之一
刻赤海峡（Kerch Strait）	塔曼半岛和克里米亚半岛之间	亚速海—黑海	41	4~45	5~15	是连接黑海和亚速海的唯一通道，具有十分重要的战略地位。2018 年 5 月，横跨刻赤海峡的克里米亚大桥正式双向通车
奥特朗托海峡（Otranto Strait）	阿尔巴利亚和意大利之间	亚得里亚海—爱奥尼亚海	120	75（最窄处）	115~978	是连接亚得里亚海与爱奥尼亚海的重要通道
墨西拿海峡（Strait of Messina）	亚平宁半岛与西西里岛之间	第勒尼安海—爱奥尼亚海	32	3.2~16.0	85~1 240	是意大利在地中海的重要海上航道
博尼法乔海峡	科西嘉岛和撒丁岛之间	第勒尼安海—西地中海	19	12~16	89	地中海上的重要海上航道

资料来源：姜伟，《航运地理（第 3 版）》，人民交通出版社，2020

3. 非洲主要海峡

非洲主要海峡见表 2–3。

表 2–3　非洲主要海峡

海峡名称	位置	连接的海洋	长度 /km	平均宽度 /km	深度 /m	航运意义
莫桑比克海峡（Mozambique Channel）	莫桑比克和马达加斯加岛之间	北海—大西洋	1 670	450	2 000~3 500	莫桑比克海峡是从南大西洋到印度洋的海上交通要道，波斯湾的石油有很大一部分要通过这里运往欧洲、北美，成为世界上最繁忙的航道之一，战略地位十分重要。是世界上最长的海峡，由于水深峡阔，巨型轮船可全年通航

4. 美洲主要海峡

美洲主要海峡见表 2–4。

表 2–4　美洲主要海峡

海峡名称	位置	连接的海洋	长度 /km	宽度 /km	深度 /m	航运意义
向风海峡（Windward Passage）	古巴岛和海地岛之间	加勒比海—大西洋	230	平均 80	290~1 700	向风海峡为大西洋、美国东海岸通往加勒比海、巴拿马运河的重要航道之一
莫纳海峡（Mona Passage）	多米尼加共和国与波多黎各之间	加勒比海—大西洋	110	105	60~1 570	被当地人称为“死亡之海”，是加勒比海一道狭窄的海峡
尤卡坦海峡（Yucatan Channel）	尤卡坦半岛东北端卡托切角至古巴岛西端圣安东尼奥角之间	墨西哥湾—加勒比海	270	216	90~2 200	墨西哥湾和巴拿马运河间的航运要道。是墨西哥湾南部通往加勒比海的通道。也是美国南部诸港通往巴拿马运河的主要战略通道
佛罗里达海峡（Florida Strait）	佛罗里达半岛与古巴岛、巴哈马群岛间	墨西哥湾和大西洋	480	80~240	110~1 490	巴拿马运河通航后，特别是随着墨西哥湾石油开采量的增加，其地位逐步提高。同巴拿马运河一起，构成美军实施控制太平洋、大西洋和墨西哥湾的两个“咽喉”

（续表）

海峡名称	位置	连接的海洋	长度 /km	宽度 /km	深度 /m	航运意义
麦哲伦海峡（Strait of Magellan）	火地岛克拉伦斯岛圣伊内斯岛之间	南大西洋与南太平洋	560	3.3~32	20~1 170	麦哲伦海峡在巴拿马运河通航前，是沟通大西洋和太平洋的重要航道。但由于长期恶劣的天气，加上海峡狭窄，所以船舶很难航行
德雷克海峡（Drake Passage）	南美洲南端与南设得兰群岛之间	大西洋和太平洋	300	900~950	2 800~5 248	德雷克海峡是世界上最深的海峡。在巴拿马运河开凿之前，德雷克海峡是沟通太平洋和大西洋的重要海上通道之一。作为从南美洲进入南极洲的海路，德雷克海峡成为多国赴南极科考的必经之路，也因此被赋予新的战略意义

5. 大洋洲主要海峡

大洋洲主要海峡见表 2–5。

表 2–5 大洋洲主要海峡

海峡名称	位置	连接的海洋	长度 /km	宽度 /km	深度 /m	航运意义
托雷斯海峡（Torres Strait）	澳大利亚与新几内亚岛之间	珊瑚海和阿拉弗拉海	130	59~170	50（平均水深）	是东南亚和印度洋地区与澳大利亚、新西兰和南太平洋诸岛间海上联系的重要航道
巴斯海峡（Bass Strait）	塔斯马尼亚岛与澳大利亚大陆南部之间	塔斯曼海和印度洋	300	128~240	50~97	是沟通南太平洋和印度洋间的重要航道。在巴斯海峡东北水域近海一带储有石油资源，并已经开采
库克海峡（Cook Strait）	新西兰南岛和北岛之间	南太平洋与塔斯曼海	205	23~144	71~457	海峡沟通了南太平洋与塔斯曼海，是海上交通贸易的重要航道

三、认识国际运河

1. 苏伊士运河

苏伊士运河（Suez Canal，又译苏彝士运河）的开凿历史可追溯至埃及第十二王朝。约在公元前600年，尼科二世着手它的重新挖掘工作，但没有完成。[①]1859年由法国人投资，动用几十万埃及民工开凿，12万埃及人为此付出了生命。运河北起塞得港南至苏伊士城，长190 km，是全球最大的无船闸运河。1869年修筑通航，是一条海平面水道，沟通地中海与红海，也是亚洲与非洲的交界线。100多年前，马克思就把苏伊士运河称之为“东方伟大的航道”。苏伊士运河建成后，大大缩短了从亚洲各港口去到欧洲的航程，大致可缩短8 000~10 000 km以上。它沟通了红海与地中海，使大西洋经地中海和苏伊士运河与印度洋和太平洋连接起来，是一条具有重要经济意义和战略意义的国际航运水道。每年，这里约有2.5万艘船通过，占世界海运贸易的14%，其中有近千艘是中国的船舶。

苏伊士运河的货运商品以北上的石油和南下的金属及其制品为主。北运的主要货物有原油和石油产品、煤炭、矿石和金属、加工金属、木材、油籽和油籽饼以及谷物等。南运的货物则有水泥、化肥、金属制材和谷物等。

就能源贸易而言，苏伊士运河是海湾石油运往欧美国家“最经济”的航线。欧洲进口石油的70%要经过苏伊士运河。苏伊士运河及其相邻的埃及苏迈德输油管道同霍尔木兹海峡、马六甲海峡、巴拿马运河等被称作世界七大能源运输“咽喉”。

2015年7月29日，新苏伊士运河疏浚工作正式完成，长达72 km的新苏伊士运河于2015年8月6日正式开通。苏伊士运河原先只有单向航道，导致船只在某些狭窄的航段通行时，速度较慢。新运河项目为运河开掘出了双向航道，大大缩短了船只通过运河的所需时间。苏伊士运河是世界最重要的海运通道之一，也是埃及主要外汇来源之一，平均每年为埃及创造50多亿美元收入。新运河开通后，埃及运河年收入有望在2023年达到150亿美元左右。

2021年3月23日，一艘中国台湾长荣集团货轮“Ever Given”号（船东为日本公司）在苏伊士运河新航道搁浅，造成航道拥堵。经过多方努力，该船于同年3月29日脱困。整体事件对全球航运干扰影响长达12天。据德国保险巨头安联集团估算，受货物交付延长等因素影响，运河堵塞或令全球贸易每周损失60亿~100亿美元。鉴于此，2021年5月11日，埃及《金字塔报》报道，埃及总统塞西批准了苏伊士运河管理局提

① 参见希腊历史学家希罗多德的著作《历史》。

交的苏伊士运河南段航道拓宽计划，该计划预计在两年内完成。该计划完成后将使苏伊士运河南段航道拥有双向通行能力，提高运河的通行效率。

中国是苏伊士运河的最大使用国，未来在“一带一路”倡议和“苏伊士运河走廊经济带”的共同作用下，双方在经贸领域、基础设施领域的合作必会进一步增强。

2. 巴拿马运河

巴拿马运河（英语：Panama Canal；西班牙语：Canal de Panama）位于中美洲国家巴拿马，横穿巴拿马地峡，连接太平洋和大西洋，是重要的航运要道，被誉为世界七大工程奇迹之一的“世界桥梁”，见图 2–2。巴拿马运河由美国建造完成，1914 年开始通航，现由巴拿马拥有和管理，属于水闸式运河。从一侧的海岸线到另一侧海岸线长度约为 65 km（40 英里），而由加勒比海的深水处至太平洋一侧的深水处约 82 km，宽的地方达 304 m，最窄的地方也有 152 m。巴拿马运河的 GDP 占巴拿马全国 GDP 的 60% 左右。巴拿马运河承担着全世界 5% 的贸易货运，美国与亚洲之间贸易货运量的 23% 都需要通过这条运河。中国是巴拿马运河的第二大用户。

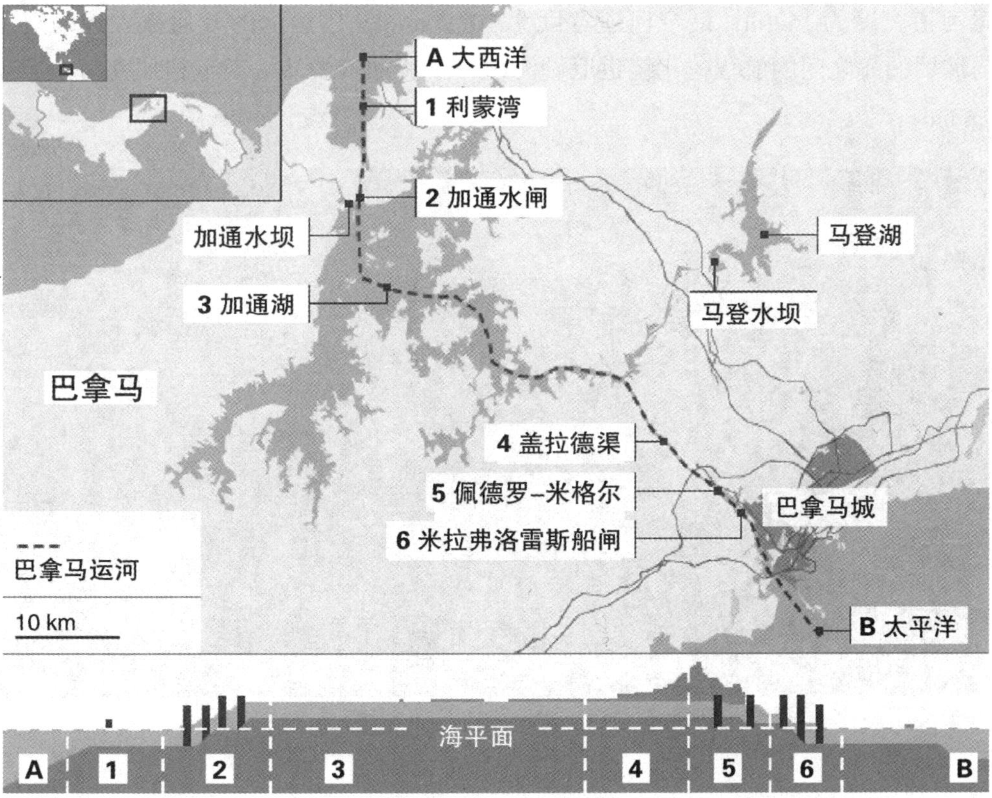

图 2–2　巴拿马运河

原巴拿马运河船闸只有304.8 m长、33.53 m宽、12.55 m深，只能允许巴拿马型船在几乎贴着墙壁的情况下通过，超巴拿马型船则必须绕走南美洲的合恩角。

为使巴拿马运河顺应时代的发展，2007年9月3日，巴拿马运河扩建工程正式开工。2016年6月26日，巴拿马运河拓宽工程举行竣工启用仪式。运河的扩建主要集中于在运河东、西两端各造巨型船闸，保证运河可容纳运载1.4万个集装箱的巨轮通行；以及为运河修建第三条新的航道，以减少通过运河的时间。扩建之后，新修建的船闸可将通航的货轮吃水深度提高3 m左右，经拓宽的运河可容纳长如巴黎埃菲尔铁塔高度、宽如奥运会标准游泳池的船舶通过，有望将年货物运输量从现在的3亿t增加到6亿t。来自中国远洋海运集团的“中远海运巴拿马”号货轮就有幸成为了巴拿马运河新船闸开通启用后的第一艘通行船舶。

3. 基尔运河

基尔运河（Kiel Canal），又名北海—波罗的海运河（Nord–Ostsee–Kanal），是沟通北海与波罗的海的重要水道，见图2–3。西南起于易北河口的布伦斯比特尔科克港，东北至于基尔湾的霍尔特瑙港，横贯日德兰半岛，河道全长98.26 km，平均深度为11 m，最宽河道宽度为162 m，最窄河道宽度为102.5 m。基尔运河的开通极大地缩短了北海与波罗的海之间的航程，比绕道厄勒海峡—卡特加特海峡—斯卡格拉克海峡减少了370 n mile。

图2–3　基尔运河（图片来源：维基百科）

基尔运河与苏伊士运河和巴拿马运河一样，同样是一条人工挖掘的运河，但又不完全相同，并且兼有苏伊士运河和巴拿马运河的特点。基尔运河是一条海平面运河，它的水面与两端的海平面相同，河中之水为海水，运河两岸地面地势平坦，这一点与苏伊士运河一样。但它两端带有船闸，过河的船舶通过船闸而进运河，这一点又与巴拿马运河相同。不同的是，巴拿马运河的船闸每端是三级，一则用于将水位提升，二则是为了保持运河的水位。而基尔运河两端的船闸则只有一级，且闸内闸外水位相平，没有水位差，目的仅是为了保持运河内水的平稳和调整运河的水位。

与苏伊士运河和巴拿马运河不同的是，基尔运河是随到随过，不需要每天进行一次编队。同时，按照基尔运河当局的规定，通过运河的船舶除要强制引航外，为了安全，还要强制使用运河专用舵工，以代替船舶的水手操舵。

课后任务

1. 列举亚洲著名海峡。

2. 列举欧洲著名海峡。

3. 说明台湾海峡的重要性。

4. 为什么说对于日本、中国、韩国，马六甲海峡是最主要的能源运输通道，是“海上生命线”。

5. 为什么霍尔木兹海峡被誉为西方的“海上生命线”“世界油阀”？

6. 说明苏伊士运河的重要性，以及新苏伊士运河的开通对于我国“一带一路”倡议的意义。

7. 说明巴拿马运河的重要性，以及巴拿马运河的扩建对于我国“一带一路”倡议的意义。

8. 小组讨论：如何破解马六甲海峡困局。

> 欲国家富强，不可置海洋于不顾，财富取之于海，危险亦来自海上。
>
> ——[法]弗朗索瓦.德勃雷《海外华人》模拟郑和口吻

任务二　认识全球海运航线

任务描述

海运业的四大要素是船、线、货、港，其中的线指海运航线。海运航线是指船舶在两个或多个港口之间，从事海上旅客和货物运输的线路。

海运航线是连接各要素的纽带，是船舶在系统中运行或行进所循的轨迹，在海运空间系统中起着承上启下的作用。海上运输的航线分布于各大洋之间，这也是海运较其他运输方式的优势所在。如何才能最有效地利用这一优势，是系统组织中重要的问题。航线在系统中受其他要素的制约，在选择航线时，要考虑到货物、船舶以及港口各要素的状况，对系统组织作全面的评估后方能作出合理的选择方案，是一个相对被动的要素。

掌握航线相关知识，是海运及外贸从业人员的必备能力。图 2-4 是招聘海运货代业务销售员职位描述。

职位信息

岗位职责：

1. 依托公司优势资源,实现对物流同行的销售；
2. 收集市场信息；
3. 独立完成销售业绩指标。

职位要求：

1. 大专及以上学历，两年以上国际海运货运代理经验；
2. 熟悉国际货运代理相关操作流程，并有较强的进取精神及业务开发能力；
3. 熟悉各航线或各船公司的优势，有在专注非线、东南亚等近洋航线的货代做过销售岗位或客服操作经验者优先。
4. 英文听说读写能力良好，能吃苦耐劳、认真、勤奋、敬业及有团队合作精神，勇于挑战自我，实现个人价值，具备优秀的沟通能力。

图 2-4　招聘海运货代业务销售员职位描述（信息来源：51job.com）

从图 2-4 可以看出，海运货代业务销售员要熟悉各航线或各船公司的优势，并针对不同航线维护和拓展客户资源，以及根据公司的销售策略，推广公司优势航线。这就要求从业人员必须了解海运相关航线和港口知识。

知识讲解

一、海运航线的类型

海上运输的路线同其他各种运输方式相比，具有投资少、天然形成的特点，同时也更多地受到自然条件的影响和制约，这种影响和制约明显地表现在航线分类上。根据不同的分类标准可以将海上运输路线分为不同的类型。

1. 根据行径水域分

（1）远洋航线：又称为大洋航线，指国与国之间或地区间经过一个或数个大洋的国际海上运输。如中国至美国、欧洲国家的海上运输航线，都是远洋航线。

（2）近洋航线：指一国各海港至邻近国家海港间的海上运输航线。如中国至日本、韩国各港口的海上运输航线。

（3）沿海航线：指一国沿海区域各港口间的运输线。如上海港至大连港的海上运输航线。

（4）环球航线：指将太平洋、大西洋和印度洋连接起来进行航行的航线。

2. 根据航线有效时间分

（1）季节性航线：随季节的改变而改变的航线称为季节性航线。船舶航行受自然条件特别是大洋洋流、季风等因素的影响，而大洋洋流、季风又会因气候的变化而改变方向或流量。例如，随着季节的变化，洋流的方向、流量，风的方向、风力也会随之发生变化。为了借助风力和洋流，节省运力，加快速度，船舶通常在不同的季节走不同的航线。例如，为避免北太平洋冬季的海雾与夏季的风暴，远东—北美西海岸各港航线夏季偏北，冬季南移。

（2）常年航线：不随季节的改变而改变的航线。

3. 根据运力、运程和运量分

（1）主干航线：又称干线，是连接枢纽港口或中心港口的海上航线，主要指的是世界主要的集装箱班轮航线。这类航线连接世界各集装箱枢纽港口，航行大型集装箱船舶。如全球集装箱班轮的主干航线有：远东—北美、远东—欧洲、欧洲—北美航线，包括环球钟摆式航线在内，是全球集装箱运输的 3 大主干航线。世界主要集装箱枢纽港大多坐落在这 3 条航线上。

（2）分支航线：又称支线，是连接分流港口或支线港口的海上航线，这是为主干航线提供服务的海上运输航线。支线上运行的船舶多为小型船舶，连接的港口多为地方枢纽港或分流港口。

4. 根据组织形式分

（1）直达航线：是指在水运范围内，船舶从起运港到终点港，不在中途挂靠港口、装卸货物或增减驳船的运输航线。直达航线具有运输速度快、船舶周转快、节省费用等优点，但它要求在两个港口之间有较稳定的货流。这类航线在班轮运输中多为主干航线。

（2）中转航线：是在水运范围内，船舶从始发港至终点港，在中途挂靠港口、装卸货物或使用驳船的运输航线。

5. 根据发船时间分

（1）定期航线（班轮航线）：是指在水运范围内，船舶定线、定点、定期的航线。这类航线现在多为集装箱班轮或杂货班轮航线，通常是指定时间、定航线、定船舶、定货种、定港口的“五定”航线。在设定航线特别是班轮干线航线时，不仅要考虑到货物的情况、航线情况等，还要考虑到港口的综合条件，包括自然条件、腹地状况、装卸能力、仓储能力、装卸效率等一系列的条件。

（2）不定期航线：是指相对于定期船运输而言的另一种船舶营运方式。它和班轮运输不同，不定期船运输没有预定的船期表，没有固定的航线和停靠港口，而是追随货源，须依据船舶所有人和承租人双方签订的租船合同安排船舶就航的航线。不定期船主要从事大宗货物的运输，如谷物、石油、矿石、煤炭、木材、砂糖、化肥、磷矿石等。一般都是整船装运。

6. 根据航海技术分

（1）大圆航线：是地球圆体上两点之间最短的航程线。但它与所有子午线相交成不等的角度（子午线和赤道除外），即沿大圆弧航行时，必须时刻改变航向。大圆航线距离最短，但导航较困难。因此，实用中通常采用长距离靠近大圆航线，而短距离走等角航线的做法。

（2）恒向线航线：又称“等角航线”，亦称墨卡托航线。船舶以恒定的航向航行的理想航迹。不是地球面上两点之间的最短航程线（子午线和赤道除外），但在低纬度或航向接近南北时，它与大圆航线的航程相差不大。

（3）等纬圈航线：若两地在同一纬度，则沿纬度圈航行，即计划航迹为90°或270°，它是恒向线航线的特例。

（4）混合航线：为了避开高纬度的航行危险区，在设置一限制纬度的情况下，采用大圆航线与等纬圈航线相结合的最短航程航线。另外，在大洋航行中，两地相距较远，根据具体情况整个航程可能并不采用一种固定航线。

二、认识全球主要海运航线

1. 太平洋航线组

1）远东—北美西海岸航线

该航线包括从中国、朝鲜、韩国、日本和俄罗斯远东海港，沿大圆航线横渡北太平洋至加拿大、美国、墨西哥等北美西海岸各港的贸易运输线。该航线随季节也有波动，一般夏季偏北、冬季南移，以避开北太平洋的海雾和风暴。本航线是二战后货运量增长最快、货运量最大的航线之一。

从我国的沿海地区各港出发，偏南的经大隅海峡出中国东海；偏北的经对马海峡穿日本海后，或经津轻海峡进入太平洋，或经宗谷海峡穿过鄂霍茨克海进入北太平洋。

2）远东—加勒比海、北美东海岸航线

该航线不仅要横渡北太平洋，还越过巴拿马运河，因此一般偏南，横渡大洋的距离也较长，夏威夷群岛的火奴鲁鲁港是其重要航站，船舶在此添加燃料和补给品等。本航线也是太平洋货运量最大的航线之一。

从我国北方沿海港口出发的船舶多半经大隅海峡或经琉球庵美大岛出中国东海。

3）远东—南美西海岸航线

该航线是指从远东出发，途经夏威夷群岛南部的莱恩群岛附近，穿越赤道进入南太平洋至南美西海岸各港口的贸易运输线。

从我国北方沿海各港出发的船舶多经琉球庵美大岛、硫磺列岛、威克岛、夏威夷群岛之南的莱恩群岛穿越赤道进入南太平洋，至南美西海岸各港。

4）远东—东南亚航线

该航线是中国、朝鲜、韩国、日本和俄罗斯远东地区货船去东南亚各港，以及经马六甲海峡去印度洋、大西洋沿岸各港的主要航线。中国东海、中国台湾海峡、巴士海峡、中国南海是该航线船舶的必经之路，航期短且航线繁忙。

5）远东—澳大利亚，新西兰航线

远东至澳大利亚东、西海岸分两条航线。中国、朝鲜、韩国、日本和俄罗斯远东地区到澳大利亚东海岸和新西兰港口的船舶，需走琉球久米岛，加罗林群岛的雅浦岛进入所罗门海、珊瑚湖；中澳之间的集装箱船一般在中国香港加载或转船后经南海、苏拉威西海、班达海、阿拉弗拉海，后经托雷斯海峡进入珊瑚海。中国、朝鲜、韩国、日本和俄罗斯远东地区至澳大利亚西海岸港口需要经过民都洛海峡（Mindoro Strait）、望加锡海峡以及龙目海峡进入印度洋。

6）澳新—北美东西海岸、南美东西海岸航线

由澳新地区至北美西海岸多经苏瓦、火奴鲁鲁等太平洋上重要航站到达；至南美西海岸诸港口需横越南太平洋，由于两岸国家和人口均少，故贸易量较少，航船稀疏；至北美东海岸乃至加勒比海沿岸国家和南美东海岸港口则取道社会群岛中的帕皮提港，并经过巴拿马运河才能到达。

2. 大西洋航线组

1）西北欧—北美东海岸航线

该航线是西欧、北美两个世界工业发达地区之间的原燃料和产品交换的运输线，两岸拥有世界重要港口，运输极为繁忙，船舶大多走偏北大圆航线。该航区冬季风浪大，并有浓雾、冰山，对航行安全有威胁。

2）西北欧、北美东海岸—加勒比海航线

该航线多半出英吉利海峡后横渡北大西洋。它同北美东海岸各港出发的船舶一起，一般都经莫纳海峡、向风海峡、佛罗里达海峡等进入加勒比海。除去加勒比海沿岸各港外，还可经巴拿马运河到达美洲太平洋沿岸港口。

3）西北欧、北美东海岸—地中海、苏伊士运河—亚太航线

该航线属世界最繁忙的航段，它是北美，西北欧与亚太海湾地区间贸易往来的捷径。该航线一般途经亚速尔群岛、马德拉群岛上的航站，中间经过直布罗陀海峡、地中海、苏伊士运河、红海、曼德海峡等重要海上地理节点。

4）西北欧、地中海—南美东海岸或非洲西海岸各港航线

该航线一般经西非大西洋岛屿—加纳利群岛、佛得角群岛上的航站或者西非达喀尔港，是欧洲发达国家与南大西洋两岸发展中国家的贸易航线。欧洲国家输出的大多是工业品，输入的都以初级产品为多。

5）西北欧、北美东海岸—好望角—远东航线

该航线一般是巨型油船的航线。由于苏伊士运河有通航能力限制，故巨型油船只能绕道好望角航行。佛得角群岛、加拿利群岛是过往船舶停靠的主要航站。

6）南美东海岸—好望角—远东航线

这是一条以石油、矿石、重大件货物为主的运输线。该航线处在西风漂流海域，风浪较大。一般西航偏北行，东航偏南行。

7）北美东海岸—南美东海岸航线

该航线货运量较小，但集装箱运输的需求近年有逐步上升迹象。巴西是北向贸易的主力，剩余的份额则由阿根廷、乌拉圭和巴拉圭组成。反向箱量巴西依旧占据主要份额。

3. 印度洋航线组

印度洋航线以石油运输线为主，此外有不少是大宗货物的过境运输。

1）波斯湾—好望角—西欧、北美航线

该航线主要由超级油船经营，是世界上最主要的海上石油运输线之一。

2）波斯湾—东南亚—远东航线

该航线东经马六甲海峡（约 25 万载重吨以下船舶可行）或巽他海峡、龙目海峡、望加锡海峡（25 万载重吨以上远洋船舶可行）至远东地区。

3）波斯湾—苏伊士运河—地中海—西欧、北美运输线

该航线目前可通行载重 25 万吨级左右的超级油船。

除了以上 3 条油运线之外，印度洋其他航线还有：远东—东南亚—东非航线；远东—东南亚、地中海—西北欧航线；远东—东南亚—好望角—西非、南美航线；澳新—地中海—西北欧航线；印度洋北部地区—欧洲航线。

4. 北极航道

北极航道（Arctic Shipping Routes）由两条航道构成：加拿大沿岸的西北航道和西伯利亚沿岸的东北航道（Northeast Passage，又称北方航道）。

东北航道大部分航段位于俄罗斯北部沿海的北冰洋离岸海域。从北欧出发，向东穿过北冰洋巴伦支海、喀拉海、拉普捷夫海、新西伯利亚海和楚科奇海五大海域，直到白令海峡。在东北航道上，连接五大海域的海峡多达 58 个，其中最主要的有 10 个，自西向东依次是：尤戈尔海峡、喀拉海峡、马托奇金海峡、维利基茨基海峡、绍卡利斯基海峡、红军海峡、扬斯克海峡、德米特里·拉普捷夫海峡、桑尼科夫海峡、德朗海峡。

1878—1879 年，瑞典北极探险家诺登舍尔德率探险队首次完成全线航行。20 世纪 30 年代初正式开辟该航道。全线通航期 2~3 个月。从喀拉海峡到白令海峡段通航较困难，需破冰船领航、飞机或卫星导航，为俄罗斯欧亚两部分海上联系的最短航线。

知识链接

第一艘经过北极东北航道完成亚欧航线的中国商船

2013 年 9 月 10 日 21 时，原中国远洋运输（集团）总公司（简称中远集团）的“永盛”号货船，从中国太仓港经过北极的东北航道，历时 27 天，航程 7 800 多海里，到达了荷兰鹿特丹港，成为第一艘经过北极东北航道完成亚欧航线的中国商船。

这一路径相比从马六甲海峡、苏伊士运河至鹿特丹港的亚欧传统航线，缩短 2 800 多海里，航行时间减少 9 天，船公司可以减少船舶燃油消耗和碳排放，降低经营成本，提高经营效益。以上海—冰岛首都雷克雅未克的航运为例，与绕行印度洋、苏伊士运河相比，航行于北极东北航道可以节省约 16 天的时间、40% 的航程和 20% 的燃料。

中国商船首次完成北极航道航行，对于中国开辟新的航运通道具有里程碑式的意义。随着全球变暖脚步的加快，北极不再是航运的禁区，将成为中国与欧美贸易来往的新路径，有助于中国突破马六甲海峡的瓶颈，避开印度洋上的索马里海盗。

西北航道（Northwest Passage）是指由格陵兰岛经加拿大北部北极群岛到阿拉斯加北岸的航道，这是大西洋和太平洋之间最短的航道。大部分航段位于加拿大北极群岛水域，以白令海峡为起点，向东沿美国阿拉斯加北部离岸海域，穿过加拿大北极群岛，直到戴维斯海峡。这条航线在波弗特海进入加拿大北极群岛时，分成 2 条主要支线：一条穿过阿蒙森湾、多芬联合海峡、维多利亚海峡到兰开斯特海峡；一条穿过麦克卢尔海峡、梅尔维尔子爵海峡、巴罗海峡到兰开斯特海峡。

三、认识中国主要海运航线

1. 近洋航线

（1）港澳线。到中国香港（Hongkong）和中国澳门（Macao）地区。

（2）新马线。到新加坡（Singapore）；马来西亚的巴生港（Port Kelang）、槟城（Penang）、丹戎帕拉帕斯（Tanjung Pelepas）和马六甲（Malacca）等港。

（3）北婆罗洲线，又称北加里曼丹（Kalimantan）线。到马来西亚沙捞越地区的古晋（Kuching）、米里（Miri），以及西布（Sibu）等港；沙巴地区的山打根（Sandakan）、斗湖（Tawan）、哥打基纳巴卢（Kota Kinabalu，又称亚庇）和拉布安（Labuan，又称纳闽）等港；文莱的斯里巴加湾（Bandar Seri Begawan）。

（4）暹罗湾线，又可称为越南、柬埔寨、泰国线。到越南海防（Haiphong）、胡志明港（Ho Chi Minh Port）；柬埔寨的西哈努克（Sihanoukville，旧名磅逊）和泰国的曼谷（Bangkok）等港。

（5）科伦坡、孟加拉湾线。到斯里兰卡的科伦坡（Colombo）、缅甸的仰光（Rangoon/Yangon）、孟加拉国的吉大港（Chittagong）和印度东海岸的加尔各答（Kolkata/Calcutta）等港。

（6）菲律宾线。到菲律宾的马尼拉港（Manila）、宿务港（Cebu）。

（7）印度尼西亚线。到爪哇岛的雅加达（Djakarta）及其外港丹戎不碌（TanjungPriok）、泗水（Surabaya）及其外港丹戎佩拉（Tanjung Perak）、三宝垄（Semarang）；还有苏门答腊岛的巨港（Palembang，又称巴邻旁）、苏拉威西岛的望加锡（Makasar）等港。

（8）澳大利亚、新西兰线。到澳大利亚的悉尼（Sydney）、墨尔本（Melbourne）、布里斯班（Brisbane）；新西兰的奥克兰（Auckland）、惠灵顿（Wellington）和利特尔顿（Lyttelton）等港。

（9）巴布亚新几内亚线。到巴布亚新几内亚的莱城（Lae）、马当（Madang）、拉包尔（Rabaul）、韦瓦克（Wewak）和莫尔兹比（Port Moresby）等港。

（10）南太平洋岛屿线。到所罗门群岛（Solomon Islands）的霍尼亚拉（Honiara）；瓦努阿图（Vanuatu）的维拉港（Port Vila）、桑托岛（Santo）；斐济（Fiji）的劳托卡（Lautoka）、苏瓦（Suva）；新喀里多尼亚（New Caledonia）的努美阿（Nouméa）；萨摩亚（Samoa）的阿皮亚（Apia）和美属萨摩亚的帕果帕果（Pago Pago）等港。

（11）日本线。到日本九州岛的门司（Moji）和本州岛的神户（Kobe）、大阪（Osaka）、名古屋（Nagoya）、横滨（Yokohama）和川崎（Kawasaki）等港口。

（12）波斯湾线，又称阿拉伯湾线。到巴基斯坦的卡拉奇（Karachi）；伊朗的阿巴斯（Bandar Abbas）、霍拉姆沙赫尔（Khorramshahr）；伊拉克的巴士拉（Basra）；科威特的科威特（Kuwait）港；巴林的巴林（Bahrain）港；沙特阿拉伯的达曼（Damman）；卡塔尔的多哈（Doha）；阿拉伯联合酋长国的迪拜（Dubai）；阿曼的马斯喀特（Muscat）、塞拉莱（Salalah）、索哈（Sohar）等港。

2. 远洋航线

（1）红海线。到也门的亚丁（Aden）和荷台达（Hodeida）、约旦的亚喀巴（Aqaba）、吉布提共和国的吉布提（Djibouti）、厄立特里亚的阿萨布（Assab）、苏丹民主共和国的苏丹港（Port Sudan）和沙特阿拉伯的吉达（Jiddah）港等。

（2）地中海线。到地中海东部黎巴嫩的贝鲁特（Beirut）、的黎波里（Tripoli）；叙利亚的拉塔基亚（Latakia）；以色列的海法（Haifa）和阿什杜德（Ashdod）；地中海北部意大利的热那亚（Genoa）、焦亚陶罗（GioiaTauro）；法国的马塞（Marseilles）；西班牙的巴塞罗那（Barcelona）和阿尔赫西拉斯（Algeciras）；塞浦路斯的利马索尔（Limassol）；西班牙的阿尔赫西拉斯（Algeciras）；希腊的比雷埃夫斯（Piraeus）；地中海南部即北非航线的埃及塞得港（Port Said）、亚历山大（Alexandria）；突尼斯的突尼斯港（Tunis）；阿尔及利亚的阿尔及尔（Algiers）；利比亚的的黎波里（Tripoli）；摩洛哥的丹吉尔地中海（Tangier Mediterranee）等港。

（3）西北欧线。到比利时的安特卫普（Antwerp）；荷兰的鹿特丹（Rotterdam）；德国的汉堡（Hamburg）、不来梅哈芬（Bremerhaven）；法国的勒阿弗尔（Le Havre）；英国的伦敦（London）、利物浦（Liverpool）；丹麦的哥本哈根（Copenhagen）；挪威的奥斯陆（Oslo）；瑞典的斯德哥尔摩（Stockholm）和哥德堡（Gothenburg）；芬兰的赫尔辛基（Helsinki）；俄罗斯的圣彼得堡（Saint Petersburg）和加里宁格勒（Kaliningrad）；爱沙尼亚的塔林（Tallinn）等港。

（4）东非线。到肯尼亚的蒙巴萨（Mombasa）；坦桑尼亚的达累斯萨拉姆（Dar es Salaam）和坦噶（Tanga）；莫桑比克的马普托（Maputo）和贝拉（Beira）以及索马里的摩加迪沙（Mogadiscio）等港。

（5）中西非线。到毛里塔尼亚的努瓦克肖特（Nouakchott）；塞内加尔的达喀尔（Dakar）；冈比亚的班珠尔（Banjul，原名巴塞斯特 Bathurst）；几内亚的科纳克里（Conakry）；塞拉利昂的弗里敦（Free town）；利比里亚的蒙罗维亚（Monrovia）；科特迪瓦的阿比让（Abidjan）；加纳的特马（Tema）；多哥的洛美（Lomé）；贝宁的科托努（Cotonou）；尼日利亚的拉各斯（Lagos）和阿帕帕（Apapa）；喀麦隆的杜阿拉（Douala）；赤道几内亚的巴塔（Bata）；加蓬的奥文多（Owendo）；刚果（布）的黑角（Pointe Noire）；刚果（金）的马塔迪（Matadi）；佛得角的明德卢（Mindelo）；加纳利群岛的拉斯帕尔马斯（Las Palmas）等港。

（6）南非线。包括安哥拉的罗安达（Luanda）；纳米比亚的鲸湾港（Walvis Bay）；南非共和国的开普敦（Cape Town）、理查德湾（Richards Bay）、德班（Durban）港、伊丽莎白港（Port Elizabeth）；马达加斯加的塔马塔夫（Tamatave）；科摩罗群岛的莫罗尼（Moroni）；毛里求斯的路易港（Port Louis）；留尼汪岛的加莱角（Pointe des Galets）和塞舌尔群岛的维多利亚港（Port Victoria，因同名港口太多，船公司习惯用马埃岛 Mahe 这一名称，但要注意与印度西岸的马埃港相区别）。

（7）美国、加拿大线。包括加拿大西岸港口温哥华（Vancouver）和鲁珀特王子（Prince Rupert）港；美国西岸港口西北港口联盟（Northwest Seaport Alliance，NSA）、波特兰（Portland OR）、圣弗朗西斯科（San Francisco）、洛杉矶（Los Angeles）；加拿大东岸港口蒙特利尔（Montreal）、魁北克（Quebec）、哈利法克斯（Halifax）；美国东岸港口纽约（New York）、波士顿（Boston）、弗吉尼亚港口群（Virginia）、巴尔的摩（Baltimore）、波特兰（Portland ME，在缅因州 Maine）、迈阿密（Miami）和美国墨西哥湾沿岸的新奥尔良（New Orleans）、休斯敦（Houston）等港。

（8）墨西哥、中美洲线。到墨西哥的曼萨尼略（Manzanillo）、阿卡普尔科（Acapulco）；危地马拉的圣何塞（San Jose）；萨尔瓦多的阿卡胡特拉（Acajutla）；哥斯达黎加的利蒙港（Puerto Limon）；巴拿马的科隆港（Colon）等港。

（9）南美洲西岸线。到哥伦比亚的布埃纳文图拉（Buenaventura）；厄瓜多尔的瓜亚基尔（Guayaquil）；秘鲁的卡亚俄（Callao）；智利的阿里卡（Arica）、伊基克（Iquique）、圣安东尼奥（San Antonio）、安托法加斯塔（Antofagasta）等港。

（10）南美洲东岸线。到巴西的里约热内卢（Rio de Janeiro）、桑托斯（Santos）、图巴朗（Tubarao）、累西腓（Recife）；乌拉圭的蒙得维的亚（Montevideo）；阿根廷的布宜诺斯艾利斯（Buenos Aires）等港。

（11）南美北岸和加勒比海线。到哥伦比亚的巴兰基亚（Barranquilla）、圣玛尔塔（Santa Marta）、卡塔赫纳（Cartagena）；委内瑞拉的拉瓜伊拉（La Guaira）、卡贝略港（Puerto Cabello）、马拉开波（Maracaibo）；圭亚那的乔治敦（Georgetown）；苏里南的帕拉马里博（Paramaribo）；牙买加的金斯顿（Kingston）；古巴的哈瓦那（Havana）；特立尼达和多巴哥的西班牙港（Port of Spain）等港。

航线查询可访问中远海运集运有限公司网站，网址是 Lines.coscoshipping.com/home/services/route/11，其查询界面见图 2–5。

图 2–5　中远海运集运有限公司航线查询界面

四、海运航线的形成因素

世界各地水域在港湾、潮汐、风向、水深及地球球面距离等自然条件限制下，可供船舶航行的一定路径，即称为航路。海上运输承运人在许多不同的航路中，综合考虑主客观因素，为达到最大的经济效益所选定的营运通路称为航线。航线的形成主要取决于以下几方面的因素。

1. 安全因素

安全因素是指船舶航行的路线须考虑到自然界的种种现象，如风向、波浪、潮汐、水流、暗礁及流冰等。它们会影响船舶航行的安全。

2. 货运因素

货运因素是指该航线沿途货运量的多寡。货运量多，航行的船舶多，则必定是繁忙的航线。

3. 港口因素

港口因素是指船舶途经和停靠的港口水深是否适宜，气候是否良好，航道是否宽阔，有无较好的存储装卸设备，内陆交通条件是否便利，港口使用费是否低廉，以及燃料供应是否充足。

4. 技术因素

技术因素是指船舶航行时从技术上考虑选择最经济且快速的航线航行。除上述因素外，国际政治形势的变化，有关国家的经济政策、航运政策等也会对航线的选择和形成产生一定的影响。航线选择的好坏，直接关系航运业的经济效益，因此，航运公司都十分重视航线的选择。

课后任务

1. 列举太平洋航线组。
2. 列举大西洋航线组。
3. 列举印度洋航线组。
4. 说明全球最繁忙航线及其路上重要地理节点。
5. 说明北极航道的优缺点。
6. 小组讨论：学生课后下载谷歌地球软件，在软件中画出各大洋航线。

当临近城时，
就能看到围墙很高的武器库和在两山中间的漂亮港口，
其入口狭窄，
两端翘曲的船拖在几条道的旁边，
每个市民都有自己的停船场。

——荷马《奥德赛》

任务三　认识全球港口

任务描述

海运业的四大要素是船、线、货、港，其中的港即指海运港口。港口是具有水陆联运设备和条件，供船舶安全进出和停泊的运输枢纽，是水陆交通的集结点和枢纽，工农业产品和外贸进出口物资的集散地，船舶停泊、装卸货物、上下旅客、补充给养的场所。由于港口是联系内陆腹地和海洋运输（国际航空运输）的一个天然界面，因此，人们也把港口作为国际物流的一个特殊节点。

知识讲解

一、港口的定义

《中华人民共和国港口法（2018 年修正本）》第三条规定：……港口，是指具有船舶进出、停泊、靠泊，旅客上下，货物装卸、驳运、储存等功能，具有相应的码头设施，由一定范围的水域和陆域组成的区域。港口可以由一个或者多个港区组成。

截至 2020 年底，中国港口拥有万吨级及以上泊位 2 592 个。截至 2021 年 6 月 24

日，中国港口规模居世界首位。（资料来源：央视网）

二、港口的发展阶段

港口伴随着商贸业和航运业的繁荣而发展，从世界港口发展的历程来看，可将港口发展划分为四个阶段：

第一个阶段是 18 世纪以前，港口只是船舶装卸活动的场所，具有一定的转运功能，是区域间商品流通的一个环节。

第二个阶段是从 18 世纪初到 20 世纪中叶，港口除具备仓储、装卸搬运等基本的物流功能外，临港产业的发展也初具雏形，工业、商业开始落户，港口成为生产与贸易的场所和货物增值的服务中心。

第三个阶段开始于 20 世纪五六十年代，得益于港航技术、信息技术的发展，为适应国际贸易和全球物流的需求，部分港口逐步发展成为集国际物流中心、贸易中心、金融中心和工业中心为一体的综合性区域，出口加工区、国际贸易区、保税区、物流园区等各类经济功能区不断兴建。

第四个阶段开始于 20 世纪末和 21 世纪初，全球一些重要港口正在努力实现功能定位的转变，以城市为主体，以自由贸易为依托，逐步发展成为国际贸易调度站、产业集聚基地、综合服务平台以及融入全球供应链的国际航运中心。工业向柔性和个性化方向发展，虚拟企业开始出现，港口成为全球生产、销售等整个供应链中重要的节点，又加上高新技术在港口领域得到全面应用，港口功能进一步完善，成为全球资源配置枢纽。提出建设生态港目标，强调持续发展。在这一阶段，人才与环境成为决定港口发展的关键因素。

2019 和 2020 年全球 TOP20 港口货物吞吐量排名和全球 TOP20 集装箱港口吞吐量排名分别见表 2–6 和 2–7。

表 2–6　2019 和 2020 年全球 TOP20 港口货物吞吐量排名

排名	港口	所属国家	2020 年货物吞吐量 / 万 t	2019 年货物吞吐量 / 万 t
1（1）	宁波舟山港	中国	117 240	112 009
2（2）	上海港	中国	71 104	71 677
3（3）	唐山港	中国	70 260	65 674
4（5）	广州港	中国	61 239	60 616
5（6）	青岛港	中国	60 459	57 736
6（4）	新加坡港	新加坡	59 074	62 618

（续表）

排名	港口	所属国家	2020 年货物吞吐量 / 万 t	2019 年货物吞吐量 / 万 t
7（7）	苏州港	中国	55 408	52 275
8（8）	黑德兰港	澳大利亚	54 705	52 188
9（9）	天津港	中国	50 290	49 220
10（11）	日照港	中国	49 615	46 377
11（10）	鹿特丹港	荷兰	43 680	46 940
12（12）	釜山	韩国	41 052	46 899
13（13）	烟台	中国	39 935	38 632
14（16）	镇江	中国	35 064	32 916
15（14）	大连	中国	33 401	36 641
16（15）	南通	中国	31 014	33 620
17（17）	黄骅	中国	30 125	28 716
18（18）	泰州	中国	30 111	28 243
19（24）	北部湾	中国	29 567	25 568
20（19）	光阳	韩国	27 327	30 971

数据来源：中国交通运输部、各港口官网

表 2-7　2019 和 2020 年全球 TOP20 集装箱港口吞吐量排名

排名	港口	所属国家	2020 年吞吐量 / 万 TEU	2019 年吞吐量 / 万 TEU
1（1）	上海港	中国	4 350	4 330
2（2）	新加坡港	新加坡	3 687	3 720
3（3）	宁波舟山港	中国	2 872	2 753
4（4）	深圳港	中国	2 655	2 577
5（5）	广州港	中国	2 351	2 324
6（7）	青岛港	中国	2 201	2 101
7（6）	釜山港	韩国	2 182	2 199
8（9）	天津港	中国	1 835	1 726
9（8）	香港港	中国	1 795	1 836
10（10）	鹿特丹港	荷兰	1 435	1 481

（续表）

排名	港口	所属国家	2020 年吞吐量 / 万 TEU	2019 年吞吐量 / 万 TEU
11（11）	迪拜港	阿联酋	1 349	1 411
12（12）	巴生港	马来西亚	1 324	1 358
13（13）	安特卫普港	比利时	1 203	1 186
14（14）	厦门港	中国	1 141	1 112
15（18）	丹戎帕拉帕斯港	马来西亚	980	910
16（15）	高雄港	中国	962	1 043
17（16）	洛杉矶港	美国	921	934
18（17）	汉堡港	德国	854	927
19（21）	长滩港	美国	811	763
20（25）	胡志明市港	越南	785	753

资料来源：Lloyd’s List 发布的 One Hundred Container Ports 2020

2020 年，在新冠肺炎疫情冲击下，各国实施的封锁限制等应对措施导致全球供应链断裂重组，全球经济断崖式下跌。国际货币基金组织（IMF）于 2021 年 1 月发布的《世界经济展望》报告指出，2020 年全球经济或收缩 3.5%。全球贸易活动也大幅下降，世界贸易组织（WTO）预测，2020 年全球贸易量下跌 9.2%，萎缩幅度将可能会超过 2008 年经济危机所带来的影响。

但 2020 年下半年全球各地区的经济贸易增长势头整体强于预期，疫苗的接种推广有望进一步刺激全球经济加速复苏。

受全球经贸活动低迷影响，根据克拉克森预测全年海运贸易量同比下降 3.8% 至 115 亿 t，全球海运集装箱贸易箱量预计下降 3.0% 至 1.9 亿 TEU，为全球金融危机以来集装箱贸易的最大降幅。在此背景下，全球前 20 大港口货物吞吐量、全球前 20 大集装箱港口箱量增速较 2019 年均小幅收窄，但下半年生产形势整体回暖势头良好，两大榜单中超半数港口全年吞吐量可实现正增长。（海运信息网）

三、港口的分类

1. 一般分类

（1）基本港（Base Port）：是运价表限定班轮公司的船一般要定期挂靠的港口。大多数为位于中心的较大口岸，港口设备条件比较好，货载多而稳定。规定为基本港口就不再限制货量。运往基本港口的货物一般均为直达运输，无需中途转船。但有时也因货量太少，船方决定中途转运，由船方自行安排，承担转船费用。按基本港口运费率向货方收取运费，不得加收转船附加费或直航附加费，并应签发直达提单。

（2）非基本港（Non-Base Port）：凡基本港口以外的港口都称为非基本港口。非基本港口一般除按基本港口收费外，还需另外加收转船附加费。达到一定货量时则改为加收直航附加费。例如新几内亚航线的霍尼亚拉（Honiara）港，便是所罗门群岛的基本港口；而基埃塔（Kieta）港，则是非基本港口。运往基埃塔港口的货物运费率要在霍尼亚拉运费率的基础上增加转船附加费。

2. 按用途分类

（1）商港（Commercial Port or Trade Port）：商港是指供商船往来停靠，办理客货运输业务的港口。商港有自己的水上以及陆地的商港区域，在商港区域内，为便利船舶出入、停泊、货物装卸、仓储、驳运作业、服务旅客之水面、陆上、海底及其他一切有关设施。如汉堡、纽约、香港、上海、大连等港。

（2）军港（Military Port or Navy Port）：军港是指军队使用的港口，专供海军舰艇使用的港口，供舰艇停泊、补给、修建、避风和获得战斗、技术、后勤等保障，又称海军基地，具备相应的设备和防御设施。如我国的旅顺港，日本的横须贺港，俄罗斯的符拉迪沃斯托克港、美国的诺福克军港等。

（3）渔港（Fishing Port）：渔港是指专供渔船出海作业和回航停泊、鱼货储转、油水补充和渔船修理等的港口。用于船舶傍靠、锚泊、避风、装卸渔获物和补充渔需及生活物资，并可进行渔获物的冷冻、加工、储运、渔船维修、渔具制造、通信联络，及船员休息、娱乐、医疗等。如中国舟山沈家门渔港。

（4）工业港（Industrial Port）：工业港是为临近的江、河、湖、海的大型工矿企业直接运输原料、燃料和产品的港口。如我国的秦皇岛煤码头、鲇鱼湾油港及美国诺福克煤港、菲律宾的木材输出港和日本的千叶港等。

（5）避风港（Well Sheltered Port）：一般无装卸设施，具有良好的天然地势，为船舶躲避台风等灾害而设置。如中国宁波的象山港。

3. 按所处位置分类

（1）河口港（Estuary Port）：位于河流入海口或受潮汐影响的河口段内，可兼为海船和河船服务。一般有大城市作依托，水陆交通便利，内河水道往往深入内地广阔的经济腹地，承担大量的货流量，故世界上许多大港都建在河口附近，如荷兰鹿特丹港（见图 2-6）、英国伦敦港、美国纽约港、俄罗斯圣彼得堡港、中国上海港等。河口港的特点是，码头设施沿河岸布置，离海不远而又不需建防波堤，如岸线长度不够，可增设挖入式港池。

图 2-6 鹿特丹港局部（图片来源：Port of Rotterdam）

（2）海港（Sea Port）：位于海岸、海湾或潟湖内，也有离开海岸建在深水海面上的。位于开敞海面岸边或天然掩护不足的海湾内的港口，通常须修建相当规模的防波堤，如中国的大连港、青岛港、连云港、基隆港和意大利的热那亚港等。供巨型油船或矿石船靠泊的单点或多点系泊码头和岛式码头属于无掩护的外海海港，如利比亚的卜拉加港、黎巴嫩的西顿港等。潟湖被天然沙嘴完全或部分隔开，开挖运河或拓宽、浚深航道后，可在潟湖岸边建港，如广西北海港。也有完全靠天然掩护的大型海港，如日本东京港、中国香港港、澳大利亚悉尼港等。

（3）河港（River Port）：位于天然河流或人工运河上的港口，包括湖泊港和水库港，如美国的芝加哥港。湖泊港和水库港水面宽阔，有时风浪较大，因此同海港有许多相似处，如往往需修建防波堤等。俄罗斯古比雪夫、齐姆良斯克等大型水库上的港口和中国洪泽湖上的小型港口均属此类。

4. 按运输角度分类

（1）支线港（喂给港）：这类港口拥有规模较小的码头或部分中型规模的码头，主要挂靠支线运输船舶和短程干线运输船舶。世界上大多数港口均属这种类型。

（2）中转港：这类港口的地理位置优越，在水路运输发展的过程中已成为海上运输主要航线的连接点，同时又成为支线的汇集点。这类港口拥有大型码头，主要功能是在港区范围卸船、收受、堆存货物和装船发送货物，如新加坡港。

（3）腹地港：这类港口是国际运输主要航线的端点港，与内陆发达的交通运输网相连接，是水陆交通的枢纽。它们的主要功能是服务于内陆腹地货物的集散运输，同时兼营海上转运业务。

5. 按国家政策分类

（1）国际贸易港（International Trade Port）：是政府指定对外开放的航运贸易港，有外交关系国家的船舶可自由进出。无外交关系的，经批准也可通行。进出该港须经港监、海关、边防、商检、卫检办理有关手续。

（2）国内贸易港（Domestic Trade Port）：专供本国商船出入的港口，外轮原则上不得驶入。

（3）自由港（Free Port）：可在港内自由装船和卸船，不用缴纳关税。如中国香港（中国香港维多利亚港见图 2-7）、新加坡、中国澳门、瑞典的斯德哥尔摩等港。有的国家港口开辟部分港区为自由贸易区，在区内不设海关，如中国（上海）自由贸易试验区、意大利的那不勒斯、巴拿马科隆自由贸易区、智利伊基克自由贸易区等。

图 2-7　中国香港维多利亚港（图片来源：新华社）

知识链接

中国（上海）自由贸易试验区

中国（上海）自由贸易试验区（China（Shanghai）Pilot Free Trade Zone），简称上海自由贸易区或上海自贸区，是中国政府设立在上海的区域性自由贸易园区，位于浦东，属中国自由贸易区范畴。2013 年 9 月 29 日中国（上海）自由贸易试验区正式成立，面积 28.78 km^2。2014 年 12 月 28 日全国人大常务委员会授权国务院扩展中国（上海）自由贸易试验区区域，将面积扩展到 120.72 km^2。涵盖上海市外高桥保税区、外高桥保税物流园区、洋山保税港区和上海浦东机场综合保税区、金桥出口加工区、张江高科技园区和陆家嘴金融贸易区等 7 个区域。

2019 年 8 月 6 日，国务院设立中国（上海）自由贸易试验区临港新片区；2020 年 9 月 1 日，临港新片区启动强化竞争政策实施试点。

课后任务

1. 掌握港口的分类。
2. 列举 2020 年全球十大港口和十大集装箱港口。

刳木为舟，剡木为楫，舟楫之利，以济不通，致远以利天下。

——《易·系辞下》

任务四　认识海运船舶

任务描述

海运业的四大要素是船、线、货、港，其中的船即指海运船舶。

船舶指的是：举凡利用水的浮力，依靠人力、风帆、发动机（如蒸汽机、燃气涡轮、柴油引擎、核子动力机组）等动力，牵、拉、推、划或推动螺旋桨、高压喷嘴，使能在水上移动的交通运输工具。

运送货物的船叫货船。货船在海洋上航行的历史已经有几千年了，它使得人们能够在世界不同地区之间进行贸易。今天大量不同类型的货船航行在海面上，从大型油船到小型拖船，从载车渡船到为搜寻损坏船舶而特制的船。

知识讲解

一、海运船舶（货船）分类

1. 干散货船

干散货船又称散装货船（见图 2–8），是用以装载无包装的大宗货物的船舶。专用于运送煤炭、矿砂、谷物、化肥、水泥、钢铁等散装物资。目前其数量仅次于油船。按载运的货物不同，又可分为矿砂船、运煤船、散粮船、散装水泥船、运木船等。这种船大都为单甲板，舱内不设支柱但设有隔板，用以防止在风浪中运行的舱内货物错位。干散货船特点是舱口围板高而大，货舱横剖面成菱形，这样既可减少平舱工作，货舱四角的三角形舱柜为压载水舱，可调节吃水和稳性高度。其特点为：驾驶室和机舱布置在尾部，货舱口宽大；内底板与舷侧以向上倾斜的边板连接，便于货物向货舱中央集中，甲板下两舷与舱口处有倾斜的顶边舱以限制货物移动；有较多的压载水舱用于压载航行。

图 2–8　散货船（图片来源：中远海运散运）

2. 液货船

专门载运液体货物的船舶。液体货物主要有油、液化气、淡水和化学药液等，其中运量最大的是石油及其制品。按载运的货物不同，又可分为原油船、成品油船、液体化学品船、液化天然气船（见图 2–9）、液化石油气船等。

图 2–9　液化天然气（LNG）船（图片来源：Offshore Energy）

专门用于载运原油的船舶，简称油船（见图 2-10）。液货船中，原油船最为常见。由于原油运量巨大，油船载重量亦可达 70 多万吨，是船舶中的最大者。结构上一般为单底，随着环保要求的提高，结构正向双壳、双底的形式演变。上层建筑设于船尾。甲板上无大的舱口，用泵和管道装卸原油。设有加热设施可在低温时对原油加热，防止其凝固而影响装卸。超大型油船的吃水可达 25 m，往往无法靠岸装卸，必须借助水底管道来装卸原油。

图 2-10　油船（图片来源：中远海运重工）

油船按载重吨位可分为：（1）小型油船（0.6 万载重吨以下），以运载轻质油为主；（2）中型油船（0.6~3.5 万载重吨），以运载成品油为主；（3）大型油船（3.5~16 万载重吨），以运载原油为主，偶尔载运重油；（4）巨型、超级油船（16 万载重吨以上 VLCC、30 万载重吨以上 ULCC），专用运载原油。

3. 杂货船

杂货船（General Cargo Ship）又称普通货船、通用干货船或统货船（如图 2-11），主要用于装载一般包装、袋装、箱装和桶装的件杂货物。由于件杂货物的批量较小，杂货船的吨位比散货船和油船小。其一般为双层甲板，为便于装卸，各货舱的舱口尺寸均较大，并配吊杆（2~5 t）或起重机（120 t）。

杂货船应用广泛，在世界商船队中吨位总数居首位。在内陆水域中航行的杂货船吨位有数百吨、上千吨，而远洋运输的杂货船可达 2 万 t 以上。

图 2–11　杂货船（图片来源：航运在线）

4. 集装箱船

集装箱船又称箱装船、货柜船或货箱船（见图 2–12），是一种专门载运集装箱的船舶。其全部或大部分船舱用来装载集装箱，往往在甲板或舱盖上也可堆放集装箱。集装箱船的货舱口宽而长，货舱的尺寸按载箱的要求规格化。

图 2–12　集装箱船（图片来源：www.fleetmon.com）

集装箱船基本上可以分为全集装箱船和半集装箱船两大类。全集装箱船的货舱和甲板均能装载集装箱。货舱内设有格栅式货架，以利货箱的固定。其甲板和货舱盖是平直的，上面可以装 2~4 层集装箱。通常船上不设起货设备，而利用码头上的专用设备装卸。半集装箱船则在部分货舱装运集装箱，其他货舱装运杂货或散货。

知识链接

全球最大的集装箱船（截至 2021 年 7 月 30 日）

2021 年 7 月 30 日，三星重工为长荣海运建造的首艘全球最大 24 000 TEU 级超大型集装箱船“长范（Ever Ace）”轮首航山东港口青岛港。

于 2021 年 7 月 29 日正式交付的“长范”轮船长 400 m，船宽 62 m，载箱量达 23 992 TEU，超过韩国 HMM（原现代商船）在去年交付的 Algeciras 级船（23 964 TEU），再次刷新全球最大集装箱船纪录。

据悉，“长范”轮将投入山东港口青岛港欧洲精品航线，全面升级长荣海运所属的海洋联盟（Ocean Alliance）欧洲航线运力等级和舱位规模，同时为山东港口加快建设世界一流的海洋港口注入更强劲的动能。

在“长范”轮交付之后，预计今年年内长荣海运还将再迎来 3 艘 A 级集装箱船，这 4 艘新船全部将投入欧洲线运营，顺利搭上现阶段欧洲线的高运价时代。

Alphaliner 的数据显示，目前长荣海运旗下船队运营 202 艘船，总运力约为 138.5 万 TEU，运力排全球第 7。（资料来源：海报新闻）

5. 冷藏船

运送肉、鱼、蔬菜和水果等易腐货物的专用船舶（如图 2–13 所示的“新懋达”号冷藏船）。往往设多层甲板，货舱内通常分隔成若干独立的封闭空间。船上具有大功率的制冷装置，可以在比较恶劣的环境中，使各冷藏货舱内保持货物所需的适当的温度。其船舶结构与杂货船相近，但货舱口较小，货舱具有良好的隔热功能，并配有大能量的制冷装置。由于受货源批量的限制，冷藏船的吨位一般在万吨以下。目前，用于装运冷藏货物的冷藏集装箱发展迅速。由于其运输方便，所以在某种程度上取代了冷藏船的运输。近年来，冷藏运输需求下降导致大规模的运力过剩。

图 2–13 “新懋达”号冷藏船（图片来源：青岛市海洋发展局）

6. 载驳船

专门载运货驳的船舶，又称母子船。也就是说在大船上搭载驳船，驳船内装载货物的船舶。其运输方式与集装箱运输方式相仿，因为货驳亦可视为能够浮于水面的集装箱。其运输过程是：将货物先装载于统一规格的方形货驳（子船）上，再将货驳装上载驳船（母船）上，载驳船将货驳运抵目的港后，将货驳卸至水面，再由拖船分送各自目的地。载驳船的特点是不需码头和堆场，装卸效率高，便于海—河联运。但由于造价高，货驳的集散组织复杂，其发展也受到了限制。

7. 滚装船

滚装船（Roll-On/Roll-Off Ship，Ro-Ro Ship），又称“开上开下”船，或称“滚上滚下”船，见图 2-14，是一种运输工具，是利用运货车辆来载运货物的专用船舶，用牵引车牵引载有箱货或其他件货的半挂车或轮式托盘直接进出货舱装卸的运输船舶。

图 2-14　滚装船（图片来源：现代快报）

二、世界主要船公司认知

1. 全球主要船公司

全球主要船公司见表 2–8。

表 2–8　全球主要船公司

公司	LOGO	所属地	简介
马士基航运	MAERSK LINE	丹麦	马士基集团创立于 1904 年，总部设在丹麦哥本哈根，为世界 500 强之一。其旗下的马士基航运（Maersk Line）是全球最大的集装箱船公司。马士基陆续收购南非航运、兼并美国海陆公司并于 2005 年收购当时的第三大航运巨头铁行渣华（P&O），成为了航运史上最大的收购案。2017 年，马士基成功收购德国欧特克（Oetker）集团旗下的汉堡南美（Habsud Sud），并以独立品牌运营
地中海航运	msc	瑞士	地中海航运公司（Mediterranean Shipping Company S.A. MSC）成立于 1970 年，公司总部设在瑞士日内瓦，全球运力排名第二，是一家由 Aponte 家族推动的私营企业。作为世界集装箱航运的领导者，MSC 发展至今已在 155 个国家和地区开展其业务，致力于促进全球主要经济体之间及各大洲新兴市场之间的国际贸易
达飞轮船	CMA CGM	法国	达飞集团总部设在法国马赛，始建于 1978 年，之后因成功收购了法国最大的国营船公司——法国国家航运公司（CGM）和澳大利亚国家航运公司（ANL），正式更名为“CMA CGM”。2005 年，又成功并购了达贸轮船成为法国第 1，世界第 3 的集装箱船公司。2007 年收购正利航运。2016 年，成功收购新加坡东方海皇集团（NOL）及其旗下 APL，成为航运史上第二大收购案
中远海运集团	COSCO SHIPPING 中国远洋海运集团有限公司 CHINA COSCO SHIPPING CORPORATION LIMITED	中国	2016 年 2 月 18 日，中国远洋海运集团有限公司在上海正式成立。公司由中国远洋运输（集团）总公司与中国海运（集团）总公司重组而成，是中央人民政府直接管理的特大型中央企业，总部设在上海。2017 年 7 月，其下属中远海控 430 亿元收购中国香港的东方海外（国际）有限公司（OOCL）

（续表）

公司	LOGO	所属地	简介
赫伯罗特	Hapag-Lloyd	德国	1970年成立于德国汉堡。2005年，赫伯罗特收购了加拿大太平洋航运公司，从而成为世界五大集装箱船公司。2015年中期合并南美轮船（CSAV），2017年正式并购阿拉伯联合航运（UASC），且以上两品牌不再保留
海洋网联船务	ONE OCEAN NETWORK EXPRESS	日本	由日本三大航运公司——日本邮船（NYK）、商船三井（MOL）、川崎汽船（KLine）整合集装箱运输业务而成的Ocean Network Express（简称ONE）于2016年合资成立。2018年4月1日正式运营。总部位于东京和新加坡
长荣海运	長榮海運 EVERGREEN	中国	长荣集团由张荣发创立于1968年，是中国台湾一家大型航运公司。2007年起，长荣海运公司整合长荣集团旗下的意大利海运公司、长荣海运英国公司、长荣海运中国香港公司及长荣海运新加坡公司（2009年加入）共同组成Evergreen Line，以单一品牌提供全球货主完善的运送服务
HMM	HMM	韩国	原名现代商船，2020年改为HMM。1976年成立。自从韩进海运被宣布破产并被勒令清算以来，成为韩国最大的集装箱船公司
阳明海运	YANG MING YANG MING MARINE TRANSPORT CORP. 陽明海運股份有限公司	中国	阳明海运股份有限公司成立于1972年12月28日。总部在中国台湾基隆。截至2021年8月，阳明海运拥有88艘营运船舶，承运能量高达84万TEU，船队以集装箱船为主
万海航运	WAN HAI LINES LTD. WE CARRY, WE CARE	中国	万海航运1965年2月24日创立于中国台湾。最初是一家在中国台湾、日本和东南亚经营的原木运输公司。1976年，为应对亚太地区国际贸易的快速发展，万海转型为全集装箱船航运公司
以星航运	ZIM	以色列	以星综合航运有限公司为Ofer-Brothers Group Ltd.，下属的Israel Co., Ltd.公司所拥有。旧约中ZIM在希伯来语中是“大海”的意思。以星综合航运（中国）有限公司自20世纪80年代末开始在中国营业
太平船务	PIL	新加坡	太平船务有限公司（PIL）由张允中先生于1967年在新加坡成立，公司成立之初，以经营区域性的散杂货运输为主，从1983年起，首次推出了集装箱运输服务，现已由一家散货运输公司发展成为亚洲最大的船公司之一

（续表）

公司	LOGO	所属地	简介
高丽海运	KMTC	韩国	高丽海运（KMTC）成立于1954年，总部设在韩国首尔，主营中国、韩国、日本、东南亚及中东之间的海运业务。自1994年2月起，高丽海运分别在上海、天津、青岛、大连、厦门和深圳等地开办了代表处，提供中国航线服务
伊朗国航	IRISL Your Global Partner	伊朗	伊朗国航，全名伊朗伊斯兰共和国航运公司，成立于1967年，通过雇用两艘内贸船和4艘大型远洋船开始商业运营
海丰国际	SITC	中国	海丰国际控股有限公司是一家总部位于中国香港的亚洲区内领先的航运物流企业，业务领域涉及集装箱班轮运输、船舶管理、船舶经纪、国际货运代理、拼箱、项目物流、物流配送、报关、仓储、集装箱堆场、码头、船代、散杂货运输等领域
中谷物流	中谷物流	中国	中谷物流是中国最早专业经营内贸集装箱航运的企业之一。2003年成立。目前中谷物流业务辐射中国几十个省市百余座港口，下设200余家办事处及分公司遍及国内，员工近2 000人；经营集装箱运输船舶100余艘
UniFeeder	UNIFEEDER	阿联酋	UniFeeder成立于1977年，是一家综合性的物流公司，运营集装箱支线和近海短途航线，是北欧最大、连接网络十分完善且仍在不断扩充的短途运输经营商。2018年迪拜环球（DP World）以6.6亿欧元从私募基金公司北欧投资（Nordic Capital）手上100%收购UniFeeder Group
X-PRESS	X-PRESS FEEDERS The Global Common Carrier	新加坡	X-Press Feeders于1972年在东南亚开始运营，是全球第三大单一支线集装箱船运营商，总部位于新加坡。X-Press Feeders综合支线网络覆盖广泛
安通控股	安通控股 Antong Holdings 股票代码:600179	中国	安通控股股份有限公司扎根中国集装箱多式联运物流产业，布局“海丝”和“陆丝”商贸物流通道，现已发展成为多层次、广覆盖、独具特色的现代综合物流服务企业
长锦商船	SKR SINOKOR 長錦商船株式會社 Sinokor Merchant Marine Co., Ltd.	韩国	长锦商船株式会社（简称长锦商船，SKR）成立于1989年，目前拥有多艘集装箱船和散杂货船，总运力逐年上升，名列韩国船公司前五名，航线遍布整个东南亚地区、中东、印巴、日韩及俄罗斯远东地区

（续表）

公司	LOGO	所属地	简介
美国总统轮船		法国	APL（American President Lines）即美国总统轮船，原来是一家有150年历史的美国船公司，1997年被NOL（东方海皇）吞并，但还是沿用APL的品牌。2016年与母公司一同被法国达飞收购。此后，达飞集团（CMA CGM）子公司澳大利亚国家航运（ANL）和美国轮船航运（USL）的跨太平洋航线服务合并归于APL旗下
日本邮船		日本	日本邮船成立于1885年，总部位于东京，是日本代表性的大型海运公司之一。旗下有散杂货船队、邮轮船队、液货船队、滚装船队等。2016年其集装箱运输业务整合入新公司ONE，日本邮船占38%的股份
商船三井		日本	株式会社商船三井（Mitsui O.S.K. Lines，Ltd.），简称MOL，曾经也被缩写成MOSK，是日本的最大的海运公司之一，总部位于日本东京都港区。旗下有散货船队、液货船队、滚装船队等。2016年其集装箱运输业务整合入新公司ONE，MOL占31%的股份
川崎汽船		日本	川崎汽船株式会社（“K” LINE）成立于1919年。作为一个世界著名的全球性物流服务供应商，“K” LINE始终以海运业为主，除拥有各种世界先进水平的大型专业运输船队之外，还兼营码头业务和第三方物流业务。主要业务部门涵盖了集装箱船，干散货船，汽车运输船，液化天然气船，原油及成品油专用船，以及大件运输专用船等各项海运业务。2016年其集装箱运输业务整合入新公司ONE，川崎汽船占31%的股份
德翔海运		中国	德翔海运（T.S. Lines）于2001年7月6日正式创立，是一家民营班轮运营商。董事长陈德胜曾在万海航运工作19年
中外运集运		中国	中外运集装箱运输有限公司于1998年5月28日在上海组建，是招商局集团旗下的专业化公司，经营内外贸集装箱班轮运输业务
韩进海运		韩国	成立于1977年的韩进海运原为世界前十船运商、韩国最大的航运企业，于2017年2月正式破产。这是史上规模最大的集装箱船运公司破产案

2. 近年船公司的发展情况

2020 年以来，新冠肺炎疫情深刻影响了全球社会各个方面，而疫情状况的变化更时刻改变着国际贸易体系中商业活动、生产制造、物流运输等各环节的运行。

虽然集运市场受疫情影响出现较大波动，但新船运力入市速度依旧保持稳定，同时船舶大型化持续推进。据克拉克森统计，截至 2020 年底，全球全集装箱船运力同比增长 2.9%，增速减少 1.1 个百分点，其中 12 000 TEU 及以上型船运力占总运力比重为 30.05%，较 2019 年底上升 0.15 个百分点。

据克拉克森预测，2021 年全球新船交付量约为 102.3 万 TEU，如果这些运力全部如期交付，截至 2021 年底全球集装箱船队运力规模将达 2 454.1 万 TEU，同比增长 4.1%。其中：12 000~14 999 TEU 型船订单交付量约为 17.1 万 TEU；15 000 TEU 以上型船订单交付量约为 50.1 万 TEU。如果前述两类船型订单全部交付，截至 2021 年底两船型合计运力规模将达 774.8 万 TEU，同比增长 9.5%，增速较 2020 年增加 0.1 个百分点，占总运力比重为 31.8%，比 2020 年继续上升 1.8 个百分点。（资料来源：《航运交易公报》）

2020 年，新冠肺炎疫情导致国际贸易供应链体系受到重大冲击，国际集运市场正常运作同样受到拖累，运力供给减少、港口货物积压等情况造成短期内舱位紧张、运费飙涨的局面。随着疫苗投入使用，疫情逐步得到有效控制，供求关系逐渐平衡，国际集运市场有望恢复常态，但市场行情将因疫情面临较大不确定性。

国际班轮公司在前几年市场行情略显低迷的情况下掀起一波兼并整合浪潮，显著提升了市场集中度。随着兼并潮结束，市场主体开始进入一个稳定运营的阶段，新企业、新联盟主要航线布局完成，已持续平稳运营一段时期。

根据 Alphaliner 公布的数据（见表 2–9），截至 2022 年 2 月 5 日，全球在运营集装箱船数量共计 6 324 艘，总运力为 2 538.88 万 TEU，折合约 3.04 亿载重吨，前三大班轮公司总运力占全球市场的 46.43%。

表 2–9　全球主要集装箱船公司运力排名

排名	公司	运力 / 万 TEU	艘数 / 艘	运力占比 /%
1	地中海航运	431.356 8	655	16.99
2	马士基航运	427.810 8	732	16.85
3	达飞海运集团	319.707 5	569	12.59
4	中远海运集团	292.565 5	475	11.52
5	赫伯罗特	175.026 9	250	6.89
6	海洋网联船务	152.478 3	207	6.01

（续表）

排名	公司	运力 / 万 TEU	艘数 / 艘	运力占比 /%
7	长荣海运	147.390 3	202	5.81
8	HMM	82.155 2	76	3.24
9	阳明海运	66.386 2	91	2.61
10	以星航运	42.086 8	111	1.66
11	万海航运	41.441 5	146	1.63
12	太平船务	26.666 7	83	1.05
13	高丽海运	16.124 8	69	0.64
14	X-Press Feeders Group	15.078 3	98	0.59
15	伊朗国航	15.004 0	33	0.59
16	海丰国际	14.591 7	97	0.57
17	UniFeeder	14.133 3	94	0.56
18	中谷物流	12.462 1	100	0.49
19	德翔海运	10.969 0	55	0.43
20	长锦商船	10.918 1	76	0.43
21	安通控股	9.534 3	97	0.38
22	中联航运	8.451 1	34	0.33
23	宏海箱运	7.874 2	38	0.31
24	Sea Lead Shipping	7.430 2	21	0.29
25	Global Feeder Shipping	6.486 4	21	0.26
26	美国美森轮船	6.366 5	27	0.25
27	森罗商船	6.302 5	12	0.25
28	Arkas Line	5.584 7	33	0.22
29	阿联酋航运	5.093 6	11	0.20
30	太古轮船	5.048 4	26	0.20

资料来源：Alphaliner

全球班轮公司运力排名前 3 分别是地中海航运（431.36 万 TEU，占比 16.99%）、马士基航运（427.81 万 TEU，占比 16.85%）以及达飞海运集团（319.71 万 TEU，占比 12.59%）。运力排名第 4 至第 10 依次为：中远海运集团、赫伯罗特、海洋网联船务、长荣海运、HMM、阳明海运、以星航运。其中前 7 名运力都超过 100 万 TEU。排名第 11 至 20 依次为：万海航运、太平船务、高丽海运、X-Press Feeders Group、伊朗国航、海丰国际、UniFeeder、中谷物流、德翔海运、长锦商船。

在上榜的中国内地班轮公司中，中远海运集运排名第 4，海丰国际排名第 16，中谷物流排名第 18，安通控股（泉州安盛船务）排名第 21，中联航运排名第 22，中外运集运排名第 31，宁波远洋排名第 33，上海锦江航运排名第 38，太仓港集装箱海运排名第 58，大连信风海运排名第 59，天津达通航运排名第 79，上海荣尚物流排名第 80，中集集团排名第 94，广西鸿翔船务排名第 98。

知识链接

航运联盟

航运联盟始于 1996 年，是班轮公司之间在运输服务领域的航线和挂靠港口互补、船期协调、舱位互租，以及在运输辅助服务领域的信息互享、共建共用码头和堆场、共用内陆物流体系而结成的各种联盟。通过各种形式结成航运联盟，班轮公司可以增加挂靠港、拓展服务范围、提高满舱率、增加航次、提高市场占有率等，最终降低了成本，提高了服务水平和运价。

班轮公司根据自身的发展需要，建立新的联盟或退出联盟，班轮运输市场上不断上演着并购和联盟。

截至 2021 年底，市场现有三大航运联盟——2M 联盟、大洋联盟（Ocean Alliance）和 THE Alliance 联盟。

2M 联盟　2014 年 7 月 10 日，马士基航运与地中海航运签订长达 10 年的船舶共享协议（即 2M 联盟）。该协议允许两家公司在亚欧航线上共享船舶资源。

大洋联盟（OCEAN Alliance）　2016 年 4 月 20 日，中远海运集运、达飞轮船、长荣海运和东方海外成立“大洋联盟”（OCEAN Alliance），并于 2017 年 4 月正式开始运营。

THE Alliance 联盟　2016 年 5 月 13 日，赫伯罗特、阳明海运、商船三井、日本邮船、川崎汽船、韩进海运（2017 年破产），六家班轮公司组成 THE Alliance 联盟。2017 年 4 月正式开始运营（商船三井、日本邮船、川崎汽船随后整合集装箱运输业务组建海洋网联船务公司）。2020 年，韩国 HMM 加入 THE Alliance 联盟。

课后任务

1. 掌握货船的分类。

2. 列举全球主要船公司，掌握其中英文名字与 logo。

3. 登陆全球主要船公司网站，查询其主要航线和主要业务。

4. 分析 2020 年以来新冠肺炎疫情对全球航运格局的影响。

5. 讨论：如今全球海运业可谓“冰火两重天”，海外多国疫情严峻，人工不足，港口集装箱堆积如山；亚洲各大港口运输繁忙，却时常受“缺箱”“少柜”困扰，集装箱价格飞涨，一些海运航线上涨近10倍，仍然是“一箱难求”。(资料来源：生活报）试分析如何解决上述困境。

项目三

认识亚洲航线

经济强国必然是海洋强国、航运强国。

——习近平总书记

任务一　亚洲东部地理及航线认知

任务描述

亚洲东部主要包括俄罗斯远东地区、中国、朝鲜、韩国和日本。这一区域港口众多，航线密集，海运繁忙。同时其又是20世纪60年代以来经济发展最快的区域之一。全球货物吞吐量排名前10的港口中有8个在亚洲东部地区（都是中国的港口）。全球十大集装箱港口中有8个在亚洲东部地区（中国7个，韩国1个）。截至2021年2月，著名航运咨询公司Vessels Value公布的2021年最新十大船东国排行榜（见表3-1）中有3个在亚洲东部地区，分别是排名第一的日本、第二的中国和第八的韩国。该榜单按船型分类包括散货船、油船、集装箱船、冷藏货船、小型干散货船、LNG、LPG、OSV（海洋工程辅助船）、OCV（海上工程船）、移动钻井平台、汽车运输船、滚装船和邮轮资产数据。后三种船型被纳入排名统计后对各国的资产总值和排名均产生了重大影响。可以说，全球经济地理格局因为东亚地区的崛起发生了巨大的变化。

表3-1　2021年十大船东国排行榜（按船型分类）

排名	国家	船舶总价值/亿美元
1	日本	1 157.61
2	中国	1 076.60
3	美国	951.48
4	希腊	932.44
5	新加坡	507.42
6	德国	428.19

（续表）

排名	国家	船舶总价值 / 亿美元
7	英国	390.48
8	韩国	346.89
9	挪威	336.50
10	瑞士	285.03

资料来源：Vessels Value

知识讲解

一、俄罗斯远东地区航线地理

1. 俄罗斯远东地区基本概况

俄罗斯远东地区指西伯利亚中东部。西伯利亚自古便是中国游牧民族的生活地带，唐朝时西伯利亚中南部包括贝加尔湖首次纳入中国版图，西伯利亚东南部的外兴安岭和以北地区在唐朝中期后纳入唐朝版图。1218 年蒙古灭西辽，1219 年“林中的百姓”（西伯利亚南部）并入蒙古帝国的版图，1271 年蒙古大汗国成为元朝。元朝的疆域空前广阔，今天的西伯利亚大部分、往北一直延伸到北冰洋边、一直到西伯利亚东边的白令海峡和堪察加半岛、外蒙古、外东北、库页岛都在元朝统治范围内，属于元朝的岭北行省和辽阳行省。15 世纪外兴安岭和以北地区纳入明朝版图。

17 世纪纳入清朝版图，16 世纪后期俄罗斯跨过乌拉尔山侵入西伯利亚，17 世纪前期俄罗斯侵入外兴安岭和以北地区、黑龙江地区，外东北的少数民族拒绝向沙皇纳贡，俄罗斯人进行残酷镇压，康熙帝组织军民抵抗，1685—1686 年，康熙帝命令清军两次进攻盘踞雅克萨的俄军，遏制了沙俄对华侵略的野心。1689 年，中国跟沙俄签署第一份关于边界的条约——《尼布楚条约》，条约中明确表示整个外东北皆是中国领土，其中贝加尔湖与额尔古纳河之间的部分几十万平方千米割让给俄罗斯。清政府设立黑龙江和吉林将军辖区管理外东北。沙皇俄罗斯强迫中国清政府签订 1858 年《瑷珲条约》和 1860 年的《中俄北京条约》，割让外东北—黑龙江北、乌苏里江东、库页岛共 100 多万平方千米的土地给俄罗斯，中国还失去了日本海和鄂霍茨克海的海洋资源和出海口。

目前的俄远东联邦管区是俄罗斯八大联邦管区之一，地处亚洲地区东部，南部隔黑龙江（俄方称阿穆尔河）和乌苏里江与中国黑龙江省、吉林省毗邻，与中国有 3 000 多千米的边界线，东隔白令海峡与美国相望，东南与日本、韩国、朝鲜环抱日本海，是俄方与亚太国家联系的重要通道，战略位置十分重要。

俄远东联邦管区原有 9 个联邦主体，是全俄面积最大的联邦区，包括哈巴罗夫斯克边疆区、滨海边疆区、阿穆尔州、萨哈林州、犹太自治州、堪察加边疆区、马加丹州、萨哈（雅库特）共和国、楚科奇自治区。最初的行政中心为哈巴罗夫斯克边疆区的首府哈巴罗夫斯克市（伯力）。2018 年总统普京已同意将俄远东联邦管区行政中心由哈巴罗夫斯克迁至符拉迪沃斯托克。2018 年 11 月，俄将原属俄西伯利亚联邦管区的布里亚特共和国和外贝加尔边疆区划入俄远东联邦管区。此次调整后俄远东联邦管区的面积将超过 696 万 km^2，比两个印度国土面积还大，人口超过 800 万。

2. 俄罗斯远东地区经济发展概况

近年来，俄远东联邦管区经济发展状况较好，自 2009 年以来持续增长，其中 2009—2011 年连续 3 年的增幅高于全俄平均水平。2018—2019 年，远东联邦管区地区总产值年增幅比全俄平均水平高 0.7~1.7 个百分点。

作为原料产区，远东扮演着国内外市场主要原料供应者的角色。根据统计资料，2019 年远东海洋鱼类捕捞量占俄海洋鱼类捕捞总量的 90% 以上，煤炭开采量占俄煤炭开采总量的 17%，未加工木材产量占俄未加工木材总产量的 10.3%。

工业在远东联邦管区的经济结构中占主导地位。工业产值占俄远东联邦管区地区总产值的比重为 41.3%（2018 年）。

2019 年，俄远东联邦管区外贸进出口总额 371.6 亿美元，较上年同比增长 7.8%，增速高于全俄水平（–3.1%）10.9 个百分点。其中：出口额为 287.8 亿美元，较上年同比增长 2.1%；进口额为 83.8 亿美元，同比增长 33.3%。贸易顺差 204 亿美元，同比减少 6.8%。

2019 年，我国与俄远东联邦管区贸易总额 104.7 亿美元，占远东外贸总额的 28.2%，同比增长 7.1%。其中，我国自远东进口 64.5 亿美元，占远东出口总额的 22.4%，同比增长 0.6%；我国向远东出口 40.2 亿美元，占远东进口总额的 47.9%，同比增长 19.6%。（数据来源：驻哈巴罗夫斯克总领馆经商室）

我国自俄远东主要进口矿物燃料、水海产品、木材及制品、航空航天器材、矿石和油籽；向远东主要出口机电产品、塑料制品、车辆及零部件、蔬菜食品、鞋类制品和钢铁制品。

尽管 2020 年以来的新冠肺炎疫情（以下简称疫情）造成了全球经济衰退，但中国仍然是远东地区的第一大贸易伙伴、第一大外来投资国，同时也是俄罗斯远东最受瞩目的项目——超前发展区和自由港的第一大企业入驻国。此外，随着疫情逐渐好转，中国和俄罗斯远东地区因为疫情暂时停止投资的项目也即将回到正轨，这些大型投资项目将在疫情缓解后陆续启动。其中包括与纳霍德卡钾肥公司合作的年产 180 万 t 甲醇项目（总额 15 亿美元）、在大卡缅市兴建的液化天然气项目（总额超过 20 亿美元）、在米哈伊洛夫区的粮食仓储物流中心项目（项目总额 2 000 万美元）。这也说明，中国与俄罗斯远东经济合作的基本面并没有发生变化。

3. 俄罗斯远东地区资源概况

俄罗斯远东地区拥有丰富的天然资源。其中，煤炭储量和水力资源占国家的 1/3 左右；同时天然气、石油、木材以及铁、金、银、铜铁矿石储量丰富。马加丹州是世界上最大的黄金产地之一。哈巴罗夫斯克边疆区、滨海边疆区和萨哈共和国都是重要的采金区。萨哈金刚石的储量和产量均居全俄之首。生物资源在远东的自然资源中亦占有重要地位。远东沿海 200 km 之内的生物资源总量估计有 2 580 万 t，在远东地区的内河也盛产各种鱼类，丰富的鱼类资源使远东地区成为全俄最重要的捕鱼区。目前，远东地区水产品的捕获量占全俄捕获量的 50% 以上。因此，该地区的水产品加工业比较发达，不但可以供应国内，而且还远销国外。渔业部门作为远东地区的重要经济部门，在俄罗斯的出口贸易中发挥着巨大作用。俄罗斯远东的森林工业和木材加工业也具有极大的潜力。但是，由于劳动力不足，机械化水平较低等原因，原木运出能力以及锯材、胶合板、纸浆等的生产能力都不适合形势发展的要求。

1）农业情况

由于客观条件不够理想，如气候条件较差和劳动力短缺，俄罗斯远东联邦管区属于俄罗斯的农业落后地区，其农业包括种植业和畜牧业。种植业主要集中于该联邦区的南部地区：90% 的农产品出自滨海边疆区的中部和南部、阿穆尔州和犹太自治州、哈巴罗夫斯克边区的南部。该联邦区的畜牧业分布比较均匀。

此外，俄远东联邦管区是俄联邦的大豆主要产区。

2）煤炭资源概况

俄罗斯远东南雅库特、哈巴罗夫斯克、阿穆尔及滨海边疆区均有储量丰富煤矿区，总储量约 150 亿 t。

3）天然气资源情况

俄罗斯拥有世界上最大的天然气储量，截至 2016 年底，俄罗斯天然气储量约 48 万亿 m^3，约占世界已探明储量的 1/4。

俄远东地区天然气主要分布在萨哈林地区和临近的西伯利亚地区。其中，萨哈林地区的 1 号和 2 号气田，总储量约 9 000 亿 m^3；而临近的东西伯利亚地区天然气资源丰富，主要有尤鲁伯切诺—托霍姆斯克气田、萨宾斯克—帕伊金斯克气田、恰扬达气田及科韦克金斯科气田，总储量约 4 万亿 m^3，均可通过“东西线”输气出口至中国的黑龙江省和新疆维吾尔自治区。俄罗斯远东地区天然气管道情况见表 3–2。

表 3–2 俄罗斯远东地区天然气管道情况

设施	状态	运输能力 /（万亿立方英尺 / 年）	总长度 / 英里	供应地区	市场	备注
跨萨哈林岛管道	运营中	0.3	500	萨哈林气田（萨哈林岛北部近海）	萨哈林岛南部 Prigorodnoye 地区的萨哈林液化天然气厂	2008 年开始运营
萨哈林—哈巴罗夫斯克—符拉迪沃斯托克输气管道	运营中	0.2（通过额外加压运输能力可增加到 1.1）	1 120	萨哈林气田（萨哈林岛北部近海）	中国东北与后来扩展到与库页岛—哈巴罗夫斯克海参崴管道连接	2011 年开始运营
西伯利亚力量 1 期（出口到中国的“东方管道”）	运营中	主干线高达 2.2；中国线 1.3	超过 1 800	东西伯利亚气田包括雅库将地区 Chayodinsk 气田和伊尔库茨克地区的科韦克金斯科气田	中国东北与后来扩展到与萨哈林—哈巴罗夫斯克—符拉迪沃斯托克输气管道连接	2019 年 12 月初运营
西伯利亚力量 2 期（阿尔泰 / 西部路线）	规划中	1.1	1 620	西西伯利亚油田包括乌连戈依区	中国（俄罗斯天然气工业股份公司与中石油于 2015 年签署通过西线向中国供气的协议）	2020 年完成勘探工作

数据来源：美国能源信息管理局根据 Total 公司、诺瓦泰克公司、俄罗斯天然气工业股份公司、GazpromExport 公司、萨哈林能源公司、World Gas Intelligence、《石油指南》、Argus FSU

注：1 立方英尺 =0.028 316 8 m^3；1 英里 =1 609.344 m

4）水电资源情况

俄罗斯远东地区水电资源丰富，主要有南雅库特流域、阿穆尔河支流流域、科雷马河流域及中俄界河。运营中的水电站有结雅水电站（1 330 MW · h）、布列亚水电站（2 010 MW · h）、科雷马水电站（900 MW · h）和 Tolmachyovskiye 水电站（45.2 MW · h），总装机约 4 285.2 MW · h；在建的水电站有下布列亚（320 MW · h）、Ust–Srednekanskaya（570 MW · h）等，总装机约 890 MW · h；规划中的水电站包括阿穆尔河支流项目（1 762 MW · h）及其他项目，总装机约 20 120 MW · h。

5）石油资源概况

截至 2016 年底，俄罗斯的原油探明储量 800 亿桶，占世界已探明储量 5%，排名世界第 8。

自 20 世纪 50 年代，俄罗斯油气管道输送行业高速发展，如今已建成世界上最发达的油气管网（见表 3-3）之一。截至 2016 年底，俄罗斯油气管道总里程超过 25 万 km，其中天然气管道 17.8 万 km，原油管道 5.4 万 km，成品油管道 1.7 万 km，分别占世界相应管道总里程的 14%、14%、7%。

俄罗斯大部分石油产自西西伯利亚及伏尔加—乌拉尔地区。另外，俄罗斯东西伯利亚、远东地区与北极地区的石油产量也在增长。2014 年约 12% 的石油产自东西伯利亚及俄罗斯远东地区（克拉斯诺雅茨克、伊尔库茨克、雅库特、库页岛）。但长期来看，俄罗斯东部油田及俄罗斯北极未开发油田可能发挥更大作用。

表 3-3　俄罗斯远东地区油气管道情况

设施	状态	年输油能力	长度	供应地区	目的地	详情
跨萨哈林管道	运行中	1 000 万 t/a	约 800 km	萨哈林油田（萨哈林岛北部近海）	太平洋沿岸的普里戈罗德诺耶海港	2008 年完工
东西伯利亚太平洋（ESPO）管道	运行中	Taishet–Skovorodino（ESPO–1）：至 2020 年为 8 000 万 t/a；Skovorodino–Kozmino（ESPO–2）：至 2020 年为 5 000 万 t/a；中国支线：设计输油能力 1 500 万 t/a，至 2018 年为设计输油能力 3 000 万 t/a	ESPO–1：2 694 km；ESPO–2：2 046 km；大庆支线：俄罗斯境内长 63.4 km	东西伯利亚油田，经由连接管道，连接西伯利亚油田和亚马尔—涅涅茨地区	太平洋沿岸的科济米诺海港及中国大庆支线	泰舍特—斯科沃罗季诺（ESPO–1）2009 年完工；斯科沃罗季诺—科济米诺（ESPO–2）2012 年完工；ESPO 支线斯科沃罗季诺—漠河管道 2011 年完工
普尔佩—萨莫特洛尔管道	运行中	2 500 万 t/a	429 km	亚马尔—涅涅茨地区和鄂毕盆地	连接东西伯利亚太平洋管道	2011 年完工并投入使用
扎波罗热—普尔佩管道	运行中	4 500 万 t/a	485 km	扎波罗热和亚马尔—涅涅茨地区	连接普尔佩—萨莫特洛尔和东西伯利亚太平洋管道	2016 年底完成建设并投入运营
库云巴—泰舍特管道	运行中	860 万 t/a	700 km	库云巴油田	连接东西伯利亚管道	2016 年底已完成全部铺设工作

数据来源：美国能源信息部基于俄罗斯石油运输公司、库页岛能源、里海管道财团、阿塞拜疆共和国国营石油公司、奥兰立陶宛、欧洲议会、Nefte Compass、普氏石油价格报表等

建设中俄原油管道，开辟从俄罗斯远东地区陆路进口原油到我国北部内陆地区的石油干线通道，是我国正在全力推进的石油资源供应多元化的一项重大战略措施。2008 年 12 月中旬，中俄两国正式签署长期原油贸易合作框架协议，明确从 2011 年 1 月 1 日起至 2030 年 12 月 31 日止，中方经由俄罗斯远东原油管道进口俄产原油共计 3.0 亿 t，每年进口 1 500 万 t。按照此协议，中国石油适时建设了中俄原油管道漠河—大庆段工程（漠大线），并在 2011 年 1 月 1 日开始正式运营。

中俄原油管道起自俄罗斯远东管道斯科沃罗季诺分输站，经中国黑龙江省和内蒙古自治区等 13 个市、县、区，止于大庆末站。管道全长 999.04 km，其中，俄罗斯境内 72 km，中国境内 927.04 km。按照双方协定，俄罗斯将通过中俄原油管道每年向中国供应 1 500 万 t 原油，合同期 20 年。中俄原油管道于 2010 年 11 月 1 日进入试运行阶段。2012 年 9 月，中俄石油管道历经 15 年谈判最终签约。

2016 年，国家重点工程中俄原油管道二线工程（China-Russia Crude Oil Pipeline Project）在黑龙江省加格达奇地区开工建设。中俄原油管道二线工程是深化中俄两国在能源领域合作的重大工程。该管道起自黑龙江省漠河市兴安镇附近漠河首站，途经黑龙江、内蒙古，止于黑龙江省大庆市林源输油站，与已建成投产的中俄原油管道一线并行敷设，全长约 941.8 km，设计年输油能力 1 500 万 t。2018 年 1 月 1 日，俄罗斯原油进入中俄原油管道二线，开始从漠河向大庆林源输送，标志着我国东北能源运输通道俄油进口的第二通道正式投入商业运营。每年从该通道进口的俄油量将从现在的 1 500 万 t 增加到 3 000 万 t，对于填补我国东北地区石油资源供应缺口，优化国内油品供输格局，进一步保障国家能源供应安全具有十分重大的意义。

4. 俄罗斯远东航线主要港口

在俄远东太平洋沿岸，从南向北分布着 32 个海港。这些港口最长的只有 100 多年历史，但它们对于俄辽阔的远东和西伯利亚地区来说却具有至关重要的意义。随着俄确立东部地区开发战略，这些陆海联运枢纽的作用和地位就更加突出。研究这些港口的现状和前景，不仅有助于了解俄远东地区的经济发展，还对中国与这一地区合作的布局与规划有重要的价值。

1）符拉迪沃斯托克港

符拉迪沃斯托克港（表 3-4）位于阿穆尔湾与乌苏里湾之间，濒临日本海，是西伯利亚大铁路的终点和北方航线的终点，也是俄罗斯重要的海军基地，是俄罗斯海军太平洋舰队司令部所在地。原名海参崴，清朝时为中国领土，划为吉林将军隶下，1860 年《中俄北京条约》将包括海参崴在内的乌苏里江以东地域割让给俄罗斯，俄罗斯将其命名为符拉迪沃斯托克，俄语意为“统治东方”。

表 3-4　符拉迪沃斯托克港

港口名称（中文）	港口名称（英文）	港口代码	纬 / 经度
符拉迪沃斯托克港	VLADIVOSTOK	RUVVO	43.087 445°/131.902 2°

与其他远东港口相比，符拉迪沃斯托克港是唯一有封闭深水码头的港口，可停泊大排量船舶，全年通航。除金角湾外，大部分水域冬季结冰，要靠破冰船协助航行。符拉迪沃斯托克港分商港和渔港两部分。西伯利亚大铁路延伸至符拉迪沃斯托克港，所有码头都有铁路线与之相连。

2015 年，俄总统普京签批了《符拉迪沃斯托克自由港法》，批准开放符拉迪沃斯托克港为自由港。这项法案于 2016 年 1 月生效，有效期为 70 年。

2）东方港

东方港（表 3-5）是俄罗斯太平洋岸的商港，临日本海。在滨海边疆区南部阿美利加湾东部弗兰格尔湾岸，为俄罗斯远东最大、最深的港口。东方港按货运量居全俄第 3，仅次于圣彼得堡和新罗西斯克。该港与纳霍德卡港相邻，都是俄罗斯远东地区对外贸易的进出门户。它们通过西伯利亚大陆桥与包括俄罗斯欧洲心脏地区在内的广大腹地连在一起，目前已发展成为俄罗斯东方大港。

表 3-5 东方港

港口名称（中文）	港口名称（英文）	港口代码	纬 / 经度
东方港	VOSTOCHNY	RUVYP	42.762 495°/133.051 4°

3）纳霍德卡港

纳霍德卡港（表 3-6）是一个以军事设施与水产养殖为主的港口，也是泰舍特—纳霍德卡输油管道（泰纳线）的东边终点。位于日本海北部彼得大帝湾东南最南突的陆岸凹入的阿美利加湾内。纳霍德卡港为俄罗斯远东地区的大海港，吞吐量占俄远东地区外贸物资的 1/2，也是俄罗斯西伯利亚大陆桥海陆联运的重要转口港之一。

表 3-6　纳霍德卡港

港口名称（中文）	港口名称（英文）	港口代码	纬 / 经度
纳霍德卡港	NAKHODKA	RUNJK	42.802 5°/132.914 7°

4）科尔萨科夫港

科尔萨科夫港（表 3-7）是俄罗斯远东联邦管区萨哈林州最大的港口，是萨哈林州仅次于南萨哈林斯克的第二大城市，也是俄海军基地。全年可通航，冰冻期须由破冰船导航。港口分为外海港湾（水深 15 m）和内海港湾（水深 7.5 m）两部分。港口与符拉迪沃斯托克港、萨哈林岛其他港口及千岛群岛港口有航班往来。港口由科尔萨科夫海洋商港股份公司负责运营。

表 3–7 科尔萨科夫港

港口名称（中文）	港口名称（英文）	港口代码	纬 / 经度
科尔萨科夫港	KORSAKOV	RUKOR	46.632 615°/142.762 3°

二、中国沿海地区航线地理

1. 中国沿海地区经济概况

中国沿海地区主要包括三大经济区域：北部沿海综合经济区、东部沿海综合经济区和东南沿海综合经济区。

北部沿海综合经济区：包括北京、天津、河北和山东。充分发挥人才、知识密集以及信息中心的优势地位，建设成为全国最有实力的高新技术研发和制造中心；以京津冀城市群和山东半岛城镇群为依托，加速区域一体化进程，尽快形成中国又一个具有世界影响力的城镇群。

东部沿海综合经济区或长江下游综合经济区：包括上海、江苏和浙江。建设成为具有国际影响力的世界性金融中心，全国最具影响力的多功能的制造业中心，特别是轻工业装备产品制造中心，以及高新技术研发和制造中心。

东南沿海综合经济区：包括广东、福建和海南。建设成为全国最重要的外向型经济发展的基地，消化国外先进技术的基地，以及全国最大最重要的高档耐用消费品和非耐用消费品生产基地，具有全国意义的高新技术产品制造中心。

2. 中国沿海地区港口群

港口群是进行港口规划经营时使用的一个重要概念。理论界普遍认为，为吸引腹地提供货物运输和装卸服务，其发展规模和性质既相互制约又相互依存，其地理位置彼此相邻或相近的一组港口的空间组合形成港口地域组合，即称为港口群。

（1）环渤海港口群：环渤海地区已基本形成以大连港为核心，营口港、丹东港和锦州港为主要支线港的辽宁港口群；以天津港为核心，以秦皇岛港、京唐港和黄骅港为主要支线港的京津冀港口群；以青岛港为核心，以龙口港、烟台港、威海港和日照港的山东港口群（2019 年 8 月，山东省港口集团有限公司在青岛正式成立，从此山东沿海的青岛港、日照港、烟台港和渤海湾港四大港口整合为一）。三大港口群间已形成“三足鼎立”的竞争态势。重点货种：煤炭、集装箱、油品、粮食、滚装货等。

（2）长三角港口群：长三角港口群有 8 个沿海主要港口、26 个内河港口，以上海、宁波舟山港、连云港为主，包括温州、南京、镇江、南通、苏州、泰州等沿海和长江下游港口，是中国港口密度最大的地区之一。长三角港口群鉴于长三角南部有宁波舟山港、北仑港、洋山港，北部有连云港、洋口港，在组织形态上正在逐步形成“以上海为中心、以宁波舟山港为南翼、以洋口港为北翼、以长江诸港为纵深”的港口群空间发展格局，并由此形成了依托组合港的港口群系统。货种：集装箱、煤炭、矿石、钢材、石油、陆岛滚装等。

（3）东南沿海港口群：以厦门港、福州港为主，服务于福建省和江西省等地区的经济社会发展以及和中国台湾省诸港的联系。东南沿海港口群全部集中于港口岸线资源丰富、优良深水港湾众多的福建省，由厦门港、福州港、泉州港、莆田港、漳州港等港组成。重点货种：集装箱、粮食、陆岛滚装货等。

（4）珠三角港口群：由粤东和珠江三角洲地区港口组成，依托中国香港经济、贸易、金融、信息和国际航运中心的优势，在巩固中国香港国际航运中心地位的同时，以广州、深圳、珠海、汕头港为主，服务于华南、西南部分地区，加强广东省和内陆地区与中国港澳地区的交流。目前，以粤港澳大湾区（Guangdong–Hong Kong–Macao Greater Bay Area，GBA）为核心的世界级港口群正加速形成。重点货种：集装箱、干散货、铁矿石、粮食、石油等。

（5）西南沿海港口群：西南沿海港口群由粤西、广西沿海和海南省的港口组成，为海南省自由贸易港建设扩大与岛外的物资交流提供运输保障。西南沿海港口群以湛江港、北部湾港、海口港为主，相应发展洋浦、八所、三亚等港口，背倚西南，面向东南亚，受益于西部大开发和东盟自由贸易区合作。重点货种：集装箱、粮食、石油等。

3. 中国沿海地区主要港口

1）大连港

大连港（表 3–8）位居西北太平洋的中枢，是正在兴起的东北亚经济圈的中心，是该区域进入太平洋，面向世界的海上门户。港口具有港阔水深、不淤不冻等特点。自然条件非常优越，是转运远东、南亚、北美、欧洲货物最便捷的港口。2020 年 5 月大连港官网显示，大连港主要从事原油，成品油及液体化工品装、卸、储运服务，客运服务等方面业务。

表 3–8　大连港

港口名称（中文）	港口名称（英文）	港口代码	纬 / 经度
大连港	DALIAN	CNDAG	38.997 475°/121.764 5°

2017 年 11 月，辽宁省国资委全资设立辽宁港口集团。2018 年 2 月，大连港集团和营口港务集团 100% 股权无偿划转至辽宁港口集团。2019 年，招商局集团主导的辽

宁省港口整合交易成功落地，招商局集团投资242亿元控股辽宁港口集团51%的股权，进而实现对大连、营口等沿海港口的整合。

2020年，大连港完成货物吞吐量3.34亿t，位居世界第15；集装箱吞吐量为511万TEU。

2）营口港

营口地处辽东半岛中枢，渤海东岸，大辽河入海口处，是中国东北近代史上第一个对外开埠的口岸，是大龙邮票的诞生地和发行地之一，是中国红十字运动的发源地，也是中国民族金融业的起兴之地。

营口港（表3–9）是东北腹地最近的出海通道，中国沿海综合型大港。自1861年开港，共辖辽河、鲅鱼圈、仙人岛、盘锦和绥中5个港区。陆域面积30多平方千米，共有生产泊位78个，其中30万吨级泊位2个，20万吨级泊位1个。共拥有包括集装箱、汽车、煤炭、粮食、矿石、钢材、大件设备、成品油及液体化工品、原油等9类货种专用码头。已同世界50多个国家的140多个港口建立了航运业务关系。开通营口港至哈尔滨、长春、佳木斯、绥芬河等40多条国内海铁联运集装箱班列；每周6班经满洲里出境，已开通至俄罗斯的莫斯科和卡卢加、波兰的华沙、白俄罗斯的岑特罗利特、斯洛伐克的多布拉等多条国际直达集装箱班列，业务量居全国港口之首。内贸集装箱航线遍布全国沿海各港口，箱量稳居东北第一，全国前列。开通了中国北方第一条到广州南沙港的“天天班”航线和营口—潍坊陆海甩挂运输大通道。2016年7月，营口港“中俄海铁联运项目”获批全国16个首批多式联运示范工程，设有营口多式联运海关监管中心。2020年，营口港集装箱吞吐量为565万TEU。

表3–9　营口港

港口名称（中文）	港口名称（英文）	港口代码	纬/经度
营口港	YINGKOU	CNYIK	40.693 625°/122.266 15°

3）天津港

天津港（表3–10）地处渤海湾西端，主要由北疆、东疆、南疆、大沽口、高沙岭、大港等6个港区组成，是京津冀的海上门户，是距雄安新区最近的港口，辐射三北内陆腹地，连接东北亚与中西亚。天津国际邮轮母港于2010年6月26日正式开港。

表3–10　天津港

港口名称（中文）	港口名称（英文）	港口代码	纬/经度
天津港	TIANJIN	CNTJN	38.969 04°/117.737 25°

天津新港是世界人工深水大港，码头等级30万吨级，主航道水深22 m，拥有各类泊位192个，同世界上200多个国家和地区的800多个港口保持航运贸易往来，货物

吞吐量和集装箱吞吐量稳居世界港口前 10。

天津港一端连着“21 世纪海上丝绸之路”，现有“海丝路”集装箱班轮航线 40 余条，年货物吞吐量 60% 以上来自沿线的港口；另一端连着“丝绸之路经济带”，是中蒙俄经济走廊东部起点，拥有三条陆桥通道，中欧班列年运量保持中国沿海主要港口首位。（资料来源：天津港（集团）有限公司）

2014 年 12 月 12 日，位于天津市滨海新区的中国（天津）自由贸易试验区正式获得国家批准设立。2015 年 4 月 21 日，中国（天津）自由贸易试验区正式挂牌，成为中国北方第一个自贸区。

4）秦皇岛港

秦皇岛港（表 3–11）位于河北省东北部，背靠燕山，面临渤海，扼守着京津地区的东北门户，水运条件优越，是我国北方著名的不冻港。秦皇岛港开埠于 1898 年，是中国清代光绪皇帝御批的自开口岸。经过百余年的岁月洗礼，秦皇岛港已发展为全球最大公众煤炭码头和干散货运输港口。作为能源输出为主的多功能综合性国际贸易大港，秦皇岛港与大秦铁路无缝对接，是我国能源运输的主枢纽港，发挥着国家“煤炭价格稳定器”和“北煤南运蓄水池”的作用。

表 3–11　秦皇岛港

港口名称（中文）	港口名称（英文）	港口代码	纬 / 经度
秦皇岛港	QINHUANGDAO	CNQHD	39.915 58°/119.644 95°

秦皇岛港自然条件优越，拥有 12.2 km 长的码头岸线，陆域面积 11.3 km^2，水域面积 226.9 km^2，分为东、西两大港区。秦皇岛港为天然深水港，不冻不淤，水域开阔且海底平坦，港口航道基本上不需要维护。

目前，秦皇岛港运营 50 个泊位，包括 44 个万吨级以上泊位。其中：23 个煤炭泊位、7 个油品及液体化工泊位、17 个杂货泊位、3 个集装箱泊位。（资料来源：秦皇岛港股份有限公司官网）

5）唐山港

唐山港（表 3–12）位于渤海西岸中部、渤海湾口北侧，包括京唐港区（CNJTG）和曹妃甸港区（CNCFD）。其中京唐港区由唐山港集团股份有限公司主导，曹妃甸港区由秦皇岛港股份有限公司主导。

表 3–12　唐山港

港口名称（中文）	港口名称（英文）	港口代码	纬 / 经度
唐山港	TANGSHAN	CNTGS	39.200 875°/119.015 35°

京唐港区地处环渤海核心区域，东距秦皇岛港 64 n mile，西距天津港 70 n mile，是孙中山先生在《建国方略》中提出的拟建“北方大港”港址，此处建港条件优越，水深岸陡，不冻不淤，港口后方有大面积盐碱滩涂，适合临港产业聚集。目前，已利用自然岸线 11.2 km，已建成 1.5 万 ~25 万吨级泊位 44 座，利用码头岸线 12.206 km，占可利用码头岸线的 24.8%，货物堆场 1 000 多万平方米，航道等级 20 万吨级。

曹妃甸港区是渤海湾内的天然良港，港口腹地覆盖了中国重要的钢铁、石化及煤炭基地，是我国北方重要的矿石中转港。

2020 年，唐山港全港完成货物吞吐量 7.02 亿 t，同比增长 7%，港口货物吞吐量跃居世界第 2 位；集装箱吞吐量 312 万 TEU，同比增长 6.12%，位居中国大陆港口第 18。

6）青岛港

青岛港（表 3–13）始建于 1892 年，是中国第二大外贸口岸，位于环渤海地区港口群、长江三角洲港口群和日韩港口群的中心地带，港阔水深、不冻不淤，是天然深水良港。主要从事集装箱、原油、铁矿石、煤炭、粮食等各类进出口货物的装卸、储存、代理、保税、分拨、加工、运输等综合物流服务和国际客运服务，与世界上 180 多个国家和地区的 700 多个港口有贸易往来。集装箱、铁矿石、纸浆等货种作业效率保持世界第一。拥有集装箱航线超过 200 条，航线密度稳居中国北方港口第 1；海铁联运线路覆盖全国，直达中亚、欧洲，2020 年海铁联运完成 165 万 TEU，位居全国沿海港口首位。2020 年，货物吞吐量突破 6.3 亿 t，位居全球第 5；集装箱吞吐量完成 2 300 万 TEU，位居全球第 6。

表 3–13 青岛港

港口名称（中文）	港口名称（英文）	港口代码	纬 / 经度
青岛港	QINGDAO	CNQDG	36.056 61°/120.320 1°

山东港口青岛港由青岛大港港区、黄岛油港区、前湾港区、董家口港区和威海港五大港区组成，拥有 120 个生产性泊位。其中，董家口港区拥有世界最大的 40 万吨级矿石码头、45 万吨级原油码头。大港港区已建成可停靠世界最大 22.5 万吨级邮轮的专用码头和邮轮客运中心。（资料来源：山东港口青岛港官网）

2015 年 5 月 29 日，青岛邮轮母港正式开港。2017 年 5 月，亚洲首个全自动化码头在青岛正式投入运营，装卸效率提升 30%。

7）连云港港

连云港港（表 3–14）地处中国沿海中部的海州湾西南岸、江苏省的东北端，位于长江三角洲最北端。港口北倚长 6 km 的东西连岛天然屏障，南靠巍峨的云台山，为横贯中国东西的铁路大动脉——陇海、兰新铁路的东部终点港，被誉为新亚欧大陆桥东桥头堡和新丝绸之路东端起点，是中国中西部地区最便捷、最经济的出海口。

表 3–14 连云港港

港口名称（中文）	港口名称（英文）	港口代码	纬 / 经度
连云港港	LIANYUNGANG	CNLYG	34.790 39°/119.566 55°

连云港港各类专业化泊位齐备，最大泊位 30 万吨级，年设计吞吐能力超亿吨；加快建设 30 万吨级航道，主航道已浚深至 25 万吨级；开辟有集装箱、杂货、客货班轮航线近 60 条；依托完善的集疏运体系，开行散货、散粮直达列车以及集装箱国内班列、过境班列，布设 10 余个内陆"无水港"，建成各类特色物流园区；拥有口岸"一站式"服务中心和现代信息平台，具备国内一流的通关环境。2020 年，连云港港集装箱吞吐量为 480 万 TEU，位居中国大陆港口第 13。

8）苏州港

苏州港（表 3–15）位于中国江苏省苏州市，地处长江入海口的咽喉地带，西起长山（张家港与江阴交界处），东至浏河口南（太仓与上海交界处）。东南紧邻上海，西南为经济发达的苏、锡、常地区，是由原中国国家一类开放口岸张家港港、常熟港和太仓港三港合一组建成的新兴港口，原 3 个港口相应成为苏州港张家港港区、常熟港区和太仓港区。

表 3–15 苏州港

港口名称（中文）	港口名称（英文）	港口代码	纬 / 经度
苏州港	SUZHOU	CNSZG	31.659°/121.168 5°

苏州港拥有优良的长江港口岸线资源。全市拥有长江岸线 139.9 km，其中太仓港区 38.8 km、常熟港区 37.5 km、张家港港区 63.6 km；在所有长江岸线中，可用于港口开发的岸线 61.7 km，其中太仓港区 20.2 km、常熟港区 8.5 km、张家港港区 33 km。在 3 个港区中，又以太仓港区的深水岸线资源最为优良，是国内绝无仅有的黄金岸线。

目前，苏州港不仅是全球第 7 大港口，还是全球第 1 大内河港。

9）上海港

上海港（表 3–16）位于长江三角洲前缘，地处长江东西运输通道与海上南北运输通道的交汇点，是中国沿海的主要枢纽港，是中国对外开放、参与国际经济大循环的重要口岸。港口所在的上海市是全国最大的经济、金融、贸易、科技、文化、信息中心，也是全国最大的港口城市。拥有我国第一家也是目前唯一一家国家级航运交易所——上海航运交易所。

表 3–16 上海港

港口名称（中文）	港口名称（英文）	港口代码	纬 / 经度
上海港	SHANGHAI	CNSHG	31.366 365°/121.614 75°

上海港位于我国海岸线与长江“黄金水道”交叉点，服务腹地主要是长江三角洲和长江流域。涉及领域包括港口集装箱、大宗散货和件杂货的装卸生产，以及与港口生产有关的引航、船舶拖带、理货、驳运、仓储、船货代理、集卡运输、国际邮轮服务等港口服务以及港口物流业务。

截至 2021 年底，上海港的集装箱码头主要分布于洋山深水港（CNYSA）、外高桥（CNWGQ）、吴淞（CNWUG）三大港区，共有集装箱泊位 49 个，集装箱吊桥 176 台，集装箱堆场总面积 758 万 m^2。其中，洋山四期超大型自动化集装箱码头是全球单体规模最大、智能化程度最高的集装箱码头。

上海港的散杂货码头主要分布在罗泾、吴淞和龙吴三大港区。

此外，上海还有两大邮轮码头——上海港北外滩邮轮港国际客运中心、吴淞口国际邮轮港。上海吴淞口国际邮轮港目前已是亚太地区最为繁忙的国际邮轮母港。

2010 年，上海港超越新加坡港，成为世界上第一大集装箱港口。2020 年，上海港集装箱吞吐量为 4 350 万 TEU，在 Lloyd’s List 发布的全球集装箱港口吞吐量排名中位居第 1。这也是上海连续第 11 年蝉联全球最大集装箱港口桂冠，并连续 4 年吞吐量超 4 000 万 TEU。

2021 年 8 月，上海市政府印发《上海国际航运中心建设“十四五”规划》，明确将上海国际航运中心打造成国内大循环的中心节点、国内国际双循环的战略链接，形成枢纽门户服务升级、引领辐射能力增强、科技创新驱动有力、资源配置能级提升的发展新格局。到 2025 年，上海将基本建成便捷高效、功能完备、开放融合、绿色智慧、保障有力的世界一流国际航运中心。

知识链接

洋山深水港

洋山深水港区（见图 3-1）位于杭州湾口外的浙江省嵊泗崎岖列岛，由大洋山、小洋山等数十个岛屿组成，是中国首个在微小岛上建设的港口，是中国发展上海自贸区，建设海洋强国的依仗，是世界最大的海岛型人工深水港，也是上海国际航运中心建设的战略和枢纽型工程。2005 年 12 月 10 日，洋山深水港区（一期工程）顺利开港，为中国最大的集装箱深水港。由于洋山深水港的加入，2010 年，上海港完成集装箱吞吐量 2 907 万 TEU，首次超越新加坡成为全球最繁忙的集装箱港口。洋山港工程一至三期现已完工，共有 16 个 7 万 ~15 万吨级深水集装箱泊位，释放出年集装箱吞吐量超过 1 500 万 TEU 的生产能力。

2017 年 12 月 10 日开港的洋山港四期码头自 2014 年开始建设，可布置 7 个大型集装箱深水泊位，设计年通过能力初期为 400 万 TEU，远期为 630 万 TEU。目前，已完成调试的首批 10 台桥吊、40 台轨道吊、50 台自动导引车（AGV）将投入开港试生产。根据规划，洋山四期最终将配置 26 台桥吊、120 台轨道吊、130 台 AGV。上海洋山深水港四期码头开港运行，意味着上海建成全球最大的智能集装箱码头。

图 3–1　洋山深水港（图片来源：新华社）

10）宁波舟山港

经原交通部同意，“宁波舟山港”的名称正式启用，自 2006 年 1 月 1 日起，原来的“宁波港”“舟山港”名称不再使用。

宁波舟山港（表 3–17）是全球首个年货物吞吐量突破 10 亿 t 的大港，也是世界集装箱运输发展最快的港口，是我国大陆重要的集装箱远洋干线港、国内最大的铁矿石中转基地和原油转运基地，国内重要的液体化工储运基地和华东地区重要的煤炭、粮食储运基地，是我国的主枢纽港之一。港口区位优势十分明显，地处中国大陆海岸线中部、“丝绸之路经济带”和“21 世纪海上丝绸之路”的交会点、“长江经济带”的南翼“龙眼”，面朝繁忙的太平洋主航道，背靠中国大陆最具活力的长三角经济圈，坐拥“服务世界”的全球视角，260 条集装箱航线连接着 190 多个国家和地区的 600 多个港口，勾画着港通天下的航运贸易网。

表 3–17　宁波舟山港

港口名称（中文）	港口名称（英文）	港口代码	纬 / 经度
宁波舟山港	NINGBO–ZHOUSHAN	CNZOS	29.926 545°/121.852 5°

宁波舟山港由镇海、北仑、大榭、穿山、梅山、金塘、衢山、六横、岑港、洋山等19个港区组成，现有生产泊位620多座，其中万吨级以上大型泊位近170座，5万吨级以上的大型、特大型深水泊位超过100多座，自然条件得天独厚，核心港区主航道水深在超过22.5 m，30万吨级巨轮可自由进出港，40万吨级以上超级巨轮可候潮进出，是中国超大型巨轮进出最多的港口，也是世界上少有的深水良港。2020年，宁波舟山港完成货物吞吐量11.72亿t，同比增长4.7%，连续12年保持全球第1；完成集装箱吞吐量2 872.2万TEU，同比增长4.3%，继续位列全球第3。（资料来源：宁波舟山港官网）

11）厦门港

厦门港（表3–18）是我国沿海主要港口之一，已发展成为国家综合运输体系的重要枢纽、集装箱干线港、邮轮始发港和海峡两岸交流的重要口岸，是厦门国际航运中心和厦门港口型国家物流枢纽的主要载体，国家确定的4个邮轮运输试点示范港和8个国际船舶登记船籍港之一。集装箱班轮航线达157条，其中国际航线99条、内支线12条、内贸航线46条，通达55个国家和地区的149个港口。

表3–18　厦门港

港口名称（中文）	港口名称（英文）	港口代码	纬/经度
厦门港	XIAMEN	CNXMG	24.503 175°/118.029 25°

根据福建省人民政府和交通运输部联合批复的《厦门港总体规划（2035）》，厦门港包括厦门市（东渡、海沧、翔安）和漳州市（招银、后石、石码、古雷、东山、诏安）的九大港区，自然海岸线总长约899 km，规划港口岸线约106 km，主要港口资源分布在环厦门湾和环东山湾。

截至2021年底，全港建成生产性泊位176个，集装箱、邮轮、石油、煤炭等专用码头一应俱全，其中万吨级以上泊位78个（含20万t集装箱泊位5个：嵩屿码头3个、远海码头2个），年货物通过能力1.31亿t，集装箱通过能力1 220万TEU，旅客通过能力2 680万人，汽车通过能力99.5万辆。

现有航道总长达705 km，其中万吨级以上深水航道210 km。20万吨级主航道水深达16.6~17.1 m，底宽490~641 m，可满足20万吨级集装箱船舶与15万吨级集装箱船舶组合全潮双线通航要求，同时满足20万吨级集装箱船舶与20万吨级散货船舶组合双线通航要求，具备了接待全球最大型集装箱船舶和全球最大国际豪华邮轮的港口条件。（资料来源：厦门港口管理局网站）其中，厦门远海自动化码头于2016年3月建成并投入商用，岸线长447 m，占地面积约16.66万m^2。厦门远海自动化码头位于厦门港海沧港区14#~17#泊位，是中国第一个全智能、安全、环保的全自动化集装箱码头，也是全球首个堆场与码头岸线平行布置的自动化码头。2020年5月，远海码头作为国内首个5G全场景应用智慧港口正式投产。目前已在港区内完成5G网络基础覆盖。

2020年，厦门港集装箱吞吐量完成1 140.53万TEU，位居世界第14。

12）广州港

1987年原广州港和原黄埔港合并成为今天的广州港（表3–19）。广州港是我国沿海的主枢纽港，位于珠江三角洲的中心，是海上丝绸之路的始发港，是泛珠江三角洲经济区域的出海通道和中国最重要的对外贸易口岸之一。作为全国沿海主要港口和集装箱干线港，广州港是华南沿海功能最全、规模最大、辐射范围最广的综合性枢纽。

表3–19　广州港

港口名称（中文）	港口名称（英文）	港口代码	纬/经度
广州港	GUANGZHOU	CNGZG	23.085 5°/113.425°

广州港沿广州珠江两岸至出海口依次分布着内港、黄埔、新沙、南沙四大港区，为珠三角、广东乃至华南地区的经济发展提供高效完善的港口物流服务。拥有泊位长度25.6 km，其中万吨级以上码头泊位62个（最大靠泊能力20万吨级），码头功能齐全，涵盖了集装箱、煤炭、矿石、粮食、石油化工、滚装汽车等专业化码头、通用杂货码头以及客运码头，在三门岛、大屿山、沙角、二虎、大濠洲、黄埔老港等水域拥有万吨级以上装卸锚地23个（最大锚泊能力30万吨级），在坭洲头、大濠洲、店艜洲等水域拥有万吨级以上系泊浮筒16个（最大系泊能力5万吨级），可以在这些锚地和浮筒进行油品、矿石、河砂、粮食等货物的水上过驳作业，年过驳作业量超过1 000万t。（资料来源：广州港股份有限公司网站）

2021年，粤港澳大湾区首个全自动化码头广州港南沙四期工程成功进行实船联合调试。

2020年，广州港集装箱吞吐量完成2 351万TEU，位居世界第5；货物吞吐量完成6.12亿t，位居世界第4。

13）深圳港

深圳港（表3–20）位于广东省珠江三角洲南部，珠江入海口伶仃洋东岸，毗邻中国香港。全市260 km的海岸线被九龙半岛分割为东西两大部分。西部港区位于珠江入海口伶仃洋东岸，水深港阔，天然屏障良好，南距香港港20 n mile，北至广州60 n mile，经珠江水系可与珠江三角洲水网地区各市、县相连，经香港港暗士顿水道可达国内沿海及世界各地港口。东部港区位于大鹏湾内，湾内水深12~14 m，海面开阔，风平浪静，是华南地区优良的天然港湾。

表 3–20 深圳港

港口名称（中文）	港口名称（英文）	港口代码	纬 / 经度
深圳港	SHENZHEN	CNSZX	22.504 5°/113.853 5°

深圳港拥有蛇口、赤湾、妈湾、东角头、盐田、福永机场、沙鱼涌、内河等 8 个港区。目前深圳港已与德国汉堡港、斯里兰卡科伦坡港、比利时泽布鲁日港、马来西亚巴生港、阿曼苏哈港等 22 个国际知名港口建立了友好港关系，深圳港国际港口链逐渐丰满。截至目前，深圳港已开辟国际班轮航线 221 条，通往 100 多个国家和地区的 300 多个港口，三大联盟班轮航线挂靠深圳港的数量超过 100 条，位居全球港口之首。

2020 年，深圳港集装箱吞吐量为 2 654.8 万 TEU，在 Lloyd's List 发布的全球集装箱港口吞吐量排名中，位居第 4。

14）香港港

香港港（表 3–21）是中国天然良港，为远东的航运中心，在珠江口外东侧，香港岛和九龙半岛之间。香港地处我国与邻近亚洲国家的要冲，既在珠三角入口，又位于经济增长骄人的亚洲太平洋周边的中心，可谓是占尽地利。香港港是全球最繁忙和最高效率的国际集装箱港口之一，也是全球供应链上的主要枢纽港，同时也是举世闻名的自由港和邮轮母港。截至 2021 年底，香港港每星期提供约 280 班集装箱班轮服务，连接中国香港港口至全球约 600 个目的地。

表 3–21 香港港

港口名称（中文）	港口名称（英文）	港口代码	纬 / 经度
香港港	HONGKONG	HKHKG	22.287 945°/114.181 35°

香港港有 15 个港区：香港仔、青山（屯门）、长洲、吉澳、流浮山、西贡、沙头角、深井、银矿湾、赤柱（东）、赤柱（西）、大澳、大埔、塔门和维多利亚。维多利亚港区最大，条件最好，其平均水深超过 10 m 的港内航道使大型远洋货轮可随时进入码头和装卸区，为世界各地船舶提供了方便又安全的停泊地。

受到全球贸易疲软、码头用地不足、内地码头崛起以及新冠肺炎疫情等诸多因素影响，中国香港码头集装箱吞吐量逐年下跌。2020 年香港港全年港口集装箱吞吐量累计 1 796 万 TEU，其中：葵涌 – 青衣集装箱码头（见图 3–2）的吞吐量达 1 450 万 TEU，占港口集装箱吞吐量 80%；余下 20% 的集装箱则在中流作业区、内河货运码头、公众货物装卸区、浮泡和碇泊处及其他私人货仓码头处理。香港港在 2020 年 Lloyd's List 发布的全球集装箱港口排名中跌至第 9。

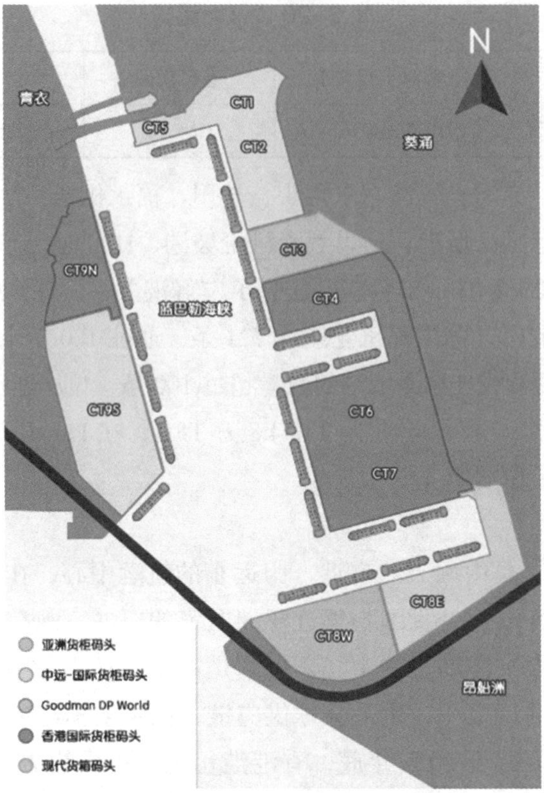

图 3–2　葵涌 – 青衣集装箱码头示意图（资料来源：香港海运港口局）

15）澳门港

澳门港（表 3–22）为“自由贸易港”。澳门港在历史上曾经是远东最繁荣的商埠之一，16 世纪后期到 17 世纪前期的 100 年间，是澳门港转口贸易的全盛时期，澳门港当时成为联结欧洲、亚洲、拉丁美洲海上丝路贸易大循环的枢纽。然而鸦片战争以后，香港港凭借着天然良港的优势，以及其他种种历史和经济的原因，迅速取代澳门港而成为远东繁荣的贸易转口港，而澳门港因为自然条件的限制，港口泥沙淤塞严重，尤其是海上运输从帆船时代进入轮船时代，航运更加不便，澳门港的转口贸易规模和范围急剧缩小。

表 3–22　澳门港

港口名称（中文）	港口名称（英文）	港口代码	纬 / 经度
澳门港	MACAU	MOMFM	22.196 5°/113.548°

澳门港分外港和内港。外港位于澳门半岛之东面，是为往来香港之定期客轮上落乘客所专用。外港航道宽为 120 m，其海图深度维持 4.4 m。内港位于中国澳门半岛西面，由 34 个码头组成。其中，内港 5–A 号码头与 7–A 号码头之间的区域，以及 21 号

码头与31–A号码头之间的区域为港口活动区域。集装箱作业应在5–A号码头与7–A号码头之间获租赁批给的区域内进行。与渔业有关的活动应尽量集中在21号码头与31–A号码头之间的区域内进行。南舢舨码头位于内港8号与9号码头之间，供锚泊于内港之船舶上的澳门渔民或获有权限当局批准的人士登岸及离岸。九澳港位于路环岛之东北面，九澳港包括有油库码头、水泥厂码头、集装箱货运站码头及发电厂码头，往九澳港之共同航道，宽为75 m。（资料来源：澳门海事及税务局网站）

16）高雄港

高雄港（表3–23）位于中国台湾省高雄市，旧称打狗港，设在台湾海峡南口的高雄湾内，是中国台湾省最大的港口，世界著名邮轮母港，属大型综合性港口，是中国台湾省首要的海运枢纽与货运进出口门户，港口货物吞吐量约占中国台湾省整体港口货物吞吐量的1/2。高雄港港区面积为17 678公顷，其中：陆域面积1 442公顷，占全港面积之8.2%；水域面积16 236公顷，占全港面积之91.8%。港区配置以码头作业区为主，其次为工业区，其余则为港务行政、渔港、造船厂、台电、中油等用地。高雄港目前进出港航道有第一港口及第二港口。

表3–23 高雄港

港口名称（中文）	港口名称（英文）	港口代码	纬/经度
高雄港	KAOHSIUNG	TWKHH	22.584 25°/120.318 15°

2014年10月，高雄港取得EcoPorts生态港认证，成为亚太地区第一个生态港。2020年，高雄港集装箱吞吐量为962万TEU，位居世界第16。

17）台中港

台中港（表3–24）旧称梧栖港，中国台湾省四大国际港之一。距离北部基隆港和南部高雄港各约110 n mile。港区全境横跨龙井区、梧栖区、清水区，港内大部分设施皆位于梧栖地区，管理单位为中国台湾港务公司台中港务分公司。目前为中国台湾省第2大集装箱港，2020年集装箱吞吐量位居世界第95。

表3–24 台中港

港口名称（中文）	港口名称（英文）	港口代码	纬/经度
台中港	TAICHUNG	TWTXG	24.255°/120.507 5°

18）基隆港

基隆港（表3–25）旧称“鸡笼港”，有“雨港”之称。位于中国台湾岛北端，隔台湾海峡与福建省相望，东面和东北面隔太平洋西部海区与日本及琉球群岛相峙，使之成为东海、台湾海峡、太平洋西部海区航运要道，我国南北航线和太平洋及环太平洋航运要冲。该港是中国台湾省的第3大港口，重要的海洋渔业基地。

表 3–25　基隆港

港口名称（中文）	港口名称（英文）	港口代码	纬 / 经度
基隆港	KEELUNG	TWKEL	25.145 15°/121.753 15°

三、朝日韩航线地理

1. 朝日韩地理概况

1）朝鲜

朝鲜是位于东亚朝鲜半岛北部的社会主义国家，执政党是朝鲜劳动党，首都平壤。北部与中国为邻，东北与俄罗斯接壤，南部以军事分界线三八线与韩国相邻。朝鲜半岛三面环海，东为日本海（包括东朝鲜湾），西南为中国黄海（包括西朝鲜湾）。山地约占国土面积的 80%。半岛海岸线全长约 17 300 km（包括岛屿海岸线）。

大体而言，朝鲜半岛最富裕的自然资源几乎都集中在朝鲜国土上，主要矿产资源储量占到了其国土面积的 80%，已探明的矿物有 300 多种，其中有用矿达 200 多种。2013 年朝鲜发现了据称全球最大储量的稀土矿床——位于朝鲜平壤东北部 150 km 处的 Jongju 稀土矿床，预计潜在矿物总量为 60 亿 t，约有 2.162 亿 t 稀土氧化物。同时，朝鲜的菱镁矿储量位于世界前列，占全球储量的 40%~50%，为世界最大的重烧镁供应国之一。在前 10 位的矿物还有钨、钼、石墨、重晶石、萤石等 7 种，铁矿石储量也接近世界前 10 位，可立即开采的铀达 400 万 t。另外，朝鲜自古以来就有“金银之国”之称，金矿分布广泛，有大小金矿床 140 余处。典型矿床有云山金矿、造岳金矿、宜川金银矿、成兴金银铜矿、笏洞金银铅锌矿、遂安金银铅锌矿、竹大金矿、天山金矿和九龙金矿等 14 个金矿山，且金矿常与银矿、铜矿等共生。

目前占朝鲜矿业比重较大的主要是煤炭、铁矿石、铅锌以及石灰石、菱镁矿等生产部门。朝鲜铁矿石储藏量丰富，铁矿石埋藏量为 90 亿 ~110 亿 t 以上，主要由以茂山铁矿为首的 20 多个矿山进行生产。煤炭是朝鲜最丰富的矿产资源之一，探明可开采储量 147.4 亿 t，其中无烟煤储量 117.4 亿 t，褐煤储量 30 亿 t，以现有技术条件下可开采储量约为 79 亿 t，共计价值约 2 万亿美元。朝鲜煤矿分布很普遍，根据区域划分有四大煤田，分别是平安北道南部、平安南道北部和南部、咸境北道北部、咸境南道南部。

据中华人民共和国外交部网站资料，2020 年中朝贸易额为 5.4 亿美元。其中，中国向朝鲜出口 4.9 亿美元，自朝鲜进口 0.5 亿美元。

2）韩国

韩国位于亚洲大陆东北朝鲜半岛的南半部，是大陆连接的由北向南伸展的半岛国家，西临中国黄海，与中国山东省隔海相望，东濒日本海，东南隔朝鲜海峡与日本相对，北面隔着三八线非军事区与朝鲜相邻。半岛东部的海岸线较平直且水深，西部海岸线较曲折而水浅，南部海岸曲折多湾。韩国矿产资源较少，已发现的矿物有280多种，其中有经济价值的约50多种。有开采利用价值的矿物有铁、无烟煤、铅、锌、钨等，但储量不大。由于自然资源匮乏，主要工业原料均依赖进口。

韩国是一个新兴的资本主义国家，是APEC、世界贸易组织和东亚峰会的创始成员，也是经合组织、20国集团和联合国等重要国际组织的成员。同时，韩国曾是亚洲“四小龙”之一，也是未来11国（高盛银行在2005年12月12日发布的报告中，成长潜力仅次于金砖四国的11个新兴市场，包括巴基斯坦、埃及、印度尼西亚、伊朗、韩国、菲律宾、墨西哥、孟加拉国、尼日利亚、土耳其、越南）中唯一的发达国家（2021年7月由联合国贸发会议正式认定）。1997年亚洲金融危机后，韩国经济进入中速增长期，产业以制造业和服务业为主，钢铁、造船、汽车、电子、半导体、化工、文化、纺织等产业产量均进入世界前10名。大企业集团在韩国经济中占有十分重要的地位，目前主要大企业集团有三星、现代集团、SK集团、LG、浦项制铁、韩华集团等。

据中华人民共和国外交部网站资料，韩国2020年外贸总额9 800亿美元，贸易顺差456.2亿美元。其中：出口5 128.5亿美元，较上年增加5.4%；进口4 672.3亿美元，较上年增加7.2%。和世界上180多个国家和地区有经贸关系，中国、美国、日本是韩国前三大贸易伙伴国。

2020年韩国与中国双边货物进出口额为2 852.6亿美元，较前年增长0.3%。其中：韩国对中国出口1 727.6亿美元，下降0.5%；自中国进口1 125亿美元，增长1.4%。韩国与中国的贸易顺差602.6亿美元。截至2020年底，韩对华实际投资累计861.9亿美元，中国对韩国实际投资累计98.5亿美元。韩国是中国第二大外资来源国，中国是韩国第二大投资对象国。（资料来源：中华人民共和国外交部网站）

3）日本

日本位于太平洋西岸，是一个由东北向西南延伸的弧形岛国。陆地面积约37.8万km^2，包括北海道、本州、四国、九州四个大岛和其他6 800多个小岛屿。北临鄂霍次克海，东临太平洋，西隔东海、黄海、朝鲜海峡、日本海与中国、朝鲜、韩国、俄罗斯相望。

日本自然资源贫乏，除煤炭、天然气、硫磺等极少量矿产资源外，其他工业生产所需的主要原料、燃料等90%以上依赖进口，其中石油完全依靠进口。但是，日本森林和渔业资源丰富，森林覆盖率占日本陆地面积的67%，是世界上森林覆盖率最高的国家之一。北海道和日本海是世界著名的大渔场，盛产700多种鱼类。

日本是一个高度发达的资本主义国家，是世界第三经济大国。日本的服务业，特别是银行业、金融业、航运业、保险业以及商业服务业占GDP的最大比重，而且处于世界领导地位，首都东京不仅是全国第一大城市和经济中心，更是世界数一数二的金融、航运和服务中心。自第二次世界大战后，日本的制造业得到迅速发展，尤其电子电气产业和汽车制造业。日本的电子电气产业和高科技著名制造商包括索尼、松下、佳能、夏普、东芝、日立等公司。汽车制造业方面，日本公司的汽车生产量超越美国和德国，是全球最大的汽车生产国，丰田、马自达、本田和日产等制造商的汽车产品畅销全球。日本拥有世界资产最庞大的银行邮储银行，三菱UFJ金融集团、瑞穗金融集团和三井住友金融集团在世界金融界具有举足轻重的地位。东京证券交易所是仅次于纽约证券交易所的世界第二大证券交易所。此外，日本目前也是世界第一大船东国家。

日本工业高度发达，工业结构向技术密集型和节能节材方向发展。主要部门有电子、家用电器、汽车、精密机械、造船、钢铁、化工和医药等，工业产品在国际市场上具有很强的竞争力。主要工业区大都集中在太平洋沿岸地区（太平洋沿岸带状工业地带）。主要有京滨（东京和横滨为主，辅以千叶、川崎），中京（名古屋为中心），阪神（大阪和神户），濑户内（濑户内海沿岸）和北九州五大工业区。这种工业分布被称为“临海型”工业布局。

外贸在日本国民经济中占重要地位，有贸易关系的国家（地区）数约200个。据日本财务省统计，2020年日本进出口总额约为136.1万亿日元，其中出口约68.4万亿日元，进口约67.7万亿日元。

据日方统计，自2007年开始，中国一直是日本最大贸易伙伴国。2020年中日贸易总额3 175.3亿美元，其中，中国出口额1 426.6亿美元，进口额1 748.7亿美元。日本是中国第三大外资来源国。截至2020年底，日本累计对华投资额1 189.1亿美元，在我国利用外资国别中排名第1。2020年，我国对日本全行业直接投资3.6亿美元。截至2020年底，我国对日全行业直接投资累计44.6亿美元。（资料来源：中华人民共和国外交部网站）

2. 朝日韩航线主要港口

1）清津港

清津港（表3–26）是朝鲜东北部的重要商港，与中国南方沿海港口、日本新潟和俄罗斯符拉迪沃斯托克、韩国釜山等港口通航。可分为东港及西港两部分，东港在清津市内，西港离清津市区较远。清津港配备了现代化装卸货物设施，每年吞吐能力达800万t，能接待2万吨级的货船。

表 3–26 清津港

港口名称（中文）	港口名称（英文）	港口代码	纬 / 经度	所在国
清津港	CHONGJIN	KPCHO	41.766 96°/129.795 4°	朝鲜

2）元山港

元山港（表 3–27）位于朝鲜东部沿海的永兴（YONGHUNG）湾西南岸，濒临东朝鲜湾的西侧，是朝鲜东部的最大海港，是朝鲜机械制造工业的中心。

表 3–27 元山港

港口名称（中文）	港口名称（英文）	港口代码	纬 / 经度	所在国
元山港	WONSAN	KPWON	39.164 475°/127.448 95°	朝鲜

3）南浦港

南浦港（表 3–28）位于朝鲜西部沿海大同江入海口的北岸，濒临西朝鲜湾的东侧，是朝鲜西部的最大港口。它是首都平壤的外港，相距仅 70 km，有铁路和高速公路相连。该港是地处大同江中下游最发达的工业区之一，是朝鲜金属制造、机械和玻璃工业的重要基地，又是铅、锌的冶炼中心，还拥有面粉、丝织及造船等大型工厂。该港还有全国最大的盐场。它还是朝鲜西海岸的渔业基地，有水产事业所、渔具工厂和冷冻工厂等。

表 3–28 南浦港

港口名称（中文）	港口名称（英文）	港口代码	纬 / 经度	所在国
南浦港	NAMPO	KPNAM	38.716 32°/125.400 25°	朝鲜

4）釜山港

釜山港（表 3–29）在 1876 年启用，位于韩国东南沿海，东南濒朝鲜海峡，西临洛东江，与日本对马岛相峙，是韩国最大的港口。它是韩国海陆空交通的枢纽，又是金融和商业中心，在韩国的对外贸易中发挥重要作用。工业仅次于首都首尔，有纺织、汽车轮胎、石油加工、机械、化工、食品、木材加工、水产品加工、造船和汽车等，其中机械工业尤为发达，而造船、轮胎生产居韩国首位，水产品的出口在出口贸易中占有重要位置。2020 年，釜山港集装箱吞吐量达 2 181 万 TEU，位居世界第 7；完成货物吞吐量 4.1 亿 t，位居世界第 12。

表 3–29 釜山港

港口名称（中文）	港口名称（英文）	港口代码	纬 / 经度	所在国
釜山港	PUSAN/BUSAN	KRPUS	35.101 62°/129.036 05°	韩国

5）仁川港

仁川港（表 3-30）是韩国第二大港，是韩国西海岸的最大港口，也是韩国首都首尔的外港，相距不到 40 km，为韩国政府经营，港口附近设有出口加工区。仁川港市是韩国最大的经济中心，又是韩国北部进出口贸易中心。仁川港有规模广大的产业经济腹地，主要有炼钢、机械、汽车、造船、化工、电子、车辆制造、金属加工、石油及纺织等。2003 年 8 月，仁川港开始建立自由经济区，物流业得到快速发展。2020 年，仁川港在 Lloyd's List 发布的全球集装箱港口吞吐量排名中位居第 55。

表 3-30　仁川港

港口名称（中文）	港口名称（英文）	港口代码	纬 / 经度	所在国
仁川港	INCHON	KRINC	37.418 41°/126.511 75°	韩国

6）光阳港

光阳港（表 3-31）距釜山市区 100 km，是韩国在本世纪建造的最大新港，是韩国第 3 大集装箱港口。2020 年，光阳港在 Lloyd's List 发布的全球集装箱港口吞吐量排名中位居第 83。此外，在全球港口货物吞吐量排名中位居第 20。

表 3-31　光阳港

港口名称（中文）	港口名称（英文）	港口代码	纬 / 经度	所在国
光阳港	KWANGYANG	KRKAN	34.884 905°/127.718 55°	韩国

7）苫小牧港

苫小牧港（表 3-32）位于北海道西南海岸中腰，港市之东南，临太平洋，是日本指定的中枢国际港湾之一。

表 3-32　苫小牧港

港口名称（中文）	港口名称（英文）	港口代码	纬 / 经度	所在国
苫小牧港	TOMAKOMAI	JPTMK	42.638 49°/141.650 7°	日本

8）东京港

东京港（表 3-33）是日本首都商港，位于本州南部东京湾西北岸，日本交通中心。海上与千叶、川崎港相邻，距横滨港 10 n mile。其为日本国土交通省指定的国际战略港湾和日本 3 个超级中枢港湾之一的组成部分，通常与横滨港合称为“京滨港”，是日本第 1 大集装箱港口。2020 年，东京港在 Lloyd's List 发布的全球集装箱港口吞吐量排名中位居第 44。

表 3–33　东京港

港口名称（中文）	港口名称（英文）	港口代码	纬 / 经度	所在国
东京港	TOKYO	JPTYO	35.611 685°/139.826 8°	日本

9）横滨港

横滨港（表 3–34）位于日本本州东南部神奈川县东部沿海，濒临东京湾的西侧，北与川崎港相邻，是日本第二大集装箱港口。横滨港有“金港”的别称，是日本的主要国际贸易港之一（五大港），也被列入日本三大贸易港，与东京港共同被指定为超级中枢港湾。2020 年，横滨港在 Lloyd’s List 发布的全球集装箱港口吞吐量排名中位居第 70。

表 3–34　横滨港

港口名称（中文）	港口名称（英文）	港口代码	纬 / 经度	所在国
横滨港	YOKOHAMA	JPYOK	35.412 15°/139.663 95°	日本

10）千叶港

千叶港（表 3–35）位于日本本州东南沿海千叶县西部，濒临东京湾的东北侧，是日本最大的工业港口，主要工业有石油、钢铁、电力及石油化工等。

表 3–35　千叶港

港口名称（中文）	港口名称（英文）	港口代码	纬 / 经度	所在国
千叶港	CHIBA	JPCHB	35.594 69°/140.104°	日本

11）川崎港

川崎港（表 3–36）是京滨工业地带的中心工业港，也是作为能源的供应基地，支撑着首都圈的产业和市民的生活。有大型炼钢厂、造船厂、炼油厂和石油化工厂等。港口主要为工业服务，尤以进口原油、矿石和焦炭著称。

表 3–36　川崎港

港口名称（中文）	港口名称（英文）	港口代码	纬 / 经度	所在国
川崎港	KAWASAKI	JPKWS	35.516 36°/139.755 7°	日本

12）名古屋港

名古屋港（表 3–37）是横跨爱知县名古屋市、东海市、知多市、弥富市、海部郡飞岛村的一个港湾，又被当地人简称为名港，是日本最大的国际贸易港口之一。由于丰田汽车位于爱知县内，故该港主要的输出产品中有一半以上都与汽车有关。汽车物流量属日本最多，一年海运出口的整车多达 140 万辆。该港年货物吞吐量都在 1 亿 t 以上，是日本 5 个亿吨级港口之一。2020 年，名古屋港在 Lloyd's List 发布的全球集装箱港口吞吐量排名中位居第 74。

表 3–37　名古屋港

港口名称（中文）	港口名称（英文）	港口代码	纬 / 经度	所在国
名古屋港	NAGOYA	JPNGO	35.046°/136.836°	日本

13）神户港

神户港（表 3–38）位于日本本州南部兵库县芦屋川河口西岸，濒临大阪湾西北侧，是日本第三大集装箱港口。它既是主要的国际贸易中心，又是日本最大的工业中心之一。现为阪神工业区的核心之一，主要工业有运输机械、钢铁、橡胶、电机、食品等，占全市工业总产值的一半以上，其次是化学、普通机械及烟草等工业。2020 年，神户港在 Lloyd's List 发布的全球集装箱港口吞吐量排名中位居第 71。

表 3–38　神户港

港口名称（中文）	港口名称（英文）	港口代码	纬 / 经度	所在国
神户港	KOBE	JPUKB	34.686 7°/135.267 1°	日本

14）大阪港

大阪港（表 3–39）位于日本本州西南沿海的中岛川与大和川河口之间，濒临大阪湾的东北侧，是日本五大集装箱港口之一，与神户港一同被指定为超级中枢港湾"阪神港"。该港自古以来就是京都的海上门户，市内河道纵横，有"水都"之称。现为阪神工业区之核心，轻重工业综合发展，其工业产值仅次于东京，居日本第 2。主要工业有石油化工、钢铁、金属加工、运输机械及电机等。

表 3–39 大阪港

港口名称（中文）	港口名称（英文）	港口代码	纬 / 经度	所在国
大阪港	OSAKA	JPOSA	34.614 06°/135.440 4°	日本

大阪港自北向南分为北港、内港及南港 3 个港区。主要进口货物为煤炭、矿石、食品及工业原料等，出口货物以机械、纺织品及化工产品为主。2020 年，大阪港在 Lloyd's List 发布的全球集装箱港口吞吐量排名中位居第 79。

15）下关港

下关港（表 3–40）位于日本本州西南端、濑户内海通对马海峡的关门海峡北岸，北与九州港门司港区对峙。下关港被国家指定为 FAZ（Foreign Access Zone）输入促进地域、日本国家特定重要港湾（Specified Major Port）之一。另外，下关港还是日本屈指可数的大型邮轮停靠港口之一。

表 3–40　下关港

港口名称（中文）	港口名称（英文）	港口代码	纬 / 经度	所在国
下关港	SHIMONOSEKI	JPSHS	33.937 665°/130.923 8°	日本

下关港的业务地区主要分为“本港地区”“东港地区”“岬之町地区”“西山、荒田、福浦地区”“长府地区”和“新港地区”。新港地区即新国际物流基地“长州出岛”（海上人工岛）。（资料来源：下关市港湾局网站）

16）长崎港

长崎港（表 3–41）位于九州西海岸长崎半岛西北、长崎湾内，港市之西南，临东中国海，是日本离中国最近的港口，被指定为重要港湾。

表 3–41　长崎港

港口名称（中文）	港口名称（英文）	港口代码	纬 / 经度	所在国
长崎港	NAGASAKI	JPNGS	32.725 265°/129.841 15°	日本

课后任务

1. 列举中国五大港口群及其主要港口。
2. 列举朝鲜半岛上的主要港口。
3. 在地图中标注出日本主要港口位置。
4. 在地图中标注出俄罗斯远东地区主要港口位置。

海峡殖民地总督瑞天咸说，马来半岛的繁荣昌盛，“皆华侨所造成”，“马来诸邦之维持，专赖锡矿之税入。……作锡矿之工作者，首推华侨。彼等继续努力之结果，世界用锡之半额，皆由半岛供给。彼等之才能与劳力，造成今日之马来半岛马来政府及其人民，对于此勤奋耐劳守法之华侨之谢意，非言语所可表达。”

——李长傅《中国殖民史》

任务二　东南亚地理及航线认知

任务描述

东南亚（SEA）位于亚洲东南部，包括中南半岛和马来群岛两大部分。中南半岛因位于中国以南而得名，南部的细长部分叫马来半岛。马来群岛散布在太平洋和印度洋之间的广阔海域，是世界最大的群岛，共有两万多个岛屿，面积约 243 万 km^2，分属印度尼西亚、马来西亚、东帝汶、文莱和菲律宾等国。

东南亚地处亚洲与大洋洲、太平洋与印度洋的“十字路口”，战略地位非常重要。太平洋西岸国家与南亚、西亚、非洲东岸、欧洲等沿海国家之间的航线多经过这里。主要航线有暹罗湾航线、菲律宾航线、新马航线、北加里曼丹航线、印度尼西亚航线和孟加拉湾航线。

知识讲解

一、东南亚地区基本概况

1. 东南亚地区主要国家

东南亚是与中国联系最为紧密的地区之一，不但是因为地理位置上与中国靠近，而且在经济、人口等方面也联系紧密。东南亚地区是我国华人华侨最多的地区，同时中国也是东南亚地区多个国家最主要的贸易伙伴。

东南亚地区共有 11 个国家：越南、老挝、柬埔寨、泰国、缅甸、马来西亚、新加坡、印度尼西亚、文莱、菲律宾、东帝汶，面积约 457 万 km^2。其中老挝是东南亚唯一的内陆国，越南、老挝、缅甸与中华人民共和国陆上接壤，仅东帝汶不是东盟成员。

1967 年 8 月，东南亚国家联盟成立。东南亚国家联盟（Association of Southeast Asian Nations，ASEAN），简称东盟。现有 10 个成员国：文莱、柬埔寨、印度尼西亚、老挝、马来西亚、缅甸、菲律宾、新加坡、泰国、越南。

中国和东盟对话始于 1991 年，1996 年成为东盟的全面对话伙伴国。2002 年 11 月，中国—东盟建立自由贸易区的进程正式启动。2010 年 1 月 1 日，中国—东盟自由贸易区（China-ASEAN Free Trade Area，CAFTA）正式全面启动，是目前世界人口最多的自贸区，也是发展中国家间最大的自贸区。

2. 东南亚地区主要自然资源

1）矿产资源

东南亚丰富的矿产资源涵盖能源矿产、金属矿产和非金属矿产三大类，其中能源矿产包括石油、天然气和煤炭；金属矿产主要有锡、镍、铁、铜、金、铝、锰等；非金属矿产主要有宝玉石、萤石、钾盐和石膏等。此外，东南亚地区还蕴藏着大量硅砂、硅石、硅藻土、长石、风化型高岭土、堆积性黏土、蜡石、陶石、石灰石和白云石等非金属矿产。

东南亚是世界上最大的锡矿产地，泰国、马来西亚、印尼处于东南亚的锡矿带，所产锡矿占全世界产量的一半以上。其中泰国的锡矿储量 150 万 t（占世界总量 20% 以上），业已超越马来西亚居世界首位。东南亚的镍矿资源主要集中在印尼、菲律宾和缅甸。东南亚的铁矿主要分布在越南，马来西亚、老挝、缅甸等国也有少量分布。东南亚的铜矿主要分布在菲律宾、印尼、老挝、缅甸等国家。菲律宾是东南亚最大的产铜国。东南亚金矿资源丰富，大多数国家都有金矿分布，印尼和菲律宾的金矿资源更为集中。印尼的黄金储量超过 3 200 t，居亚洲首位。印尼巴布亚省的格拉斯贝格铜金矿是东南亚地区最大的金矿，同时也是世界最大金矿之一。铝土矿主要分布在印尼、越南、老挝、马来西亚和菲律宾等国。东南亚地区的主要产油国有印尼、越南、马来西亚和文莱，其中印度尼西亚是东南亚重要的石油、天然气出口国。此外，印度尼西亚煤炭已探明储量 193 亿 t，潜在储量可达 900 亿 t 以上，为世界第一煤炭出口国。2020 年出口 4.06 亿 t。

2）热带经济作物

东南亚是世界上橡胶、油棕、椰子和蕉麻等热带经济作物的最大产区。马来西亚是世界最大的棕油生产国和出口国，泰国的橡胶生产居世界首位，菲律宾是世界上生产椰子最多的国家。

3）粮食作物

水稻是东南亚的主要粮食作物，种植历史悠久，主要分布在肥沃的平原和三角洲地区。这里是世界最重要的稻米产区，泰国、缅甸和越南是世界重要的稻米生产国和出口国。

二、东南亚航线主要港口

1. 暹罗湾线港口

1）海防港

海防港（表 3–42）位于北部湾北部，在海南岛西北方向，是越南北部最大的港口，全国第 2 大集装箱港，也是越南海军四大海军基地之一，被视为越南首都河内的门户。海防港主要由 3 个港区组成，分别为 Hoang Dieu 码头（主港区）、Chua Ve 码头和 Tan Vu 码头。共 4 条航道——LachHuyen 航道、Ha Nam 航道、Bach Dang 航道和 Song Cam 航道。2020 年，海防港在 Lloyd’s List 发布的全球集装箱港口吞吐量排名中位居第 31。

表 3–42　海防港

港口名称（中文）	港口名称（英文）	港口代码	纬 / 经度	所在国
海防港	HAIPHONG	VNHPH	20.842 735°/106.772 65°	越南

2）岘港

岘港（表 3–43）是越南中部的一个港口城市和海军基地，亦是越南第 4 大城市，岘港湾为深水港，海运业规模较大。

表 3–43 岘港

港口名称（中文）	港口名称（英文）	港口代码	纬 / 经度	所在国
岘港	DA NANG	VNDAD	16.097 355°/108.234 3°	越南

3）胡志明港

胡志明港（表 3–44）又称西贡港，位于越南南部湄公河三角洲之东北、同奈河支流西贡河下游，是越南大港口。有 3 个码头，分别为新港（NEW PORT）、国际港（VICT PORT）和泰莱港（CAT LAI PORT）。2020 年，胡志明港在 Lloyd’s List 发布的全球集装箱港口吞吐量排名中位居第 20。

表 3–44 胡志明港

港口名称（中文）	港口名称（英文）	港口代码	纬 / 经度	所在国
胡志明港	HO CHI MINH	VNSGN	10.757 57°/106.720 7°	越南

4）西哈努克港

西哈努克港（表 3–45）始建于 1956 年初，简称西港，原名磅逊（KampongSom），位于柬埔寨西南海岸线上磅逊湾入口南侧，以西哈努克亲王名字命名。其是柬埔寨最大的海港，柬埔寨第 2 大城市，也是全柬唯一的现代化商港、免税港和经济特区。港内的货物通过铁路运输可直达柬埔寨首都金边，是柬埔寨重要的外贸出入门户。

表 3–45 西哈努克港

港口名称（中文）	港口名称（英文）	港口代码	纬 / 经度	所在国
西哈努克港	SIHANOUKVILLE	KHKOS	10.647 24°/103.507 05°	柬埔寨

5）曼谷港

曼谷港（表 3–46）位于泰国西南部湄南河下游的两岸，濒临曼谷湾的北侧，是泰国最大港口。港口所在的曼谷是泰国的首都，是全国政治、经济、文化和交通的中心，是东南亚第 2 大城市。

表 3–46 曼谷港

港口名称（中文）	港口名称（英文）	港口代码	纬 / 经度	所在国
曼谷港	BANGKOK	THBKK	13.618 5°/100.552 5°	泰国

曼谷港由泰国港务局负责管理和运营，海运航线可达中、日、美、欧和新加坡等地区和国家。曼谷港对水道有限制，导致通过港口的船舶不能超过 10 000 载重吨和 172 m 长，以及 8.2 m 的水深。曼谷港由东、西两个港区构成：西区主要停靠普通船舶，有 10 个泊位，用于装卸普通货物，提供国内和国际停泊服务；东区装卸集装箱货物，有 8 个泊位，配有机械装运设备，其中可移式吊最大起重能力达 50 t。港区码头泊

位岸线长 1 900 m，最大水深为 8.2 m。东、西港区共包括 3 个码头：分别是曼谷 BMT 港（BANKGKOK BMT）、曼谷 PAT 港（BANGKOK PAT）和曼谷 SCT 港（BANKKOK SCT）。由于大量外贸货物通过曼谷港进出口，老挝和柬埔寨部分进出口货物也经此转口，所以该港启用了曼谷湾东南岸的梭桃邑港，以缓解曼谷港的拥挤状况。

6）林查班港

林查班港（表 3–47）位于泰国中部曼谷湾东岸，曼谷市东南方。该港原为曼谷港的集装箱中转港区，目前是泰国最大的集装箱港口。2020 年，林查班港在 Lloyd's List 发布的全球集装箱港口吞吐量排名中位居第 22。

表 3–47　林查班港

港口名称（中文）	港口名称（英文）	港口代码	纬 / 经度	所在国
林查班港	LAEM CHABANG	THLCH	13.058 7°/100.894 75°	泰国

2. 菲律宾线港口

1）马尼拉港

马尼拉港（表 3–48）位于菲律宾吕宋岛西南沿海帕西格河河口两岸，濒临马尼拉湾的东侧，是菲律宾最大的海港。它所在的马尼拉市是菲律宾的首都和全国政治、经济、文化和交通中心。

表 3–48 马尼拉港

港口名称（中文）	港口名称（英文）	港口代码	纬 / 经度	所在国
马尼拉港	MANILA	PHMNL	14.616 5°/120.944 5°	菲律宾

巴石河把马尼拉港分成了南北两港，北港停靠近海轮船，南港停泊远洋海轮。戴尔潘桥、琼斯桥、麦克阿瑟桥、奎松桥和阿亚拉桥跨越巴石河，连接两港的地面交通。马尼拉港主要有 3 个港区，分别为马尼拉北港、马尼拉南港和马尼拉国际集装箱码头。

2020 年，马尼拉港在 Lloyd's List 发布的全球集装箱港口吞吐量排名中位居第 41。

2）宿务港

宿务港（表 3–49）位于菲律宾中部宿务岛东部沿海，濒临保和海峡的西北侧，是菲律宾第 2 大港。

表 3–49 宿务港

港口名称（中文）	港口名称（英文）	港口代码	纬 / 经度	所在国
宿务港	CEBU	PHCEB	10.315°/123.946 5°	菲律宾

3. 孟加拉湾线港口

1）仰光港

仰光港（表 3–50）于 1852 年建成，位于缅甸国中南部，伊洛瓦底江三角洲东侧、仰光河左岸，是缅甸最大的港口，也是世界主要的稻米输出港之一。

表 3–50　仰光港

港口名称（中文）	港口名称（英文）	港口代码	纬 / 经度	所在国
仰光港	YANGON/RANGOON	MMRGN	16.795°/96.179 98°	缅甸

2）皎漂港

皎漂港（表 3–51）是兰里岛和大陆构成的一个南北向的狭长海港，在孟加拉湾东北部、缅甸若开邦的兰里岛北端皎漂经济特区，是优质的天然深水港，平均水深超过 20 m。中缅油气管道的石油线起点就位于皎漂经济特区的马德岛港，天然气起点在皎漂港，计划的中缅铁路的终点也位于皎漂经济特区。

表 3–51　皎漂港

港口名称（中文）	港口名称（英文）	港口代码	纬 / 经度	所在国
皎漂港	KYAUKPYU	MMKYP	19.432 68°/93.554 935°	缅甸

中缅油气管道是继中亚油气管道、中俄原油管道、海上通道之后，中国的第 4 大能源战略通道，在缅甸境内全长 771 km，占管线全长的 1/3，原油管道国内全长 1 631 km，天然气管道国内全长 1 727 km。燃气管道每年可向我们国内输送 120 亿 m^3 的天然气，原油管道每年最多可输送 2 200 万 t 原油。2013 年 7 月 28 日，由中国、缅甸、韩国、印度四国六方投资建设的中缅天然气管道（缅甸段）开始向中国输送天然气。2015 年 1 月 30 日，经过近 5 年建设的中缅原油管道工程，在缅甸皎漂马德岛举行试运行仪式，马德岛港同时正式开港。马德岛港是缅甸境内的首座国际大型原油卸载港，港口长度约为 480 m，可供 30 万吨级大型油轮靠泊。2017 年，中缅输油管道闲置两年后重新开通。2021 年 7 月 8 日，中缅油气管道配套的千万吨级炼厂（中石油云南石化）累计加工原油突破 4 000 万 t。

2020 年 8 月，缅甸投资与公司管理局（DICA）颁发证书，批准中缅皎漂经济特区深水港项目合资公司注册成立。

4. 新马及北加里曼丹线港口

1）巴生港

巴生港（表 3–52）英殖民时期旧称“瑞天咸港”，为马来西亚联邦的最大港口，也是东南亚第二大港，位于马六甲海峡的东北部，是马来西亚在马来半岛西海岸和马六甲海峡的“海上门户”之一。

表 3–52　巴生港

港口名称（中文）	港口名称（英文）	港口代码	纬 / 经度	所在国
巴生港	PORT KELANG	MYPKG	2.984 1°/101.358 75°	马来西亚

2020 年，巴生港集装箱吞吐量为 1 324 万 TEU，在 Lloyd’s List 发布的全球集装箱港口吞吐量排名中位居第 12。

2）丹戎帕拉帕斯港

丹戎帕拉帕斯港（表 3–53）是马来西亚政府于 1999 年 10 月 10 日竣工并全面投入运营的。其位于马来西亚半岛南端，新加坡旁边，是世界航运的咽喉。目前是马士基航运在东南亚的集装箱运输和转运业务的基地。除了马士基航运，法国达飞航运和我国的中远海运集团等公司，也使用丹戎帕拉帕斯港口的集装箱转运服务。

表 3–53　丹戎帕拉帕斯港

港口名称（中文）	港口名称（英文）	港口代码	纬 / 经度	所在国
丹戎帕拉帕斯港	TANJUNG PELEPAS	MYTPP	1.385 5°/103.541°	马来西亚

2020 年，丹戎帕拉帕斯港集装箱吞吐量为 980 万 TEU，在 Lloyd’s List 发布的全球集装箱港口吞吐量排名中位居第 15。

3）槟城港

槟城港（表 3–54）位于马来半岛西部沿海的槟榔屿东北角，濒临马六甲海峡东北侧的入口处，是马来西亚北部最大港口，是著名的转口贸易港，是马来西亚北部主要物资集散中心。工业在马来西亚北部居首位。槟城港装备齐全，可处理各类货物。

表 3–54　槟城港

港口名称（中文）	港口名称（英文）	港口代码	纬 / 经度	所在国
槟城港	PENANG	MYPEN	5.402 5°/100.347°	马来西亚

4）古晋港

古晋港（表 3–55）位于马来西亚沙捞越州西南沿海的沙捞越河下游，是沙捞越州最大的港口。古晋港，也被称为“猫城”。据说，这里是世界上唯一崇拜猫的城市。它是沙捞越州的首府和政治、经济及交通的中心，又是沙捞越地区的物资集散中心。主要工业有锯木、肥皂、成衣、制鞋及农产品加工等，并拥有世界著名的炼锑厂。

表 3–55 古晋港

港口名称（中文）	港口名称（英文）	港口代码	纬 / 经度	所在国
古晋港	KUCHING	MYKCH	1.562 610 5°/110.380 85°	马来西亚

5）新加坡港

新加坡共和国，简称新加坡，旧称新嘉坡、星洲或星岛，别称狮城，古称淡马锡。新加坡北隔柔佛海峡与马来西亚为邻，南隔新加坡海峡与印度尼西亚相望，毗邻马六甲海峡南口，国土除新加坡岛（占全国面积的 88.5%）之外，还包括周围 63 个小岛。该国在绿化和环境卫生方面效果显著，故有“花园城市”之美称。

新加坡是一个资本主义发达国家，被誉为“亚洲四小龙”之一，同时凭借着地理优势，成为亚洲重要的金融、服务和航运中心之一，其经济模式被称作为“国家资本主义”。根据 2018 年的全球金融中心指数（GFCI）排名报告，新加坡是继伦敦、纽约、中国香港之后的第四大国际金融中心。被全球化与世界级城市研究小组与网络（GaWC）评为世界一线城市。新加坡是东南亚国家联盟（ASEAN）成员国之一，也是世界贸易组织（WTO）、英联邦（The Commonwealth）、亚洲太平洋经济合作组织（APEC）成员经济体以及“全面和进步跨太平洋伙伴协定”（CPTPP）成员之一。

新加坡的经济属外贸驱动型经济，以电子、石油化工、金融、航运、服务业为主，高度依赖中、美、日、欧和周边市场，外贸总额是 GDP 的 4 倍。根据世界银行《2019 年营商环境报告》，新加坡的营商便利度全球排名第 2。良好的营商环境为新加坡成为亚洲重要的服务和航运中心奠定了坚实的基础。2020 年对外货物贸易总额约 7 232 亿美元，其中出口 3 848 亿美元，进口 3 384 亿美元。主要进口商品为电子真空管、原油、加工石油产品、办公及数据处理机零件等。主要出口商品为成品油、电子元器件、化工品和工业机械等。主要贸易伙伴为：中国、马来西亚、欧盟、印尼、美国。

2013—2020 年，中国连续 8 年成为新加坡最大贸易伙伴，新加坡连续 8 年成为中国第一大新增投资来源国。据中国海关统计，2020 年双边贸易额为 890.9 亿美元。其中：中方出口额为 575.4 亿美元；进口额为 315.5 亿美元。

新加坡港（表 3–56）位于新加坡的南部沿海，位于马来半岛南端，新加坡半岛南岸，西临马六甲海峡的东南侧，南临新加坡海峡的北侧，居太平洋及印度洋之国际海运枢纽中心，为远东地区各近洋航线必经的港口，是亚太地区最大的转口港，也是世界第 6 大港口，第 2 大集装箱港口，是世界著名邮轮母港。该港扼太平洋及印度洋之间的航运要道，战略地位十分重要。自 13 世纪开始便是国际贸易港口，目前已发展成为国际著名的转口港。

表 3–56　新加坡港

港口名称（中文）	港口名称（英文）	港口代码	纬 / 经度	所在国
新加坡港	SINGAPORE	SGSGP	1.382 288°/103.987 75°	新加坡

新加坡国际港务集团（PSA International Pte. Ltd.）是世界上第 2 大港口运营商。目前，新加坡港拥有 200 多条航线连接世界 600 多个港口，港区内拥有 7 个自由贸易区，码头泊位最大吃水深度 24.5 m。集装箱码头包括：TPT（Tanjong Pagar Terminal）、KT（Keppel Terminal）、BT（Brani Terminal）、PPT（Pasir Panjang Terminal）1~6 和两个多用途码头——PPAT（PasirPanjang Automobile Terminal）和 Sembawang Wharves，共计 66 个集装箱泊位。

据新加坡海事及港务管理局的统计，2020 年，新加坡港的集装箱吞吐量为 3 687 万 TEU，位居全球第 2；货物吞吐量约为 5.91 亿 t，跌至全球第 4。

5. 印度尼西亚线港口

1）雅加达港

雅加达港（表 3–57）位于雅加达市区北侧，是全印尼最繁忙的港口之一，是印尼著名的胡椒输出港。雅加达是印尼的首都，是全国政治、经济和文化中心，也是海陆空的交通枢纽。它还是东南亚最大城市之一，也是亚洲南部的主要航运中心之一。主要工业有造船、汽车装配、机械、建材、纺织、轮胎、化肥、食品加工和化工等。

表 3–57　雅加达港

港口名称（中文）	港口名称（英文）	港口代码	纬 / 经度	所在国
雅加达港	JAKARTA	IDJKT	–6.125 718°/106.851 25°	印尼

雅加达港目前有 4 个码头，分别为 UTC1（JICT）、UTC2、UTC3 和 NPCT1。雅加达 1 号码头（UTC1），即雅加达国际集装箱码头（JICT），位于雅加达丹戎不碌，是印尼最大的集装箱港口。由印尼国家港口集团与和记黄埔港口集团合资建造并拥有。2011 年，该港口获得了亚洲货运与供应链奖，主要贡献是提供最优质的服务和使用了现代化技术。雅加达 2 号码头（UTC2）是一个老码头，主要由 T300 码头、T3 码头和 T305 码头组成。雅加达 3 号码头（UTC3）即高珈货柜码头（KOJA–UTC3），由印尼国家港口集团与和记黄埔港口集团合作建造，由 KOJA（Kota Jaya）公司管理。NPCT1 码头区是雅加达最新的国际集装箱码头。为了满足雅加达日益增长的货运量，由印尼国营第二港口公司联合日本、新加坡合资公司开发建设，目前可以容纳 15 000 TEU 大型集装箱船舶作业。

2）丹戎不碌港

丹戎不碌港（表 3–58），又称丹戎普瑞克港，是印度尼西亚首都雅加达的外港，全国最大集装箱港。2020 年，丹戎不碌港在 Lloyd's List 发布的全球集装箱港口吞吐量排名中位居第 23。

表 3–58 丹戎不碌港

港口名称（中文）	港口名称（英文）	港口代码	纬 / 经度	所在国
丹戎不碌港	TANJUNG PRIOK	IDTPR	–6.125 718°/106.851 25°	印尼

3）巨港（巴邻旁）

巨港（表 3–59），音译“巴邻旁”，原称旧港，是印度尼西亚城市，南苏门答腊省首府，苏门答腊岛南部最大港口与贸易中心。

表 3–59 巨港

港口名称（中文）	港口名称（英文）	港口代码	纬 / 经度	所在国
巨港	PALEMBANG	IDPLM	–2.997 040 5°/104.792 85°	印尼

4）泗水（苏腊巴亚）港

泗水港（表 3–60）位于印度尼西亚爪哇岛东北沿海的泗水海峡西南侧，隔峡与马都拉岛相望，是印度尼西亚的第 2 大海港。

表 3–60 苏腊巴亚（泗水）港

港口名称（中文）	港口名称（英文）	港口代码	纬 / 经度	所在国
泗水港	SURABAYA	IDSUB	–7.207 637 5°/112.721 9°	印尼

5）丹戎佩拉港

丹戎佩拉港（表 3–61）位于爪哇岛东北岸，是泗水港的外港，临苏腊巴亚海峡。2020 年，丹戎佩拉港在 Lloyd's List 发布的全球集装箱港口吞吐量排名中位居第 48。

表 3–61 丹戎佩拉港

港口名称（中文）	港口名称（英文）	港口代码	纬 / 经度	所在国
丹戎佩拉港	TANJUNG PERAK	IDTPE	–7.207 637 5°/112.721 9°	印尼

课后任务

1. 列举东南亚地区主要港口。
2. 在地图中找出东南亚主要港口。
3. 说明新加坡港位置的重要性。

沙杰汗，你宁愿听任皇权消失，却希望使一滴爱的泪珠永存。

……爱情谢幕的一刻，也将成为永恒面颊上的一滴眼泪。

——泰戈尔

任务三　南亚地理及航线认知

任务描述

南亚是指亚洲南部喜马拉雅山脉南侧直至印度洋的大陆地区，总面积437万km^2，南北长度与东西宽度各为3 000多千米，东、西、南之间分别为孟加拉湾、阿拉伯海、印度洋。南亚北部为喜马拉雅山脉南麓的山地区，南部印度半岛为德干高原，北部山地与德干高原之间为印度河–恒河平原。南亚是印度教、佛教、耆那教、锡克教的发源地。印度、尼泊尔居民多数信奉印度教，巴基斯坦、孟加拉国、马尔代夫居民多信奉伊斯兰教。斯里兰卡、不丹居民多信奉佛教。

这块次大陆包含了世界超过20%的人口，使它成为了世上人口最多和最密集的地域，同时也是继非洲之后全球最贫穷的地区之一。由于政治及宗教上的分别，当地的政局都不太稳定。印度和巴基斯坦两国亦因为这些理由而曾多次开战。

知识讲解

一、南亚地区基本概况

1. 南亚地区主要国家

南亚共有7个国家，尼泊尔、不丹为内陆国，印度、巴基斯坦、孟加拉国为临海国，斯里兰卡、马尔代夫为岛国。此外，还有一个克什米尔地区。

南亚区域合作联盟（South Asian Association For Regional Cooperation，SAARC），简称南盟，成立于1985年12月7日，是南亚国家共同建立的互助合作组织。截至2021年8月，南盟共有8个成员国：孟加拉国、不丹、印度、马尔代夫、尼泊尔、巴基斯坦、斯里兰卡、阿富汗。

1）印度

印度，是南亚次大陆最大的国家，首都是新德里。东北部同中国、尼泊尔、不丹接壤，孟加拉国夹在东北国土之间，东部与缅甸为邻，东南部与斯里兰卡隔海相望，西北部与巴基斯坦交界。东临孟加拉湾，西濒阿拉伯海，海岸线长5 560 km。

印度是世界第二人口大国，也是金砖国家之一。印度经济产业多元化，涵盖农业、手工艺、纺织以及服务业。印度2/3人口仍然直接或间接依靠农业维生，近年来服务业增长迅速，使其成为全球软件、金融等服务业最重要的出口国，全球最大的非专利药出口国，侨汇世界第一。印度是社会财富分配极度不平衡的发展中国家，种姓制度问题较为尖锐。

近年，中印经济合作领域不断拓展。2020年，中印双边贸易额875.9亿美元：其中我国对印度出口667.3亿美元，我国自印度进口208.6亿美元，同比增长16.0%。中国对印度主要出口商品有机电产品、化工产品和贱金属及制品等。中国自印度主要进口商品有矿产品及原料和化工产品等。（资料来源：中华人民共和国外交部网站）

2）巴基斯坦

巴基斯坦首都是伊斯兰堡，前首都卡拉奇是该国最大城市。巴基斯坦位于南亚次大陆西北部，南濒阿拉伯海，东接印度，东北邻中华人民共和国，西北与阿富汗交界，西邻伊朗。海岸线长980 km。

巴基斯坦是一个发展中国家，也是世界贸易组织、伊斯兰会议组织、77国集团、不结盟运动、上海合作组织和英联邦成员国。

巴基斯坦经济以农业为主，农业产值占国内生产总值19%。工业基础薄弱，最大的工业部门是棉纺织业，棉纱产量250万t，棉布产量76.3万t，其他还有毛纺织、制糖、造纸、烟草、制革、机器制造、化肥、水泥、电力、天然气、石油等产业。

中巴两国从20世纪50年代初起就建立了贸易关系，开展了贸易业务。据中国商务部统计，2020年中巴双边贸易总额174.9亿美元。其中：中国对巴基斯坦出口153.7亿美元，自巴基斯坦进口21.2亿美元。据巴方统计，中国自2015财年起连续6年保持巴最大贸易伙伴、第1大进口来源国和第2大出口目的地。

2. 南亚地区主要资源

1）矿产资源类

印度资源丰富，有矿藏近100种。云母产量世界第一，煤和重晶石产量居世界第三。主要资源为煤、铁矿石、铝土、铬铁矿、锰矿石、锌、铜、铅、石灰石、磷酸盐、黄金、石油、天然气。此外，还有石膏、钻石及钛、钍、铀等。巴基斯坦主要矿藏储备有：天然气6 056亿m^3、石油1.84亿桶、煤1 860亿t、铁4.3亿t、铝土7 400万t，还有大量的铬矿、大理石和宝石。孟加拉国矿产资源有限。主要能源天然气已公布的储量为3 113.9亿m^3，主要分布在东北几小块地区，煤储量7.5亿t。斯里兰卡主要矿藏有石墨、宝石、钛铁、锆石、云母等。石墨、宝石、云母等已开采。尼泊尔有铜、铁、铝、锌、磷、钴、石英、硫磺、褐煤、云母、大理石、石灰石、菱镁矿、木材等均只得到少量开采。不丹有白云石、石灰石、大理石、石墨、石膏、煤、铅、铜、锌等矿藏。

2）农作物资源类

印度是世界上最大的粮食生产国之一。主要农产品有稻米、甘蔗、豆类、油籽和棉花等。巴基斯坦主要农产品有小麦、大米、棉花、甘蔗等。孟加拉国农产品主要有茶叶、稻米、小麦、甘蔗、黄麻及其制品、白糖、棉纱、豆油。其中：黄麻曾是孟加拉国的主要创汇产品。斯里兰卡以种植园经济为主，主要作物有茶叶、橡胶、椰子和稻米。尼泊尔主要种植大米、甘蔗、茶叶和烟草等农作物。不丹主要农作物有玉米、稻子、小麦、大麦、荞麦、马铃薯和小豆蔻。马尔代夫椰子生产在农业中占重要地位，约有100万棵椰子树，其他农作物有小米、玉米、香蕉和木薯。

3）森林、渔业和水力资源

印度森林67.83万km^2，覆盖率为20.64%。巴基斯坦森林覆盖率4.8%。孟加拉国森林面积约200万公顷，覆盖率约13.4%。斯里兰卡渔业、林业和水力资源丰富。尼泊尔水力资源丰富，水电蕴藏量为8 300万kW · h，约占世界水电蕴藏量2.3%。不丹水力资源丰富，水电资源蕴藏量约为3万MW · h，目前仅约1.5%得到开发利用。森林覆盖率约为70.46%。马尔代夫拥有丰富的海洋资源，有各种热带鱼类及海龟、玳瑁和珊瑚、贝壳之类的海产品。

二、南亚航线主要港口

1. 印度港口

1）孟买港

孟买港（表 3–62）分新港那瓦舍瓦港（Nhava Sheva）和老港孟买（Bombay/Mumbai）两港区。那瓦舍瓦港，也称贾瓦哈拉尔尼赫鲁港（Jawaharlal Nehru），是孟买新港新建集装箱码头，现为印度最大的集装箱港之一。但那瓦舍瓦港仅供集装箱船停靠，只有孟买老港可停靠散杂货船。据孟买港务局介绍，孟买港共有泊位 63 个，集装箱专用泊位 6 个，多用途泊位 16 个，油船泊位 1 个，散杂货泊位 3 个，重货泊位 1 个，化学品船泊位 6 个。孟买港有铁路线可通往印度内陆各地，在港口即可实现海铁换装，真可谓是印度的“上海”。2020 年，尼赫鲁港在 Lloyd’s List 发布的全球集装箱港口吞吐量排名中位居第 39。

表 3–62　孟买港

港口名称（中文）	港口名称（英文）	港口代码	纬 / 经度	所在国
孟买港	BOMBAY/MUMBAI	INNSA	18.952°/72.948°	印度

2）加尔各答港

加尔各答港（表 3–63），是印度西孟加拉邦首府，紧邻孟加拉国，仅次于孟买和德里，为印度第 3 大城市，印度第 2 大港。加尔各答距海 203 km，不是海港城市。但该港港务局却拥有两大码头系统：一个是西南方向 50 km 的霍尔迪亚港；另一个是沿河而建、众所周知的加尔各答港，因其主要出口黄麻，亦称黄麻港。

表 3–63　加尔各答港

港口名称（中文）	港口名称（英文）	港口代码	纬 / 经度	所在国
加尔各答港	KOLKATA /CALCUTTA	INCCU	22.556 28°/88.304 98°	印度

3）科钦港

科钦港（表 3–64）在喀拉拉邦。科钦港的国际集装箱中转站是印度最大的集装箱转运中心之一。科钦港有 8 个杂货码头泊位，煤炭、油船和低泊位各 2 个，集装箱、多用途及客运泊位各 1 个。码头线总长约 1 400 m，沿边可容纳吃水 9 m 船舶停靠；在河道中还有 11 个浮筒泊位，可挂靠船长 60~170 m，吃水 8.5 m 的船舶。全港近 20 个泊位，年吞吐量约 500 万 t，主要是进口石油、粮食、钢材、化肥，出口橡胶、茶叶、咖啡、胡椒、香料、水产等。

表 3–64 科钦港

港口名称（中文）	港口名称（英文）	港口代码	纬 / 经度	所在国
科钦港	COCHIN/KOCHI	INCOK	9.957 533°/76.270 15°	印度

4）维沙卡帕特南港

维沙卡帕特南港（表 3–65）在安得拉邦，濒临孟加拉湾的西侧，是印度最大的铁矿石输出港。据港务局 Visakhapatnam Port Trust 网站介绍，该港共拥有泊位 24 个，内港 18 个，外港 6 个。内港中有 1 个化肥操作泊位、2 个石油产品泊位；外港有 2 个矿石操作泊位，1 个液化天然气操作泊位。

表 3–65 维沙卡帕特南港

港口名称（中文）	港口名称（英文）	港口代码	纬 / 经度	所在国
维沙卡帕特南港	VISAKHAPATNAM	INVTZ	17.695 955°/83.287 3°	印度

5）金奈（马德拉斯）港

金奈港（表 3–66）位于孟加拉湾，现已经发展成为集集装箱、滚装车辆、工程货物等多种操作能力的大型港口，其主要出口铁矿石、皮革、棉纺织品等，主要进口小麦、原棉、机械以及钢铁、矿石等。在 2014—2015 年，金奈港集装箱的吞吐量达到 155 万 TEU。金奈港有 3 个码头，分别是 Dr. AMBEDKAR DOCK、JAWAHAR DOCK 和 BHARATHI DOCK，总泊位数量为 24 个。

表 3–66 金奈（马德拉斯）港

港口名称（中文）	港口名称（英文）	港口代码	纬 / 经度	所在国
金奈港	CHENNAI	INMAA	13.107°/80.3°	印度

6）蒙德拉港

蒙德拉港（表 3–67）是印度西岸卡奇湾北部的综合性大港，有散货船、集装箱船、液货船、滚装船、木材船码头。2020 年，蒙德拉港在 Lloyd’s List 发布的全球集装箱港口吞吐量排名中位居第 26。

表 3–67 蒙德拉港

港口名称（中文）	港口名称（英文）	港口代码	纬 / 经度	所在国
蒙德拉港	MUNDRA	INMUN	22.756 025°/69.636 455°	印度

2. 巴基斯坦港口

1）卡拉奇港

卡拉奇港（表 3–68）位于巴基斯坦南部沿海印度河三角洲的西南部，濒临阿拉伯海的北侧，是巴基斯坦的最大港口。它是全国工商业和文化中心。工业产值占全国的 40%，主要工业有造船、钢铁、机床、水泥、黄麻加工、纺织及玻璃等。2020 年，卡拉奇港在 Lloyd’s List 发布的全球集装箱港口吞吐量排名中位居第 86。

表 3–68　卡拉奇港

港口名称（中文）	港口名称（英文）	港口代码	纬 / 经度	所在国
卡拉奇港	KARACHI	PKKHI	24.827 1°/66.984 5°	巴基斯坦

2）卡西姆港

卡西姆港（表 3–69）是巴基斯坦新建海港，位于该国南部印度河三角洲西侧支叉非蒂格利河下游，西北距卡拉奇直线距离约 13 n mile，是巴基斯坦第 2 大海港，主要为卡拉奇钢厂服务，也为巴国内进出货物服务，以减轻卡拉奇港压力。卡西姆港燃煤电站项目是“中巴经济走廊”优先实施项目之一，电站工程建设于 2015 年 6 月正式开始桩基工程，工程建设期为 36 个月。2017 年 12 月底前实现首台机组发电，2018 年 6 月底两台机组进入商业运行。

表 3–69　卡西姆港

港口名称（中文）	港口名称（英文）	港口代码	纬 / 经度	所在国
卡西姆港	PORTQASIM	PKBQM	24.773 5°/67.337°	巴基斯坦

3）瓜德尔港（瓜达尔港）

瓜德尔港（表 3–70），旧译瓜达尔港，位于巴基斯坦俾路支省西南部瓜德尔城南部，为深水港，目前是巴基斯坦第 3 大港口。中国政府应穆沙拉夫总统的请求为该港口建设提供资金和技术援助。港口于 2002 年 3 月开工兴建，2008 年启用，拥有 3 个 2 万吨级泊位。2013 年 1 月 30 日，巴基斯坦政府同意将具有重要战略意义的瓜德尔港的营运控制权移交给中国公司。2013 年 2 月 18 日，瓜德尔港经营权从新加坡公司移交给中企的协议在巴基斯坦总统府签署。2015 年 9 月 11 日，中国获租瓜德尔港 133 万 m^2 土地，为期 43 年，用于在巴基斯坦建立首个经济特区。2016 年 11 月 13 日，瓜德尔港正式开港，首艘中国货船出海。2018 年 3 月开通“巴基斯坦瓜德尔中东快航”班轮航线。

表 3–70　瓜德尔港

港口名称（中文）	港口名称（英文）	港口代码	纬 / 经度	所在国
瓜德尔港	GWADAR	PKGWD	25.111 41°/62.343 035°	巴基斯坦

目前瓜德尔港有 3 个多用途泊位（每个 200 m 长）、1 个 RO–RO 设施；港口拥有 2 艘拖船（2 400 马力，1 马力 =735 W）、1 艘测量船、1 艘工作船，该港口有能力在 12.5 m 的最大水深条件下处理 50 000 载重吨的散货船。根据中巴经济走廊计划，中国海外港口控股公司将扩建瓜德尔港，在现有多用途泊位以东 3.2 km 的滨海区域新建 9 个多用途泊位。

瓜德尔港位于具有重要战略意义的波斯湾的咽喉附近，紧扼从非洲、欧洲经红海、霍尔木兹海峡、波斯湾通往东亚、太平洋地区数条海上重要航线的咽喉。瓜德尔港距离巴基斯坦最大城市卡拉奇约 533 km，距伊朗边境约 120 km，距离阿曼 380 km，是靠近波斯湾的主要石油运输通道，距全球最大的石油供应通道——霍尔木兹海峡仅约 400 km。

瓜德尔港的启用，意味着中国正努力破除“马六甲困局”，解开中国海上运输的枷锁。未来中国从中东进口的石油可在瓜德尔港登陆，通过中巴油气管道输送到中国西部，从而绕开马六甲海峡。此外，巴基斯坦位置正好在中国—伊朗油气运输路线的中间，伊朗和中国正在帮巴基斯坦打造一条联通伊朗的长约 785 km 的油气管线，届时每天伊朗可向瓜德尔港输送 2 150 万 m^3 的高压天然气。中巴经济走廊将成为名副其实的“能源走廊”。

从长远来看，中巴经济走廊的战略价值毋庸置疑，建设好瓜德尔港将给“一带一路”倡议的推进带来不可估量的示范效应。

3. 孟加拉国港口

1）吉大港

吉大港（表 3–71）位于孟加拉湾东北岸，是孟加拉国第 2 大城市以及第一大港口。铁路可直达首都达卡。孟加拉国 80% 的国际贸易及 40% 的工业产值均产生于吉大港。2020 年，吉大港在 Lloyd’s List 发布的全球集装箱港口吞吐量排名中位居第 67。自 2018 年 4 月 2 日起，孟加拉国政府决定将其英文名称 Chittagong 更改为 Chattogram，以便符合孟加拉国本土语言。

表 3–71　吉大港

港口名称（中文）	港口名称（英文）	港口代码	纬 / 经度	所在国
吉大港	CHATTOGRAM	BDCGP	22.273°/91.832°	孟加拉国

2）蒙格拉港

蒙格拉港（表 3–72）是孟加拉国第 2 大港口。

表 3–72　蒙格拉港

港口名称（中文）	港口名称（英文）	港口代码	纬 / 经度	所在国
蒙格拉港	MONGLA	BDMGL	22.500 345°/89.590 5°	孟加拉国

4. 斯里兰卡港口

1）科伦坡港

科伦坡港（表 3–73）又名科伦坡港人工港，是世界上最大的人工港口之一，也是欧亚、太平洋、印度洋地区的世界航线的重要中途港口之一。科伦坡港现有 JAYE 集装箱码头（JCT）、UNITY 集装箱码头（UCT）、South Asia Gateway 码头（SAGT）、Colombo International 集装箱码头（CICT）和 East 集装箱码头（ECT）。其中科伦坡 CICT 由中国招商局国际有限公司和斯里兰卡国家港务局合作建设。CICT 于 2014 年投入运营，使科伦坡港吞吐量增长 14%，是南亚唯一能处理超大型船舶的深水码头。2020 年，科伦坡港在 Lloyd's List 发布的全球集装箱港口吞吐量排名中位居第 24。

表 3–73　科伦坡港

港口名称（中文）	港口名称（英文）	港口代码	纬 / 经度	所在国
科伦坡港	COLOMBO	LKCMB	6.953 5°/79.846 5°	斯里兰卡

2）汉班托塔港

汉班托塔港（表 3–74），又称汉班托塔深水港，位于斯里兰卡南部省汉班托塔区首府。汉班托塔港自 2007 年起在中国的援助下开始建设，2012 年开始运营，日均船舶到港量达 300 余艘。

表 3–74　汉班托塔港

港口名称（中文）	港口名称（英文）	港口代码	纬 / 经度	所在国
汉班托塔港	HAMBANTOTA	LKHBA	6.128 309°/81.102 275°	斯里兰卡

2017 年 7 月，斯里兰卡与中国签署关于汉班托塔港的管理开发协议，中国招商局控股港口有限公司向斯里兰卡政府支付 11.2 亿美元购得汉班托塔港口 70% 的股权，并将租用该港口以及周边 1.5 万英亩（约合 60.7 km^2）土地建设工业园区，租期为 99 年。

课后任务

1. 列举南亚地区主要港口。
2. 在地图中找出南亚主要港口。
3. 分析瓜德尔港和汉班托塔港的战略地位。

鄜、延境内有石油……颇似淳漆，燃之如麻，但烟甚浓，所沾幄幕甚黑……此物后必大行于世，自余始为之。盖石油至多，生于地中无穷，不若松木有时而竭。

——宋 · 沈括《梦溪笔谈》

任务四　西亚地理及航线认知

任务描述

西亚（Western Asia）指亚洲西部，自阿富汗至土耳其，是联系亚、欧、非三大洲和沟通大西洋、印度洋的枢纽。

自古以来，西亚就是东、西方交通的要道。“丝绸之路”即是由中国西安，沿河西走廊出新疆，经巴基斯坦，再由西亚到欧洲的。西亚除西面有陆路和国际航空线连接三大洲外，沟通地中海和红海的苏伊士运河也连接了大西洋和印度洋。西北面的海峡则是黑海通往地中海的唯一出海口。南面的波斯湾是世界石油运输的主要航道，而霍尔木兹海峡、曼德海峡是海上石油运输线上的“咽喉”。因此，西亚处在联系三大洲，沟通两洋五海的现代陆海空交通枢纽地带，战略地位十分重要。

西亚不仅是亚、欧、非三洲的结合部，也是人类古代文明发祥地之一。近代史上殖民主义、帝国主义列强几经瓜分，使该地区的民族、语言、宗教及领土、边界问题都相当复杂，多年来成为两个民族之间或两个国家（集团）之间，或一国内民族之间政治动乱的导火线，再加上外来压力的插足与控制，使之更加复杂化。西亚地区一系列问题根源、发展进程、趋势都与之有关。

从海运航线角度上来看，西亚航线主要包括波斯湾航线、红海—亚丁湾航线和地中海东岸航线。传统上称为中东航线。

知识讲解

一、西亚地区基本概况

1. 西亚地区主要国家

西亚包括伊朗高原、阿拉伯半岛、美索不达米亚平原、地中海东岸区、小亚细亚半岛、西亚高原区和高加索山地区。包括的国家有伊朗、伊拉克、阿塞拜疆、格鲁吉亚、亚美尼亚、土耳其、叙利亚、约旦、以色列、巴勒斯坦、沙特阿拉伯、巴林、卡塔尔、也门、阿曼、阿拉伯联合酋长国、科威特、黎巴嫩、塞浦路斯和阿富汗共 20 国。

面积约 723.76 万 km^2（不含西奈半岛，含土耳其在欧洲的国土），约占亚洲总面积的 16%，拥有丰富的石油资源。

2. 西亚地区主要资源

西亚地区是目前世界上石油储量最丰富、产量最大和出口量最多的地区，有“世界石油宝库”的称号。西亚的石油储量约占世界石油总储量的一半以上，产量占到世界石油总产量的近 1/3，出口量占到世界出口总量的一半左右。西亚所产石油 90% 以上供出口，主要出口到美国、西欧和日本。除此之外，西亚的天然气储量也很丰富。

西亚石油和天然气主要分布在波斯湾及其沿岸地区，沙特阿拉伯、伊朗、科威特、伊拉克、阿拉伯联合酋长国和卡塔尔是重要的油气生产国。其中沙特阿拉伯原油探明储量 363.5 亿 t，占世界储量的 16%，居世界第 2 位。天然气储量 8.2 万亿 m^3，居世界第 6 位。伊朗已探明石油储量 1 580 亿桶，居世界第 4 位，天然气已探明储量 33.9 万亿 m^3，居世界第 2 位。科威特已探明的石油储量 140 亿 t，居世界第 7 位。天然气储量为 1.78 万亿 m^3，居世界第 18 位。伊拉克已探明石油储量达 1 530 亿桶，居世界第 5 位。天然气储量约 3.6 万亿 m^3，居世界第 12 位。阿联酋已探明石油储量约 150 亿 t，天然气储量 7.7 万亿 m^3，均居世界第 6 位。卡塔尔已探明石油储量为 28 亿 t，居世界第 12 位，天然气储量 25 万亿 m^3，居世界第 3 位。

除此之外，阿曼、巴林、阿塞拜疆和叙利亚的石油、天然气储量也很丰富。

西亚农业开发历史悠久，受气候影响，灌溉农业地位重要。主要粮食作物有小麦、大麦、豆类，次要有粟、稻谷等。经济作物有棉花、烟草、甜菜等。畜产品和干鲜果品主要是出口产品，如椰枣、榛子、阿月浑子、石榴、油橄榄、紫羔羊，安卡拉山羊等。耕地集中在沿海、河谷和绿洲地带，而山地、高原的草原牧场以畜牧业为主。农产品自给率低，成为世界农牧产品主要进口区之一。

二、西亚航线主要港口

1. 波斯湾航线（海湾航线）主要港口

1）阿巴斯港

阿巴斯港（表3–75）是伊朗南部港市，霍尔木兹甘省省会。其位于霍尔木兹湾北岸，扼波斯湾出口。位于伊南部霍尔木兹甘省阿巴斯市的沙希德拉吉港（Shahid Rajaee）是伊朗最大的集装箱港口，伊朗超过一半的商业贸易经由该港，其集装箱吞吐量占全国吞吐量的85%以上。2020年，受美国制裁和新冠肺炎疫情的影响，集装箱装卸数量大幅减少。

表3–75 阿巴斯港

港口名称（中文）	港口名称（英文）	港口代码	纬/经度	所在国
阿巴斯港	BANDAR ABBAS	IRBAB	27.152 955°/56.239 88°	伊朗

2）阿巴丹港

阿巴丹港（表3–76）位于伊朗西南端、阿拉伯河的阿巴丹岛北岸，东南距波斯湾53 km，西北距霍拉姆沙赫尔15 km，是伊朗石油输出的集散地，伊朗国营石油公司总部所在地，也是伊朗第5大城市和最大港口，以及世界最大炼油中心之一。

表3–76 阿巴丹港

港口名称（中文）	港口名称（英文）	港口代码	纬/经度	所在国
阿巴丹港	ABADAN	IRABD	30.336 73°/48.270 405°	伊朗

3）恰巴哈尔港（恰赫巴哈尔港）

恰巴哈尔（表3–77），又称为恰赫巴哈尔港，是位于伊朗东南部的锡斯坦—俾路支斯坦省阿拉伯海边的一个10万人口的小城，该地具有良好的水文和地理条件，处于著名的霍尔木兹海峡之外，南面是浩瀚的阿拉伯海主航道，海阔水深，可联系世界航运的咽喉亚丁湾乃至东非海岸。东临南亚的巴基斯坦（距离巴基斯坦边境不到80 km），向西是全球油气中心的波斯湾沿岸地区，向北则通向同样有丰富油气资源的中亚国家，而在恰巴哈尔的背后是伊朗富产矿物的内陆地区，地理交通位置极其重要。伊朗从2009年开始对恰巴哈尔开展了大规模的基础设施建设和投入。2014年伊朗政府正式决定在恰巴哈尔港区规划建设伊朗国内第3大石化工业中心。目前，中国、印度等国对该港都有投资。日本、德国、奥地利的企业也有意在恰巴哈尔扩大投资，建立合资企业，作为进军中亚市场的基地。

表 3–77 恰巴哈尔港

港口名称（中文）	港口名称（英文）	港口代码	纬 / 经度	所在国
恰巴哈尔港	CHABAHAR	IRZBR	25.317 49°/60.605 475°	伊朗

4）哈尔克岛港

哈尔克岛港（表 3–78）是伊朗的原油输出中心、最大油港和世界上最大石油输出港之一。

表 3–78 哈尔克岛港

港口名称（中文）	港口名称（英文）	港口代码	纬 / 经度	所在国
哈尔克岛港	KHARK	IRKHK	29.239 77°/50.314 3°	伊朗

5）巴士拉港

巴士拉港（表 3–79）是伊拉克河港和交通枢纽，也是伊拉克最大的石油、椰枣输出港。港口在两伊战争和 1990 年伊拉克入侵科威特后受到严重破坏，特别是河道淤塞，所以现主要使用和建设其南部的乌姆盖斯尔港（UMM QASAR，代码：IQUMQ）。乌姆盖斯尔港亦称为乌姆卡斯尔港，位于该国第 2 大城巴士拉之南约 50 km 的伊科边境，祖拜尔湾西岸，目前是伊拉克最大的对外贸易货运港，也是与阿拉伯湾中唯一相邻的港口，毗邻科威特边境。港口由 23 个营运泊位和 3 个在建泊位组成，分为北部港和南部港。北部港由乌姆盖斯尔港物流中心、巴士拉港码头（Basra Gateway Terminal，BGT）、巴士拉多用途码头（BMT）和伊拉克集装箱码头四部分组成。其中，巴士拉港码头由菲律宾最大码头运营商菲律宾国际集装箱码头服务公司（International Container Terminal Services Inc，ICTSI）运营。2017 年 10 月，ICTSI 签署了巴士拉码头二期扩建协议。南部港是伊拉克唯一的深水港口，该港口只提供集装箱保税仓储。

表 3–79 巴士拉港

港口名称（中文）	港口名称（英文）	港口代码	纬 / 经度	所在国
巴士拉港	BASRAH	IQBSR	30.543 25°/47.803 25°	伊拉克

6）法奥港

法奥港（表 3–80）位于伊拉克南端，波斯湾北端，靠近阿拉伯河口，是伊拉克通往波斯湾的咽喉。目前是伊拉克南部最大的石油输出港。

表 3–80 法奥港

港口名称（中文）	港口名称（英文）	港口代码	纬 / 经度	所在国
法奥港	FAO	IQFAO	29°55'0"/48°31'0"	伊拉克

7）科威特港

科威特港（表 3–81）位于科威特东部沿海科威特湾的进口南岸，濒临波斯湾的西北侧，是科威特的主要港口之一。

表 3–81　科威特港

港口名称（中文）	港口名称（英文）	港口代码	纬 / 经度	所在国
科威特港	KUWAIT PORT	KWKWI	29.366 3°/48.001 725°	科威特

8）米纳艾哈迈迪港

米纳艾哈迈迪港（表 3–82）临近世界第二大油田——布尔甘油田，是科威特最大的石油输出港。

表 3–82　米纳艾哈迈迪港

港口名称（中文）	港口名称（英文）	港口代码	纬 / 经度	所在国
米纳艾哈迈迪港	MINA AL AHMADI	KWMEA	29.066 295°/48.163 475°	科威特

9）达曼港

达曼港（表 3–83）位于沙特阿拉伯的东部省，是沙特石油工业的重要中心，是沙特波斯湾沿岸最大的港口。2020 年，达曼港在 Lloyd’s List 发布的全球集装箱港口吞吐量排名中位居第 93。

表 3–83　达曼港

港口名称（中文）	港口名称（英文）	港口代码	纬 / 经度	所在国
达曼港	DAMMAM	SADMM	26.441°/50.148 5°	沙特

10）拉斯坦努拉（腊斯塔努腊）港

拉斯坦努拉港（表 3–84）位于该国东海岸的塔努拉角及外海，西南邻世界上最大的加瓦尔大油田，是沙特最大的石油输出港，也是世界上最大的石油运输港口。

表 3–84　拉斯坦努拉港

港口名称（中文）	港口名称（英文）	港口代码	纬 / 经度	所在国
拉斯坦努拉港	RAS TANURA	SARTA	26.672 555°/50.121 9°	沙特

11）多哈港

多哈港（表 3–85）是卡塔尔最大的海港。

表 3–85　多哈港

港口名称（中文）	港口名称（英文）	港口代码	纬 / 经度	所在国
多哈港	DOHA	QADOH	25.305°/51.552°	卡塔尔

12）迪拜港

迪拜港（表 3–86）又名拉希德港（MINA RASHID），位于阿联酋东北沿海，濒临波斯湾的南侧，并与 20 世纪新建的米纳杰贝阿里港（MINA JEBEL ALI）同属迪拜港务局管辖。它是阿联酋最大的港口，也是中东地区最大的自由贸易港，尤以转口贸易发达而著称。它是海湾地区的修船中心，拥有名列前茅的百万吨级的干船坞。迪拜港也是世界著名的邮轮港。2020 年，迪拜港集装箱吞吐量为 1 349 万 TEU，在 Lloyd's List 发布的全球集装箱港口吞吐量排名中位居第 11。

表 3–86　迪拜港

港口名称（中文）	港口名称（英文）	港口代码	纬 / 经度	所在国
迪拜港	DUBAI	AEDXB	25.277 54°/55.293 775°	阿联酋

13）杰贝阿里港

杰贝阿里港（表 3–87）是阿联酋迪拜的深水海港，同时也是世界上最大的人造港口和中东地区最繁忙的港口。杰贝阿里港已经成为美国海军最常见的停泊港口。2014 年迪拜杰贝阿里港蝉联最具效率的港口，在全球 771 个港口中排名第一。杰贝阿里自由区（JAFZA）位于迪拜市西南 50 km 处，总面积达 48 km^2，是阿联酋最大的自由区，也是中东地区最大的自由区。自由区于 1985 年由迪拜政府发起建立，是全球第一个通过 ISO 9000 国际认证的自由区。目前，杰贝阿里自由区已成为阿联酋最受欢迎的投资目的地之一。

表 3–87　杰贝阿里港

港口名称（中文）	港口名称（英文）	港口代码	纬 / 经度	所在国
杰贝阿里港	JEBEL ALI	AEJEA	25.003 28°/55.052 065°	阿联酋

14）豪尔费坎港

豪尔费坎港（表 3–88）属于沙迦酋长国，位于阿拉伯联合酋长国东海岸的阿曼湾。

表 3–88　豪尔费坎港

港口名称（中文）	港口名称（英文）	港口代码	纬 / 经度	所在国
豪尔费坎港	KHOR FAKKAN	AEKLF	25.357 835°/56.365 44°	阿联酋

15）阿布扎比港

阿布扎比港（表 3–89）位于阿联酋中部沿海的一个小岛上，有桥梁和海堤与陆地相连。2016 年 9 月，中远海运港口有限公司旗下中远海运阿布扎比公司与阿联酋阿布扎比港务局签署特许权协议，双方共同合资经营阿布扎比哈里发港二期集装箱码头，中远海运阿布扎比公司拥有合营公司的控制性股权。阿布扎比码头是中远海运港口有限公司第一个控股的海外绿地项目，码头操作为半自动化，水深 16.5 m，可容纳超过 2 万 TEU 的大型船舶。码头年设计能力为 250 万 TEU，年处理能力为 150 万 TEU，于 2019 年开始运营。2018 年 12 月 10 日，阿布扎比哈里发港二期集装箱码头开港仪式举行，标志着中国和阿联酋“一带一路”倡议合作跃上新台阶。

表 3–89　阿布扎比港

港口名称（中文）	港口名称（英文）	港口代码	纬 / 经度	所在国
阿布扎比港	ABU DHABI	AEAUH	24.482 1°/54.502 135°	阿联酋

2021 年 7 月，中远海运港口阿布扎比码头（CSP Abu Dhabi Terminal）实施无人集卡项目，使用无人驾驶运力串联起这座中东大型现代化堆场自动化码头，将其融入中远海运海外第一个半自动化绿地码头的生产运营各环节。它成功开启了中东地区码头无人集卡实践。这为后疫情时代，码头一线生产作业普遍出现的招工难问题提供了一种解决方案。

2020 年，阿布扎比港在 Lloyd’s List 发布的全球集装箱港口吞吐量排名中位居第 56。

2. 红海—亚丁湾航线主要港口

1）塞拉莱港

塞拉莱港（表 3–90）位于阿曼南部佐法尔省首府萨拉拉，是阿曼最大的集装箱港口。2020 年，塞拉莱港在 Lloyd’s List 发布的全球集装箱港口吞吐量排名中位居第 43。

表 3–90　塞拉莱港

港口名称（中文）	港口名称（英文）	港口代码	纬 / 经度	所在国
塞拉莱港	SALALAH	OMSLL	16.953 125°/54.004 35°	阿曼

2）亚丁港

亚丁港（表 3–91）位于也门西南沿海亚丁湾的西北岸，扼红海与印度洋的出入口，是欧洲、红海至亚洲、太平洋之间的交通要冲，地理位置非常重要。它也是也门的最大海港，并有世界第 2 大加油港之称，又是一个主要从事转口贸易的港口。

表 3–91　亚丁港

港口名称（中文）	港口名称（英文）	港口代码	纬 / 经度	所在国
亚丁港	ADEN	YDADE	12.791 13°/44.962 92°	也门

3）吉达港

吉达港（表 3–92）位于沙特阿拉伯西海岸中部，濒临红海的东侧，是沙特阿拉伯的最大集装箱港，同时也是西亚第 2 大集装箱港，又是圣城麦加（MECCA）的海上出入门户，相距约 70 km。早在 17 世纪起作为朝圣者的集散港而兴盛起来。现为全国的金融和商业中心。吉达港分为南港和北港，南港是主要港区，由迪拜世界港口公司运营，是沙特阿拉伯目前最大的私有化港口。北港由吉达港最大的码头运营商红海门户码头（RSGT）公司管理，有 14 个泊位。2020 年，吉达港在 Lloyd's List 发布的全球集装箱港口吞吐量排名中位居第 37。

表 3–92 吉达港

港口名称（中文）	港口名称（英文）	港口代码	纬 / 经度	所在国
吉达港	JEDDAH/JIDDAH	SAJED	21.481 82°/39.147 125°	沙特

4）阿卜杜拉国王港

阿卜杜拉国王港（表 3–93）是沙特阿拉伯最新的港口，占地 17.4 km^2，位于第二大城市吉达以北 90 km 处。它是一个具有高度战略位置的全方位服务的商业港口。港口将通过最先进的计算机系统和经验丰富的员工提供世界一流的服务。该港设有集装箱码头（水深 18 m），滚装货码头和散货、农用散货和杂货码头。2020 年，阿卜杜拉国王港在 Lloyd's List 发布的全球集装箱港口吞吐量排名中位居第 84。

表 3–93 阿卜杜拉国王港

港口名称（中文）	港口名称（英文）	港口代码	纬 / 经度	所在国
阿卜杜拉国王港	KING ABDULLAH	SAKAC	22.524 77°/39.094 16°	沙特

5）亚喀巴港

亚喀巴港（表 3–94）是约旦唯一的港口，它位于约旦国土最南端，红海亚喀巴湾的最北端，毗邻以色列埃拉特港。

表 3–94 亚喀巴港

港口名称（中文）	港口名称（英文）	港口代码	纬 / 经度	所在国
亚喀巴港	AQABA	JOAQJ	29.519 875°/34.992 79°	约旦

3. 地中海东岸航线主要港口

1）海法港

海法港（表 3–95）位于以色列西部沿海北端海法湾南岸进口处，濒临地中海的东侧，是以色列的最大港口，第 2 大集装箱港口。它是以色列北部的交通和工业中心，地中海沿岸的铁路枢纽。与特拉维夫 – 雅法（TEL AVIV–YAFO）、耶路撒冷（JERUSALEM）之间均有高速公路相连。主要工业有炼油、造船、汽车装配、军火、化肥、橡胶制品、塑料、电缆、建材、水泥、纺织及食品等。

表 3–95 海法港

港口名称（中文）	港口名称（英文）	港口代码	纬 / 经度	所在国
海法港	HAIFA	ILHFA	32.833 165°/35.003 91°	以色列

2）阿什杜德港

阿什杜德港（表 3–96）是以色列西岸港市，位于特拉维夫 – 雅法以南不远，是新建人工港，是以色列第 2 大港、第 1 大集装箱港。

表 3–96 阿什杜德港

港口名称（中文）	港口名称（英文）	港口代码	纬 / 经度	所在国
阿什杜德港	ASHDOD	ILASH	31.830 485°/34.642 72°	以色列

3）贝鲁特港

贝鲁特港（表 3–97）位于黎巴嫩西海岸中部，濒临地中海东侧，北距叙利亚 50 n mile，是黎巴嫩的最大港口。它是黎巴嫩的首都和全国政治、经济、文化及宗教中心。2020 年 8 月 4 日，黎巴嫩首都贝鲁特港口区发生巨大爆炸，爆炸接连发生 2 次，造成大量人员伤亡。

表 3–97 贝鲁特港

港口名称（中文）	港口名称（英文）	港口代码	纬 / 经度	所在国
贝鲁特港	BEIRUT	LBBEY	33.907 21°/35.525 425°	黎巴嫩

4）的黎波里港

的黎波里港（表 3–98）是黎巴嫩第 2 大港口，位于黎巴嫩西北部地中海东岸，又名“塔拉布卢斯”。

表 3–98 的黎波里港

港口名称（中文）	港口名称（英文）	港口代码	纬 / 经度	所在国
的黎波里港	TRIPOLI	LBKYE	34.468 695°/35.815 43°	黎巴嫩

5）拉塔基亚港

拉塔基亚港（表 3–99）位于叙利亚西北沿海凯比尔河口西岸，濒临地中海的东北侧，是叙利亚的最大港口。

表 3–99 拉塔基亚港

港口名称（中文）	港口名称（英文）	港口代码	纬 / 经度	所在国
拉塔基亚港	LATTAKIA	SYLTK	35.531 865°/35.754 835°	叙利亚

6）利马索尔（莱梅索斯）或累梅索尔港

利马索尔港（表 3–100）位于塞浦路斯南部沿海，阿克罗蒂里湾西北岸，濒临地中海的东北侧，又称累梅索斯（LEMES SOS），是塞浦路斯最大的港口，东地中海的货物中转中心。

表 3–100　利马索尔港

港口名称（中文）	港口名称（英文）	港口代码	纬 / 经度	所在国
利马索尔港	LIMASSOL	CYLMS	34.658 41°/33.027 1°	塞浦路斯

7）梅尔辛（伊切尔）港

梅尔辛港（表 3–101）位于土耳其南部沿海梅尔辛湾的北岸，濒临地中海的东北侧，是土耳其南部的最大港口。2020 年，梅尔辛港在 Lloyd’s List 发布的全球集装箱港口吞吐量排名中位居第 90。

表 3–101　梅尔辛港

港口名称（中文）	港口名称（英文）	港口代码	纬 / 经度	所在国
梅尔辛港	MERSIN	MEMER	36.797 45°/34.651 17°	土耳其

课后任务

1. 列举西亚地区主要港口。
2. 在地图中标记出西亚主要港口位置。
3. 试分析杰贝阿里港的区位优势。
4. 说明新冠肺炎疫情及美国封锁对伊朗各港口吞吐量的影响。

项目四

认识大洋洲航线

放棹大洋中，四见沧海色。

——清·洪繻《舟泛大海作》

任务一　澳新地区地理及航线认知

任务描述

大洋洲（Oceania），陆地总面积约 897 万 km^2，约占世界陆地总面积的 6%，是世界上最小的一个大洲，除南极洲外，是世界上人口最少的一个大洲，位于太平洋中部和中南部的赤道南北广大海域中，在亚洲和南极洲之间，西邻印度洋，东临太平洋，并与南北美洲遥遥相对。大洋洲跨南北两半球，从南纬 47° 到北纬 30°，横跨东西半球，从东经 110° 到西经 160°，东西距离 1 万多千米，南北距离 8 000 多千米。

大洋洲有 14 个主权国家，其余 10 个地区尚在美、英、法等国的管辖之下，各国经济发展水平差异显著，澳大利亚和新西兰经济发达，其他岛国多为农业国，经济比较落后。工业主要集中在澳大利亚，其次是新西兰。在地理上划分为澳大利亚、巴布亚新几内亚、新西兰、美拉尼西亚、密克罗尼西亚和波利尼西亚六区。海运航线包括澳新航线和南太平洋诸岛航线。

知识讲解

一、澳新地区地理概况

1. 澳大利亚基本概况

澳大利亚领土面积为 769.2 万 km^2，位于南太平洋和印度洋之间，由澳大利亚大陆、塔斯马尼亚岛等岛屿和海外领土组成。东濒太平洋的珊瑚海和塔斯曼海，北、西、南三面临印度洋及其边缘海。海岸线长 36 735 km。它是世界上唯一国土覆盖一整个大陆的国家，拥有很多独特的动植物和自然景观，是一个奉行多元文化的移民国家。

澳大利亚是一个高度发达的资本主义国家，首都为堪培拉。作为南半球经济最发达的国家和全球第 12 大经济体、全球第 4 大农产品出口国，其也是多种矿产出口量全球第一的国家，因此被称作“坐在矿车上的国家”。同时，澳大利亚也是世界上放养绵羊数量和出口羊毛最多的国家，也被称为“骑在羊背的国家”。澳大利亚人口高度都市化，近一半国民居住在悉尼和墨尔本两大城市，全国多个城市曾被评为世界上最适宜居住的地方之一。其也是一个体育强国，常年举办全球多项体育盛事。澳大利亚积极参与国际事务，是亚太经合组织的创始成员，也是联合国、20 国集团、英联邦、太平洋安全保障条约、RCEP、经济合作与发展组织及太平洋岛国论坛的成员。

澳大利亚工业以制造业、建筑业和矿业为主，农牧业发达，在国民经济中占有重要地位，是世界上最大的羊毛和牛肉出口国。服务业为经济最重要和发展最快的部分，旅游业也是其经济重要组成部分。2020 年，因受新冠肺炎疫情影响，赴澳外国游客为 180 万人次，同比下降 80.7%，创 1987 年以来最低纪录。

近年来，随着国际大宗商品价格下降，澳大利亚矿业繁荣消退，公共财政压力上升，经济增长有所放缓。受新冠肺炎疫情和山火灾害影响，2019/2020 财年经济出现负增长。但澳大利亚金融体系稳健，监管严格，宏观经济政策调整空间大，在国际金融危机中表现好于其他西方国家。

澳大利亚对国际贸易依赖较大，主要贸易伙伴依次为中国、日本、美国、韩国、新加坡、新西兰、英国、印度、马来西亚、泰国、德国等。近年来商品和服务贸易进出口情况如表 4–1 所示。

表 4–1　近年来澳大利亚进出口情况

亿澳元

年份	2016/2017	2017/2018	2018/2019	2019/2020
出口额	3 732	4 032	4 702	4 752
进口额	3 622	3 954	4 214	3 979
逆顺差	110	78	488	773

资料来源：中华人民共和国外交部

据中方统计，2020 年中澳双边贸易额 1 683.2 亿美元。其中：中国对澳大利亚出口额 534.8 亿美元，从澳大利亚进口额 1 148.4 亿美元。澳大利亚是中国第 8 大贸易伙伴。

中国为澳大利亚第 1 大贸易伙伴、出口市场和进口来源地。

澳大利亚的矿产资源、石油和天然气都很丰富，矿产资源至少有 70 余种，其中铅、镍、银、铀、锌、钽的探明经济储量居世界首位。澳大利亚是世界上最大的锂、锆生产国，黄金、铁矿石、煤、锂、锰矿石、镍、银、铀、锌的产量也居世界前列。澳大利亚还是世界最大的烟煤、铝矾土、钻石、锌精矿出口国，第 2 大氧化铝、铁矿石、铀矿出口国，第 3 大铝和黄金出口国。已探明的有经济开采价值的矿产蕴藏量为：铝矾土约 53 亿 t，铁矿砂 146 亿 t，黑煤 403 亿 t，褐煤 300 亿 t，铅 2 290 万 t，镍 2 260 万 t，银 4.14 万 t，钽 40 835 t，锌 4 100 万 t，黄金 5 570 t。原油储量 2 270 亿升，天然气储量 2.2 万亿 m^3。森林覆盖率 21%，天然森林面积约 1.63 亿公顷（2/3 为桉树）。渔业资源丰富，捕鱼区面积比国土面积多 16%，是世界上第 3 大捕鱼区，有 3 000 多种海水和淡水鱼以及 3 000 多种甲壳及软体类水产品，其中已进行商业捕捞的约 600 种。最主要的水产品有对虾、龙虾、鲍鱼、金枪鱼、扇贝、牡蛎等。

2020—2021 年度全球矿业公司市值前 30 强排行榜见表 4–2。

表 4–2 2020—2021 年度全球矿业公司市值前 30 强排行榜

2021 年排名	2020 年排名	公司名称	所属国家	主要品种
1	1	必和必拓（BHP Billiton Limited）	澳大利亚 / 英国	多矿种
2	2	力拓（Rio Tinto Limited）	澳大利亚 / 英国	多矿种
3	3	淡水河谷（Vale S.A.）	巴西	多矿种
4	10	FMG 集团（Fortescue Metals Group Limited）	澳大利亚	铁矿石
5	4	中国神华能源集团有限公司（China Shenhua Energy Company Limited）	中国	煤炭
6	5	诺里尔斯克镍业（MMC Norilsk Nickel）	俄罗斯	镍
7	7	纽蒙特矿业（Newmont Mining Corporation）	美国	金
8	6	嘉能可（Glencore Plc.）	瑞士	多矿种
9	8	英美资源（Anglo American Plc.）	英国 / 南非	多矿种
10	9	巴里克黄金（Barrick Gold Corporation）	加拿大	金
11	12	自由港迈克墨伦铜金矿（Freeport–McMoRan Inc.）	美国	铜
12	15	紫金矿业集团股份有限公司	中国	多矿种
13	11	墨西哥集团（Grupo Mexico S.A.B. de C.V.）	墨西哥	铜

（续表）

2021 年排名	2020 年排名	公司名称	所属国家	主要品种
14	16	极地黄金（Polyus Gold International Limited）	俄罗斯	金
15	20	洛阳栾川钼业集团股份有限公司	中国	多矿种
16	23	安托法加斯塔矿业公司（Antofagasta Plc.）	英国	铜
17	17	Agnico-Eagle Mines Limited	加拿大	金
18	14	纽克雷斯特矿业（Newcrest Mining Limited）	澳大利亚	金
19	19	山东黄金矿业有限公司	中国	金
20	21	陕西煤业股份有限责任公司	中国	煤炭
21	22	印度斯坦锌业公司（Hindustan Zinc Limited）	印度	锌
22	18	沙特阿拉伯矿业（Saudi Arabian Mining Company）	沙特阿拉伯	多矿种
23	34	第一量子矿业（First Quantum Minerals）	加拿大	铜
24	36	Sibanye Stillwater Limited	南非	铂族金属 & 金
25	13	印度煤炭公司（Coal India Limited）	印度	煤炭
26	38	弗雷斯尼洛公司（Fresnillo Plc.）	墨西哥	多矿种
27	27	Kirkland Lake GoldLimited	加拿大	金
28	33	Polymetal International Plc.	俄罗斯 / 英国	金
29	31	Impala Platinum HoldingsLimited	南非	铂族金属
30	NEW	KGHM PolskaMiedz S.A.	波兰	铜

资料来源：普华永道澳大利亚《全球矿业报告 2021》(《Mine 2021》)

澳大利亚被称为“世界活化石博物馆”。据统计，澳大利亚有植物 1.2 万种，其中有 9 000 种是澳大利亚特有的；有鸟类 650 种，其中 450 种是澳大利亚特有的。全球的有袋类动物，除南美洲外，大部分都分布在澳大利亚。澳大利亚由于环境稳定，所以特有地球演化过程中保留下来的古老生物种类，它们成为人类研究地球演化历史的活化石。近几十年来外来物种通过不同途径进入澳大利亚，对本地生态环境造成不同程度的影响。鸸鹋、树袋熊、鸭嘴兽、袋鼠、矮袋鼠、袋熊、兔耳袋狸、针鼹、澳洲野犬、黑肩鸢等都是澳大利亚独有的动物。

2. 新西兰基本概况

新西兰（New Zealand），位于太平洋西南部，领土由南岛、北岛两大岛屿组成，以库克海峡分隔，南岛邻近南极洲，北岛与斐济及汤加相望。海岸线长约 1.5 万 km。首都惠灵顿以及最大城市奥克兰均位于北岛。新西兰是大洋洲最美丽的国家之一，总计约有 30% 的国土为保护区。拥有 3 项世界遗产、14 个国家公园、3 座海洋公园、数百座自然保护区和生态区。

新西兰是一个高度发达的资本主义国家。世界银行将新西兰列为世界上最方便营商的国家之一，其经济成功地从以农业为主，转型为具有国际竞争力的工业化自由市场经济。羊肉、奶制品、粗羊毛出口量居世界第一位，羊毛出口量居世界第 3 位。

新西兰农业高度机械化，主要农作物有小麦、大麦、燕麦、水果等。粮食不能自给，需从澳大利亚进口。2020 年，乳制品出口额为 165 亿新元，肉产品出口额为 83 亿新元，水果出口额为 42.5 亿新元。新西兰的矿藏主要有煤、金、铁矿、天然气，还有银、锰、钨、磷酸盐、石油等，但储量不大。新西兰的森林资源丰富，森林面积 810 万公顷，占全国土地面积的 30%，其中 630 万公顷为天然林，180 万公顷为人造林，主要产品有原木、圆木、木浆、纸及木板等。渔产丰富，拥有世界第四大专属经济区。2020 年，渔业产品出口总额为 16.8 亿新元。

新西兰严重依赖外贸。2020 年，新西兰货物贸易外贸总额为 1 187 亿新元，其中：出口额 602 亿新元，进口额 585 亿新元。

中国是新西兰第一大货物贸易伙伴、出口市场和进口来源地。中国对新出口主要商品为服装和机电产品，自新进口主要商品为乳制品、木产品、肉类等。据中方统计，2020 年双边货物贸易额为 181.2 亿美元，其中：中方出口 60.6 亿美元，进口 120.6 亿美元。（资料来源：中华人民共和国外交部网站）

二、澳新航线主要港口

1. 澳大利亚航线主要港口

1）达尔文港

达尔文港（表 4–3）是位于澳大利亚西北海岸的商港。达尔文是澳大利亚土著族居民最集中的城市，还有很大一部分居民是从东南亚和东亚移居的移民，所以达尔文港被称为是“澳大利亚多元文化的首府”，由于它距离亚洲最近，所以是重要的出口港口。达尔文港也是澳大利亚重要的军事基地和北部海岸巡逻艇的基地。美国在此亦设有海军基地。2015 年 11 月，中国岚桥集团以 5.06 亿澳元收购了达尔文港 99 年经营权。

表 4–3 达尔文港

港口名称（中文）	港口名称（英文）	港口代码	纬 / 经度	所在国
达尔文港	DARWIN	AUDRW	–12.483°/130.84°	澳大利亚

2）黑德兰港

黑德兰港（表 4–4）是澳大利亚西澳大利亚州西北部印度洋岸港口，澳大利亚最大的铁矿石输出港。2020 年，黑德兰港完成货物吞吐量 5.47 亿公吨，位居全球第 8，是世界最大的铁矿石装货港。

表 4–4 黑德兰港

港口名称（中文）	港口名称（英文）	港口代码	纬 / 经度	所在国
黑德兰港	HEDLAND	AUPHE	–20.316 5°/118.576°	澳大利亚

3）弗里曼特尔港

弗里曼特尔港（表 4–5），也称为弗利曼图港，位于西南部西澳大利亚州西南海岸的斯旺河口，濒临印度洋的东侧，是珀斯（PERTH）的外港，处理散货港口，包括粮食、石油、液化石油气、氧化铝、矿砂、化肥、硫磺等大宗商品，是西澳最大和最繁忙的货运港口。

表 4–5 弗里曼特尔港

港口名称（中文）	港口名称（英文）	港口代码	纬 / 经度	所在国
弗里曼特尔港	FREMANTLE	AUFRE	–32.053°/115.742°	澳大利亚

4）布里斯班港

布里斯班港（表 4–6）位于澳大利亚东海岸中部昆士兰州东南部的布里斯班河口，是昆士兰州的最大海港，是澳大利亚的第 3 大城市，也是澳大利亚第 3 大集装箱港口及澳大利亚发展最快的集装箱港口之一。港口拥有 29 个运营泊位，码头长度超过 8 200 m，集装箱泊位集中在 01~12 号泊位。其中，2013 年建成的布里斯班集装箱码头（Brisbane Container Terminal）是澳大利亚最早的半自动化码头。2014 年完全建成的布里斯班港帕特里特码头（Patrick Terminal）则拥有 08、09、10 号 3 个集装箱泊位，是澳大利亚首个自动化码头，也是世界上第 3 个自动化集装箱码头（澳大利亚自动化码头见表 4–7）。2018 年，布里斯班港的集装箱吞吐量为 134 万 TEU。

表 4–6 布里斯班港

港口名称（中文）	港口名称（英文）	港口代码	纬 / 经度	所在国
布里斯班港	BRISBANE	AUBNE	–27.418 07°/153.095 55°	澳大利亚

表 4–7 澳大利亚自动化码头

序号	码头名称	所在地	建成年份	自动化程度
1	布里斯班集装箱码头	布里斯班	2013	半自动化
2	悉尼国际集装箱码头	悉尼	2013	半自动化
3	帕特里克码头	布里斯班	2014	全自动化
4	维多利亚国际集装箱码头	墨尔本	2017	全自动化

5）纽卡斯尔港

纽卡斯尔港（表 4–8）位于澳大利亚地处新南威尔士洲东海岸，是澳大利亚历史最悠久的港口。目前是世界上最大的煤炭出口港口，澳大利亚第 2 大港口，也是澳大利亚最大的现代化煤炭港口和三大钢铁工业中心之一。2014 年，中国招商局集团联合澳大利亚黑斯廷斯基金管理公司以 17.5 亿澳元获得纽卡斯尔港运营权，租期 98 年。

表 4–8 纽卡斯尔港

港口名称（中文）	港口名称（英文）	港口代码	纬 / 经度	所在国
纽卡斯尔港	NEWCASTLE	AUNTL	–32.9°/151.763 75°	澳大利亚

6）悉尼港

悉尼港（表 4–9）又名“杰克逊港”，位于澳大利亚新南威尔士州悉尼市，东临南太平洋，西接帕拉玛塔河，是一个天然良港，是澳大利亚最大的港口。港口主要的集装箱贸易集中在波特尼港区（Port Botany）。2013 年 4 月，新南威尔士港务局与港口公司签订了为期 99 年的合约，用以租借波特尼港、肯布拉港等。新南威尔士港务局经营管理的港口码头通常情况以悉尼港进行统称。其中，悉尼国际集装箱码头（SICTL Terminal）就处于波特尼港的前沿，拥有 01~05 号 5 个集装箱码头泊位，码头采用“岸桥 + 跨运车 + 自动化轨道吊”的作业工艺，是一种半自动化码头。2020 年，悉尼港在 Lloyd’s List 发布的全球集装箱港口吞吐量排名中位居第 78。

表 4–9 悉尼港

港口名称（中文）	港口名称（英文）	港口代码	纬 / 经度	所在国
悉尼港	SYDNEY	AUSYD	–33.851 505°/151.198 85°	澳大利亚

7）墨尔本港

墨尔本港（表 4–10）位于澳大利亚东南部维多利亚州南部沿海的亚拉河口的墨尔本市，在菲利普港湾北侧的霍布森斯湾内，是澳大利亚最大的现代化港口，也是澳大利亚东南地区羊毛、肉类、水果及谷物的输出港，是重要的国际贸易港口。墨尔本港是澳大利亚第 2 大城市，是维多利亚州的首府，也是澳大利亚的工业重镇。墨尔本港的主要港区分布在菲利普湾入口处，被海岸线包围，港口为大多数货物提供运输设施，是巴斯海峡和塔斯马尼亚的重要交通枢纽。港口拥有 4 个国际集装箱码头和 41 个运营泊位，其中包括 2 个现代化专用泊位。维多利亚国际集装箱码头（VIC Terminal）位于墨尔本港韦伯码头东部，拥有 01~05 共 5 个集装箱泊位（03 号泊位未使用），是澳大利亚首个全自动化集装箱码头。2020 年，墨尔本港在 Lloyd's List 发布的全球集装箱港口吞吐量排名中位居第 63。

表 4–10　墨尔本港

港口名称（中文）	港口名称（英文）	港口代码	纬 / 经度	所在国
墨尔本港	MELBOURNE	AUMEL	–37.838 785°/144.937 05°	澳大利亚

8）阿德莱德港

阿德莱德港（表 4–11）位于南澳大利亚，圣文森特湾东岸，港市西北郊—岬角的西北端（外港）和岬角的东南（内港），临南印度洋，是南澳大利亚的矿石和农产品出口港。

表 4–11　阿德莱德港

港口名称（中文）	港口名称（英文）	港口代码	纬 / 经度	所在国
阿德莱德港	ADELAIDE	AUADL	–34.806 84°/138.508 2°	澳大利亚

2. 新西兰航线主要港口

1）奥克兰港

奥克兰港（表 4–12）也被称为怀特玛塔港（Waitemata Harbour），是新西兰的最大港口，创建于 1985 年。奥克兰港的码头集中在市区海边，紧挨着繁华的商业中心，分为客运码头、汽车滚装码头、散杂货码头和集装箱码头 4 个部分。

表 4–12　奥克兰港

港口名称（中文）	港口名称（英文）	港口代码	纬 / 经度	所在国
奥克兰港	AUCKLAND	NZAKL	–36.841 91°/174.773 15°	新西兰

2）惠灵顿港

惠灵顿港（表 4–13）位于新西兰的首都惠灵顿，是本国沿海和岛际航运中心，战略地位重要，也是全国政治、工业、文化中心，为新西兰第二大港。

表 4–13　惠灵顿港

港口名称（中文）	港口名称（英文）	港口代码	纬 / 经度	所在国
惠灵顿港	WELLINGTON	NZWLG	–41.272 35°/174.839°	新西兰

3）陶朗加港

陶朗加港（表 4–14）位于新西兰北岛东北海岸普伦蒂湾西南，港市之东北，临太平洋，是奥克兰和惠灵顿之间唯一的天然港口。

表 4–14　陶朗加港

港口名称（中文）	港口名称（英文）	港口代码	纬 / 经度	所在国
陶朗加港	TAURANGA	NZTRG	–37.657°/176.172 2°	新西兰

课后任务

1. 列举澳新航线主要港口。
2. 在地图中标记出澳大利亚和新西兰主要港口位置。
3. 试分析近年澳大利亚欲单方面解除租赁合约收回达尔文港的深层次原因。

正如大洋洲的探险和定居在世界历史上是独一无二的成就，其航海实践也同样是独一无二的。

——McGrail，Boats of the World

任务二　南太平洋诸岛地理及航线认知

任务描述

南太平洋岛国是指分布在南太平洋的岛屿国家。南太平洋地区除澳大利亚和新西兰外，共有24个国家和地区。这些国家和地区由1万多个岛屿组成。这些岛屿分属美拉尼西亚、密克罗尼西亚、波利尼西亚三大群岛区，它们或大或小，宛如一颗颗璀璨的珍珠镶嵌在浩瀚蔚蓝的洋面上。

南太平洋岛国家包括：帕劳、巴布亚新几内亚、斐济、基里巴斯、马绍尔群岛共和国、密克罗尼西亚联邦、瑙鲁、萨摩亚、所罗门群岛、汤加、图瓦卢、瓦努阿图等。

知识讲解

一、南太平洋岛国地理概况

1. 美拉尼西亚岛群

美拉尼西亚（Melanesia）岛群是太平洋三大岛群之一（其余为密克罗尼西亚和波利尼西亚），“美拉尼西亚”之名源自希腊语，意为“黑人群岛”。由俾斯麦群岛（巴布亚新几内亚）、所罗门群岛、瓦努阿图群岛、新喀里多尼亚群岛（法属）和斐济群岛等组成。

巴布亚新几内亚独立国（Independent State of Papua New Guinea），简称巴布亚新几

内亚，是大洋洲第二大国，英联邦成员国，是位于太平洋西南部的一个岛屿国家，主要涵盖新几内亚岛东半部及附近俾斯麦群岛、布干维尔岛等共约600余个大小岛屿。国名由巴布亚和新几内亚两部分组成，得名于岛名。该国西邻印度尼西亚的巴布亚省，南部和东部分别与澳大利亚和所罗门群岛隔海相望。巴布亚新几内亚是世界上较不发达的国家之一。资源丰富，经济发展不平衡。矿产、石油和农业经济作物是巴布亚新几内亚经济的支柱产业。

所罗门群岛（Solomon Islands）是南太平洋的一个岛国，位于澳大利亚东北方，巴布亚新几内亚东方，是英联邦成员之一。共有超过990个岛，陆地总面积28 450 km^2。所罗门群岛的首都霍尼亚拉，是第二次世界大战在太平洋的转折点所在地。所罗门群岛是世界上最不发达国家（低度开发国家）之一，大多数人口依靠务农、捕鱼和种植为生，国民经济以种植业、渔业和黄金开采为主。大部分制造与石油产品依赖进口。该群岛尚未开发的矿产资源丰富，如铅、锌、镍以及金。近年来，林业发展迅速，已成为主要经济支柱和出口产业。

瓦努阿图共和国位于南太平洋西部，属美拉尼西亚群岛，由83个岛屿（其中68个岛屿有人居住）组成。最大的岛屿是桑托岛。瓦努阿图经济落后，2020年12月4日从联合国最不发达国家名单毕业。农业和旅游业是瓦努阿图经济支柱。以旅游业为主的服务业和建筑业是拉动经济的主要动力。

斐济共和国是一个太平洋岛国，位于南太平洋，瓦努阿图以东、汤加以西、图瓦卢以南，由332个岛屿组成，其中106个有人居住。斐济是太平洋岛国中经济实力较强、经济发展较好的国家。渔业、森林资源丰富，有金、银、铜、铝土等矿藏。制糖业、旅游业是国民经济支柱。

新喀里多尼亚位于南回归线附近，是法国在大洋洲西南部的一个特别集体（“Sui generis” Collectivity）。该地区整体主要由新喀里多尼亚岛和洛亚蒂群岛组成，是作为法国的海外属地之一。镍矿储量居世界第一位，约占世界储量的25%，同时是世界上最大的铁镍生产区。新喀岛北部有丰富的金、银、铜、铅、锌等矿藏，铬、铁矿也很丰富。森林面积约25万公顷。渔业资源有金枪鱼和虾。

2. 波利尼西亚岛群

波利尼西亚岛群是太平洋三大岛群之一，处于大洋洲，意为“多岛群岛”。位于太平洋中部，180°经线以东，南纬30°至北纬30°之间。其分布遍于中东部太平洋海面上一个巨大的三角形地带，三角形的顶角为夏威夷群岛，两个底角分别为新西兰及复活岛。人口约142万，多为波利尼西亚人。主要包括夏威夷群岛、图瓦卢群岛、汤加群岛、社会群岛、土布艾群岛、土阿莫土群岛、马克萨斯群岛、纽埃岛、萨摩亚群岛、托克劳群岛、库克群岛、莱恩群岛、菲尼克斯群岛、约翰斯顿岛、瓦利斯群岛、富图纳群岛、皮特凯恩群岛、圣诞岛、贾维斯岛、迪西岛、复活节岛等。

3. 密克罗尼西亚岛群

密克罗尼西亚岛群是太平洋三大岛群之一，意为“小岛群岛”。位于中太平洋，绝大部分位于赤道以北。陆地总面积 2 584 km^2。居民主要是密克罗尼西亚人。其主要有马里亚纳群岛、加罗林群岛、马绍尔群岛、瑙鲁岛、吉尔伯特群岛等。群岛分列为两弧，中隔马里亚纳海沟。群岛以珊瑚礁为主，有许多大环礁和礁湖，也有火山岛。属热带雨林气候，高温多雨。加罗林群岛附近是台风源地之一。主产香蕉、甘蔗、椰子和磷酸盐等。

二、太平洋岛国航线主要港口

1. 美拉尼西亚岛群主要港口

1）莫尔兹比港

莫尔兹比港（表 4–15）又称莫尔斯比港，位于新几内亚岛东南巴布亚湾沿岸，是巴布亚新几内亚的首都，最大城市和最大港口。

表 4–15　莫尔兹比港

港口名称（中文）	港口名称（英文）	港口代码	纬 / 经度	所在国
莫尔兹比港	PORT MORESBY	PGPOM	–9.447 374°/147.123 95°	巴布亚新几内亚

2）霍尼亚拉港

霍尼亚拉港（表 4–16）是所罗门群岛首都和主要港口，在瓜达尔卡纳尔岛北岸，克鲁斯岬角西面。

表 4–16　霍尼亚拉港

港口名称（中文）	港口名称（英文）	港口代码	纬 / 经度	所在国
霍尼亚拉港	HONIARA	SBHIR	–9.430 5°/159.957 5°	所罗门群岛

3）努美阿港

努美阿港（表 4–17）属新喀里多尼亚商港，位于南太平洋密克罗尼西亚岛弧东南西侧、新喀里多尼亚岛东南部西南侧。努美阿是太平洋共同体总部所在地。

表 4–17　努美阿港

港口名称（中文）	港口名称（英文）	港口代码	纬 / 经度	所在国
努美阿港	NOUMEA	NCNOU	–22.275 34°/166.434 7°	新喀里多尼亚（法属）

4）维拉港

维拉港（表 4–18）是瓦努阿图共和国的首都，是瓦努阿图的航运、交通、政治、文化、旅游中心和主要的航空枢纽，也是该国最大的城市。

表 4–18 维拉港

港口名称（中文）	港口名称（英文）	港口代码	纬 / 经度	所在国
维拉港	PORT VILA	VUVLI	–17.739 695°/168.306 25°	瓦努阿图

5）苏瓦港

苏瓦港（表 4–19）位于斐济岛东南沿海，在苏瓦湾东岸的入口处，是斐济的最大海港，又是南太平洋的航运中心，有南太平洋的“十字路口”之称。“太平洋岛国论坛”秘书处也设在苏瓦。

表 4–19　苏瓦港

港口名称（中文）	港口名称（英文）	港口代码	纬 / 经度	所在国
苏瓦港	SUVA	FJSUV	–18.121 38°/178.416 45°	斐济

2. 波利尼西亚岛群主要港口

1）火奴鲁鲁（檀香山）港

火奴鲁鲁港（表 4–20）位于美国夏威夷州的瓦胡岛的东南沿海，地处太平洋的北部，是夏威夷州的最大港口。它是夏威夷的首府，华人称“檀香山”。它不仅是全州的政治和经济中心，而且是太平洋上重要的海空交通枢纽，战略位置特别重要，大多数横渡太平洋的船舶要进港靠泊。

表 4–20　火奴鲁鲁（檀香山）港

港口名称（中文）	港口名称（英文）	港口代码	纬 / 经度	所在国
火奴鲁鲁港	HONOLULU	USHNL	21.293 5°/–157.882 85°	美国

2）帕皮提港

帕皮提港（表 4–21）位于南太平洋社会群岛的主岛塔希提岛西北海岸，是法属波利尼西亚的主要贸易港口和旅游港口，也是我国船舶赴南美、南极洲的重要补给港口。帕皮提港是南太平洋最安全的港口之一。

表 4–21　帕皮提港

港口名称（中文）	港口名称（英文）	港口代码	纬 / 经度	所在国
帕皮提港	PAPEETE	PFPPT	–17.528 5°/–149.572°	法属波利尼西亚

3. 密克罗尼西亚岛群

1）塞班港

塞班岛是美属北马里亚纳群岛自由联邦最大岛屿和首府所在地，1944 年被美军占领，成为重要的空军基地。塞班港（表 4–22）是塞班岛上的最大港口。

表 4–22 塞班港

港口名称（中文）	港口名称（英文）	港口代码	纬 / 经度	所在国
塞班港	SAIPAN	MPSPN	15.224 975°/145.738 45°	美国北马里亚纳群岛自由联邦

2）马朱罗港

马朱罗港（表 4–23）是西太平洋马绍尔群岛拉塔克列岛的环礁，为马绍尔群岛共和国的首都。环礁有港口设施和国际机场。

表 4–23 马朱罗港

港口名称（中文）	港口名称（英文）	港口代码	纬 / 经度	所在国
马朱罗港	MAJURO	MHMAJ	7.086 839 5° / 171.364 7°	马绍尔群岛

课后任务

1. 列举南太平洋岛国主要港口。
2. 在地图中标记出南太平洋岛国主要港口位置。

项目五

认识欧洲航线

在很远很远的海上，那里的水像最美丽的矢车菊那么蓝，像水晶那么清澈，非常非常深，说实在的，深得没法用锚链来测量它的深度。

——安徒生《海的女儿》

任务一　北欧、波罗的海沿岸地理及航线认知

任务描述

北欧地区包括欧洲北部的挪威、瑞典、芬兰、丹麦和冰岛 5 个国家，以及实行内部自治的法罗群岛。

波罗的海是北欧重要航道，也是俄罗斯与欧洲贸易的重要通道，是沿岸国家之间以及通往北海和北大西洋的重要水域，从彼得大帝时期起，波罗的海就是俄罗斯通往欧洲的重要出口。俄罗斯与伊朗、印度等国合作酝酿连接印度洋和西欧的“南北走廊”规划也是以波罗的海为北部终点。海运航线主要包括北欧航线和波罗的海沿岸航线。

知识讲解

一、北欧、波罗的海沿岸地理概况

1. 北欧基本概况

北欧西临大西洋，东连东欧，北抵北冰洋，南望中欧，总面积 130 多万平方千米。

地形为台地和蚀余山地，冰蚀湖群、羊背石、蛇形丘、鼓丘交错是主要地貌特征。北欧绝大部分属于温带大陆性气候，冬季漫长，气温较低，夏季短促凉爽。冰岛、挪威北部属于寒带气候，丹麦、斯堪的纳维亚半岛西南部属温带海洋性气候。北欧国家的人口密度在欧洲相对较低，经济水平则最高。挪威、丹麦等国的人均国民生产总值均遥居世界前列。林业、水力发电、铁矿开采、渔业、造船业和航运业均为北欧的传统经济部门。

丹麦位于欧洲北部。南同德国接壤，西濒北海，北与挪威、瑞典隔海相望。拥有两个自治领地——法罗群岛和格陵兰岛。丹麦本土则包括日德兰半岛、菲因岛、西兰岛及附近岛屿。首都兼第一大城市是哥本哈根。丹麦是发达的西方工业国家，人均国内生产总值居世界前列，在世界经济论坛 2019 年全球竞争力报告中位列第 10。拥有全球最大集装箱航运公司马士基集团。

挪威全称挪威王国，意为“通往北方之路”，首都为奥斯陆。挪威位于斯堪的纳维亚半岛西部，东邻瑞典，东北与芬兰和俄罗斯接壤，南同丹麦隔海相望，西濒挪威海。其海岸线长 21 192 km，极其蜿蜒曲折，构成了挪威特有的峡湾景色。挪威是拥有现代化工业的发达国家，现为世界第三大天然气出口国，第八大石油出口国。根据联合国开发计划署《2020 年人类发展报告》，挪威人类发展指数排名第一。

芬兰位于欧洲北部。与瑞典、挪威、俄罗斯接壤，南临芬兰湾，西濒波的尼亚湾。海岸线长 1 100 km。首都是赫尔辛基。芬兰是发达资本主义国家。1999 年加入欧元区，2002 年正式流通欧元。在 2018—2019 年世界经济论坛年度竞争力排名中位居第 11。2011 年来，受全球经济形势和欧债危机影响，芬兰经济增长乏力，甚至曾连续 4 年负增长。目前芬兰已走出经济衰退，重返增长轨道。芬兰经济的主要支柱是制造业——主要以木材、金属、工程、电信和电子工业为主。其森林工业产量占世界总产量的 5%，是世界第二大纸张、纸板出口国（占世界出口量 25%）及世界第四大纸浆出口国。

瑞典位于北欧斯堪的纳维亚半岛东半部，西邻挪威，东北接芬兰，东临波罗的海，西南濒北海，同丹麦隔海相望，海岸线长 2 181 km，领海 12 n mile。瑞典首都为斯德哥尔摩。瑞典经济高度发达，以高收入、高税收、高福利为主要内容的“瑞典模式”为保障国家经济发展、抵御危机影响发挥了积极作用，在世界经济论坛 2019 年度全球竞争力排名中位居第 9。

冰岛位于北大西洋中部，靠近北极圈，是欧洲第二大岛，海岸线长约 4 970 km，多火山和地热喷泉。首都是雷克雅未克，也是冰岛的最大城市。冰岛渔业是经济支柱，工业以炼铝等高能耗工业和渔产品加工业为主，外贸依存度高。冰岛 1970 年加入欧洲自由贸易联盟，1994 年参加欧洲经济区，1995 年成为世界贸易组织创始成员国，2008 年陷入严重经济危机，2011 年以来，经济逐渐回稳恢复增长。

北欧自然资源丰富，主要有以下几类：

1）矿产资源

主要以铁矿为主，主要分布在瑞典北部和中部。瑞典已探明铁矿储量 36.5 亿 t，系欧洲最大的铁矿砂出口国。铀矿储量 25~30 万 t。北海大陆架还蕴藏有丰富的石油和天然气。其中丹麦石油探明剩余可采储量为 11.6 亿桶，居世界第 38 位。天然气探明剩余可采储量为 1 010 亿 m^3，居世界第 54 位。挪威原油及天然气预计总储量为 157 亿 m^3（石油当量），已开采 48%。此外，芬兰矿产资源以铜为主，还有少量的铁、镍、钒、钴等。泥炭资源丰富，已探明储量约 690.94 亿 m^3，相当于 40 亿 t 石油。

2）水和水能资源

北欧河流短小，水量丰富，并与众多的湖泊相通，形成天然的蓄水库。斯堪的纳维亚山上的河流落差大，水能丰富。挪威水力资源丰富，可开发的水电资源约 2 140 亿 kW · h/ 年，已开发 62%。

3）海洋资源

这里有世界四大渔场之一——北海渔场。北海渔场年平均捕获量 300 万 t 左右，约占世界捕获量的 5%，鲱鱼和鲐鱼（鲭鱼）几占总捕捞量的一半，其他有鳕鱼、鳖鱼、比目鱼等，还盛产龙虾、牡蛎和贝类。

4）地热资源

该地区地热资源丰富，特别是冰岛多温泉。冰岛可开发的地热能年发电量可达 72 亿 kW · h。目前，约 90% 的冰岛居民利用地热取暖。

5）森林资源

北欧地区森林覆盖率高。芬兰森林覆盖率约 80%，约 2 282 万公顷，人均 4.2 公顷，木材储积量 21.89 亿 m^3。挪威森林覆盖率占国土面积 37%。丹麦森林覆盖面积 48.6 万公顷，覆盖率约 11.4%。瑞典森林覆盖率为 54%，蓄材 26.4 亿 m^3。

2. 波罗的海沿岸基本概况

波罗的海是欧洲北部的内海、北冰洋的边缘海、大西洋的属海，世界最大的半咸水水域。在斯堪的那维亚半岛与欧洲大陆之间。从北纬 54° 起向东北展伸，到近北极圈的地方为止。长度超 1 600 km，平均宽度 190 km，面积 42 万 km^2。波罗的海位于北纬 54°~65.5° 之间的东北欧，呈三岔形，西以斯卡格拉克海峡、厄勒海峡、卡特加特海峡、大贝尔特海峡、小贝尔特海峡、里加海峡等海峡和北海以及大西洋相通。

波罗的海四面几乎均为陆地环抱，整个海面介于瑞典、俄罗斯、丹麦、德国、波兰、芬兰、爱沙尼亚、拉脱维亚、立陶宛 9 个国家之间。其中，丹麦、瑞典和芬兰属于北欧国家。

波罗的海自古以来就具有重要的航运地位。其中波罗的海国际航运公会（The

Baltic and International Maritime Council，BIMCO），总部设在丹麦哥本哈根，是一个具有100多年历史且是世界上最大的、运营最多样化的国际航运组织。

俄罗斯联邦，亦称俄罗斯，领土横跨欧亚大陆，东西最长9 000 km，南北最宽4 000 km。邻国西北面有挪威、芬兰，西面有爱沙尼亚、拉脱维亚、立陶宛、波兰、白俄罗斯，西南面是乌克兰，南面有格鲁吉亚、阿塞拜疆、哈萨克斯坦，东南面有中国、蒙古国和朝鲜。东面与日本和美国隔海相望。海岸线长33 807 km。俄罗斯是联合国安全理事会五大常任理事国之一，还是上海合作组织成员国、金砖国家之一。俄罗斯工业发达，核工业和航空航天业占世界重要地位。自然资源十分丰富，种类多、储量大，自给程度高。国土面积居世界第1。森林覆盖面积1 126万km^2，占国土面积65.8%，居世界第1。木材蓄积量居世界第1。天然气已探明蕴藏量占世界探明储量的25%，居世界第1。石油探明储量占世界探明储量的9%。煤蕴藏量居世界第5，出口居第2。铁、镍、锡蕴藏量居世界第1。黄金储量居世界第3。铀蕴藏量居世界第7。

爱沙尼亚共和国，简称爱沙尼亚，位于波罗的海东岸，东与俄罗斯接壤，南与拉脱维亚相邻，北邻芬兰湾，与芬兰隔海相望，西南濒里加湾，边界线长1 445 km，海岸线长3 794 km。首都是塔林。自恢复独立以来，爱沙尼亚一直奉行自由经济政策，大力推行私有化，实行自由贸易政策，经济发展迅速，年均经济增速在欧盟成员国内位列前茅。

拉脱维亚共和国，简称拉脱维亚，位于波罗的海东岸，北与爱沙尼亚，南与立陶宛，东与俄罗斯，东南与白俄罗斯接壤。国界线总长1 862 km。首都里加。拉脱维亚于2004年3月29日成为北约成员国，2004年5月1日加入欧盟，2007年12月21日成为申根公约成员国。2014年1月1日，拉脱维亚正式成为欧元区第18个成员国。

立陶宛共和国，简称立陶宛，位于波罗的海东岸，北接拉脱维亚，东连白俄罗斯，南邻波兰，西濒波罗的海和俄罗斯加里宁格勒州。国境线总长1 644 km，海岸线长90 km。首都维尔纽斯。立陶宛于2004年3月29日加入北约，同年5月1日加入欧盟。2015年1月1日，立陶宛成为欧元区第19个成员国。

波兰共和国，简称波兰，位于欧洲中部，西与德国为邻，南与捷克、斯洛伐克接壤，东邻俄罗斯、立陶宛、白俄罗斯、乌克兰，北濒波罗的海。海岸线长528 km。首都华沙。波兰1992年起经济止跌回升，并逐步成为中东欧地区发展最快的国家之一。2003年加入欧盟后，经济更是突飞猛进。2009年，受国际金融危机影响，经济明显下滑，但仍好于多数欧盟国家，为欧盟内唯一实现正增长的国家。2019年，波经济增长4.1%，经济总量位列欧盟第7（不含英国）。

二、北欧、波罗的海航线主要港口

1. 北欧航线主要港口

1）雷克雅未克港

雷克雅未克港（表 5–1）是冰岛的首都，也是全国最大的城市和最大的港口，位于冰岛西部法赫萨湾东南角、塞尔蒂亚纳半岛北侧，地理上非常接近北极圈，是全世界最北的首都。

表 5–1 雷克雅未克港

港口名称（中文）	港口名称（英文）	港口代码	纬 / 经度	所在国
雷克雅未克港	REYKJAVIK	ISREY	64.149 705°/–21.870 115°	冰岛

2）托尔斯港

托尔斯港（表 5–2）是法罗群岛的首府。城市的名称解作“索尔的港口”，这是北欧神话中雷神的名字。

表 5–2 托尔斯港

港口名称（中文）	港口名称（英文）	港口代码	纬 / 经度	所在国
托尔斯港	TORSHAVN	FOTOR	62.002 23°/–6.768 630 5°	法罗群岛

3）卑尔根港

卑尔根港（表 5–3）位于挪威的西北海岸，是挪威的最大海港。

表 5–3 卑尔根港

港口名称（中文）	港口名称（英文）	港口代码	纬 / 经度	所在国
卑尔根港	BERGEN	NOBGO	60.390 85°/5.322 45°	挪威

4）奥斯陆港

奥斯陆港（表 5–4）位于挪威东南沿海奥斯陆峡湾北岸的顶端，濒临斯卡格拉克海峡的东北侧，是挪威的第 2 大港，第 1 大集装箱港口。奥斯陆始建于 1048 年，到 1814 年成为挪威的首都，是全国政治、经济、文化和交通中心。它还是世界裘皮加工、出口的中心之一，有“裘皮之都”的誉称。

表 5–4 奥斯陆港

港口名称（中文）	港口名称（英文）	港口代码	纬 / 经度	所在国
奥斯陆港	OSLO	NOOSL	59.898 92°/10.725°	挪威

5）哥本哈根港

哥本哈根港（表 5–5）位于丹麦海峡的西侧，与瑞典南部的马尔默（Malmö）隔峡相望，有火车轮渡可通，是丹麦的首都和最大港口，北欧最大的城市，是丹麦马士基航运公司（MAERSK）总部所在地。2001 年，丹麦和瑞典组建了哥本哈根港—马尔默港组合港（简称 CMP），是继两地间厄勒跨海大桥开通之后两国合作的又一举措。

表 5–5　哥本哈根港

港口名称（中文）	港口名称（英文）	港口代码	纬 / 经度	所在国
哥本哈根港	COPENHAGEN	DKCPH	55.701°/12.609°	丹麦

6）哥德堡港

哥德堡港（表 5–6）位于瑞典西南沿海约塔河口，濒临卡特加特海峡的东北侧，与丹麦的腓特烈港隔峡相望，相距仅 50 n mile，是瑞典的最大港口，现有的集装箱码头设计年吞吐能力为 350 万 TEU，港口设施完善，航道条件较好，能够接靠全球最大的集装箱船和滚装船。它又是瑞典西部的工业中心，主要工业有造船、炼油、汽车、机械、木材加工及食品等，有全国规模最大的造船厂和炼油厂。沃尔沃（VOLVO）公司、SKF 轴承公司、哈苏（Hasselblad）相机公司、阿斯利康（AstraZeneca）制药公司、爱立信（Ericsson）等知名企业均落户于此。目前，哥德堡港有超过 130 条直达航线同亚洲、中东、非洲、北美等世界各主要目的地相连，也是连通欧洲各港口及货运中转站的枢纽。在国内，瑞典 30% 的出口货物中都需经过该港口。

表 5–6　哥德堡港

港口名称（中文）	港口名称（英文）	港口代码	纬 / 经度	所在国
哥德堡港	GOTEBORG	SEGOT	57.699 5°/11.883°	瑞典

7）斯德哥尔摩港

斯德哥尔摩港（表 5–7）位于瑞典东南沿海梅拉伦湖的出海口处，濒临波罗的海的西北侧，是瑞典第 2 大港，也是波罗的海的主要港口之一。斯德哥尔摩是瑞典的首都，全国政治、经济、文化和交通的中心。

表 5–7　斯德哥尔摩港

港口名称（中文）	港口名称（英文）	港口代码	纬 / 经度	所在国
斯德哥尔摩港	STOCKHOLM	SESTO	59.327 05°/18.106 15°	瑞典

8）图尔库港

图尔库港（表 5–8）是芬兰第 2 大海港和重要工业基地，位于国境西南端海岸，波的尼亚湾畔，东距首都赫尔辛基 170 km，为芬兰旧都（1812 年以前一直是芬兰首都）。

表 5–8 图尔库港

港口名称（中文）	港口名称（英文）	港口代码	纬 / 经度	所在国
图尔库港	TURKU	FITKU	60.438 5°/22.226 97°	芬兰

9）赫尔辛基港

赫尔辛基港（表 5–9）位于芬兰南部沿海芬兰湾的北岸，是芬兰最大的港口。其始建于 1640 年，到 1812 年成为芬兰的首都，现为全国政治、文化、经济和交通中心，也是全国最大的工业中心。它不仅是全国机器制造工业和造船工业中心，还是印刷工业和服装工业的中心。此外，还有冶金、化学、食品及纺织等工业。赫尔辛基的夏季比较短，但是日照时间长，最长的一天可达 20 小时。因此，赫尔辛基被称为日不落都市。

表 5–9 赫尔辛基港

港口名称（中文）	港口名称（英文）	港口代码	纬 / 经度	所在国
赫尔辛基港	HELSINKI	FIHEL	60.168 5°/24.944 5°	芬兰

2. 波罗的海航线主要港口

1）圣彼得堡港

圣彼得堡港（表 5–10）位于俄罗斯西北沿海涅瓦河口南岸，在芬兰湾东端的涅瓦湾内，濒临波罗的海的东北侧，是俄罗斯西部的最大商港和第 2 大城市。作为俄罗斯最大的集装箱港口，圣彼得堡港是俄罗斯通往欧洲的门户和东西方交通运输的重要节点，拥有集装箱码头、干散货与件杂货码头、液体散货码头、滚装码头、邮轮码头以及铁路、多式联运等设施。圣彼得堡海港公司是圣彼得堡港和俄罗斯西北地区最大的货物转运服务运营商。2020 年，圣彼得堡港在 Lloyd’s List 发布的全球集装箱港口吞吐量排名中位居第 85。

表 5–10 圣彼得堡港

港口名称（中文）	港口名称（英文）	港口代码	纬 / 经度	所在国
圣彼得堡港	ST. PETERSBURG	RULED	59.919 33°/30.327 035°	俄罗斯

2）加里宁格勒港

加里宁格勒港（表 5–11）位于俄罗斯最西边的加里宁格勒州（原名柯尼斯堡），该州是俄罗斯联邦最小的州，它有着与其他地区相比独特的地理状况。加里宁格勒州南邻波兰，东北部和东部与立陶宛接壤，与俄罗斯本土不相邻，是一块飞地。加里宁格勒港是俄罗斯唯有的两个不结冰的波罗的海港口（不冻港）之一，因盛产琥珀被称为

“俄罗斯琥珀之都”。

表 5-11 加里宁格勒港

港口名称（中文）	港口名称（英文）	港口代码	纬 / 经度	所在国
加里宁格勒港	KALININGRAD	RUKGD	54.698 39°/20.471 965°	俄罗斯

3）塔林港

塔林港（表 5-12）位于爱沙尼亚北部沿海芬兰湾口南岸，濒临波罗的海的东北侧，是爱沙尼亚的首都和最大港口。历史上曾一度是连接中东欧和南北欧的交通要冲，被誉为“欧洲的十字路口”。

表 5-12 塔林港

港口名称（中文）	港口名称（英文）	港口代码	纬 / 经度	所在国
塔林港	TALLINN	EETLL	59.446°/24.768°	爱沙尼亚

4）里加港

里加港（表 5-13）是拉脱维亚发展最快的自由港和最大港口，位于里加湾道格瓦河河口。里加港有着 800 年以上的历史，是一个不冻港，码头总长 13 818 m，包括集装箱码头、化肥装运码头等，主要用于液体化工产品和散货的运输。

表 5-13 里加港

港口名称（中文）	港口名称（英文）	港口代码	纬 / 经度	所在国
里加港	RIGA	LVRIX	56.994 5°/24.104 5°	拉脱维亚

5）克莱佩达港

克莱佩达港（表 5-14）位于立陶宛西部沿海库尔斯基湾东北岸，濒临波罗的海的东南侧，是立陶宛的新兴港口。该港为不冻港，也是一个多用途的深水港，年吞吐量达 4 000 万 t。

表 5-14 克莱佩达港

港口名称（中文）	港口名称（英文）	港口代码	纬 / 经度	所在国
克莱佩达港	KLAIPEDA	LTKLJ	55.686 5°/21.132°	立陶宛

6）格但斯克港

格但斯克港（表 5-15）位于波兰北部沿海维斯瓦河下游左支流莫特拉瓦河口两岸，在格但斯克湾的西南端，濒临波罗的海的东南侧，是波兰的最大港口。2020 年，格但斯克港在 Lloyd’s List 发布的全球集装箱港口吞吐量排名中位居第 91。

表 5-15 格但斯克港

港口名称（中文）	港口名称（英文）	港口代码	纬 / 经度	所在国
格但斯克港	GDANSK	PLGDN	54.378 15°/18.675 75°	波兰

7）罗斯托克港

罗斯托克港（表 5-16）位于波罗的海沿岸，为德国通往东欧、北欧的门户。2021 年 7 月 29 日，满载 100TEU 出口货物的 75008 次中欧班列从铁路义乌西站鸣笛启程，以铁海联运的运输方式驶向德国罗斯托克港，标志着首趟义乌至罗斯托克国际多式联运中欧班列成功开行，也意味着义乌中欧班列第 16 条线路正式运营。

表 5-16 罗斯托克港

港口名称（中文）	港口名称（英文）	港口代码	纬 / 经度	所在国
罗斯托克港	ROSTOCK	DERSK	54.137°/12.116 5°	德国

8）基尔港

基尔港（表 5-17）位于德国湾的顶端，濒临波罗的海的西侧，是一个天然不冻港。经基尔运河与易北河及北海相连，使汉堡港与基尔港之间的海运距离缩短 229 n mile，使波罗的海和北海紧密地连在一起，基尔运河于 1895 年开凿完工，日夜开放，终年使用，全长 98.7 km，水深达 11.3 m。

表 5-17 基尔港

港口名称（中文）	港口名称（英文）	港口代码	纬 / 经度	所在国
基尔港	KIEL	DEKEL	54.335 5°/10.155°	德国

课后任务

1. 列举北欧及波罗的海沿岸主要港口。

2. 在地图中标记出北欧和波罗的海沿岸主要港口位置。

除非你有勇气到达看不到岸边的地方，否则你永远不可能跨越大洋。

——克里斯托弗·哥伦布

任务二　西欧地理及航线认知

任务描述

西欧是欧洲西部（包括南欧、北欧、西欧）的一部分（注意：西欧是指欧洲西部的发达国家，是一个政治概念，多为北约组织成员国，而欧洲西部是一个纯地理概念），位于亚欧大陆西部、大西洋东岸，大部分位于北纬35°~60°，属北温带。狭义上指欧洲西部濒临大西洋的地区和附近岛屿，包括英国、爱尔兰、荷兰、比利时、卢森堡、法国和摩纳哥7个国家。广义则还包括德国、意大利、奥地利、瑞士、西班牙、葡萄牙、瑞典、丹麦、挪威、冰岛、芬兰、希腊等欧洲发达资本主义国家。

从海运航线角度看，西欧航线主要涉及北大西洋（包括北海和比斯开湾）沿岸国家，包括西欧的英国、爱尔兰、荷兰、比利时、法国，中欧的德国和南欧的西班牙、葡萄牙，此外还有内陆国家卢森堡。

知识讲解

一、西欧航线地理概况

1. 西欧及北大西洋沿岸国家基本概况

大不列颠及北爱尔兰联合王国，简称英国，位于欧洲西部，由大不列颠岛（包括英格兰、苏格兰、威尔士）、爱尔兰岛东北部和一些小岛组成。隔北海、多佛尔海峡、英吉利海峡与欧洲大陆相望。海岸线总长 11 450 km。首都伦敦。作为英联邦元首国、七国集团成员国、北约创始会员国，英国同时也是联合国安全理事会常任理事国之一。

爱尔兰位于欧洲西部的爱尔兰岛中南部。西濒大西洋，东北与北爱尔兰接壤，东隔爱尔兰海同大不列颠岛相望。海岸线长 3 169 km。首都在都柏林。爱尔兰是一个发达的资本主义国家，也是欧盟、经济合作与发展组织、世界贸易组织和联合国的成员。

荷兰王国，简称荷兰，位于欧洲西北部。东邻德国，南接比利时，西、北濒北海。海岸线长 1 075 km。24% 的面积低于海平面，1/3 的面积仅高出海平面 1 m。从 13 世纪即开始围海造田，增加土地面积约 6 000 km^2。首都阿姆斯特丹。荷兰是一个高度发达的资本主义国家，欧盟和北约创始国之一，也是申根公约、联合国、世界贸易组织等国际组织的成员。

比利时位于西欧，北连荷兰，东邻德国，东南与卢森堡接壤，南和西南与法国交界，西北隔多佛尔海峡与英国相望。海岸线长 66.5 km。首都布鲁塞尔，为欧盟和北约总部所在地，有“欧洲首都”之称。比利时是一个高度发达的资本主义国家，是欧盟和北约创始会员国之一。

法国位于欧洲西部，本土呈六边形，三边临水。与比利时、卢森堡、德国、瑞士、意大利、摩纳哥、西班牙、安道尔接壤，西北隔英吉利海峡与英国相望。海岸线 2 700 km。首都巴黎。法国是一个高度发达的资本主义国家，欧洲四大经济体之一，是联合国安理会五大常任理事国之一，也是欧盟和北约创始会员国、申根公约和八国集团成员国。

德国位于欧洲中部。东邻波兰、捷克，南毗奥地利、瑞士，西界荷兰、比利时、卢森堡、法国，北接丹麦，濒临北海和波罗的海。海岸线长 2 389 km。首都柏林。德国是一个高度发达的资本主义国家，欧洲最大经济体，欧洲四大经济体之首，也是欧盟的创始会员国之一，还是北约、申根公约、七国集团、经济合作与发展组织等国际组织的重要成员。

西班牙位于欧洲西南部伊比利亚半岛。西邻葡萄牙，东北与法国、安道尔接壤，北濒比斯开湾，南隔直布罗陀海峡与非洲的摩洛哥相望，东和东南临地中海。海岸线长约 7 800 km。首都马德里。西班牙是一个发达的资本主义国家，也是欧盟和北约成员国。

葡萄牙位于欧洲伊比利亚半岛的西南部。东、北连接西班牙，西、南濒临大西洋。海岸线长 832 km。首都里斯本。葡萄牙是一个发达的资本主义国家，拥有相当完善的旅游业，也是欧盟成员国之一，欧元和北约创始成员国之一，还是世界贸易组织、联合国等国际组织的成员。

2. 西欧及北大西洋沿岸地区主要经济概况

欧洲西部各国之间贸易往来和人口流动十分频繁，为实现更广泛的经济和政治联合及一体化，欧洲西部部分国家于 1957 年建立了欧洲经济共同体，并在此基础上发展为欧盟。

英国是一个高度发达的资本主义国家，世界第五大经济体，欧洲第二大经济体。私有企业是英国经济的主体，占国内生产总值的 90% 以上，服务业占国内生产总值的 3/4 以上，制造业占 1/10 左右。英国是欧洲能源资源最丰富的国家，主要有煤、石油、天然气、核能和水力等。能源产业在英经济中占有重要地位。近年来，政府倡导提高能源利用效率，开发核能和可再生能源，减少对传统矿物燃料的依赖，鼓励高效节能技术研发，培养社会节能意识，发展“低碳经济”。著名公司及经济团体包括：英国石油（BP）、汇丰银行控股公司、乐购（Tesco）、保诚集团（Prudential）、联合利华（Unilever）、葛兰素史克（GlaxoSmithKline）、巴克莱银行（Barclays）、阿斯利康（Astra Zeneca）、渣打集团、力拓集团和劳合社等。英国的主要贸易对象是欧盟、美国、日本和中国。英国是中国在欧洲第二大贸易伙伴、第一大直接投资目的国和第二大引资来源地，中国是英国仅次于美国的第二大非欧盟贸易伙伴。

爱尔兰传统经济以农牧业为主。1959 年设立的香农开发区是世界上首个经济特区，被誉为区域性开发的成功典范。20 世纪 80 年代以来，大力发展软件和生物工程等高科技产业，以良好投资环境吸引大量海外高新技术投资，经济结构迅速完成由农牧型转向知识型的跨越，实现较快增长，经济增长率一度高居欧盟榜首。2008 年国际金融危机发生后，爱尔兰成为最早出现经济衰退的欧洲国家之一，2010 年陷入主权债务危机，被迫接受欧盟和国际货币基金组织 850 亿欧元的援款，并厉行财政紧缩政策。2011 年在欧盟重债国中率先恢复经济增长，2013 年 12 月宣布从欧盟、欧洲央行和国际货币基金组织的援助计划中无条件退出。2019 年爱尔兰国内生产总值 3 392 亿欧元，同比增长 5.5%，人均 7.05 万欧元。受新冠肺炎疫情影响，2020 年爱尔兰经济连续两个季度出现负增长。中爱经贸合作近年来发展迅速。爱尔兰连续多年对华贸易顺差，是欧盟内为数不多对华贸易保持顺差的国家。

荷兰作为发达资本主义国家，以外向型经济为主，80% 的原料靠进口，60% 以上的产品供出口。对外贸易的 80% 在欧盟内实现。商品与服务的出口约占国内生产总值的 80%。电子、化工、水利、造船以及食品加工等领域技术先进，金融服务和保险业发达；陆、海、空交通运输十分便利，是欧洲大陆重要的交通枢纽；农业高度集约化，农产品出口额居世界前列。著名公司包括荷兰皇家壳牌集团、飞利浦电子公司、阿克苏 – 诺贝尔公司等。荷兰是中国在欧盟内第二大贸易伙伴。2019 年，中荷双边贸易额 851.5 亿美元。其中：中方出口额 739.4 亿美元，进口额 112.1 亿美元。2020 年上半年，中荷双边贸易额 398.2 亿美元：其中我方出口额 337.6 亿美元，进口额 60.6 亿美元。

比利时为发达的资本主义工业国家，经济高度对外依赖，80% 的原料靠进口，50% 以上的工业产品供出口。主要贸易伙伴是德国、荷兰和法国，其次是其他欧洲国家及北美、亚洲、非洲。比利时是世界原钻集散地，控制了世界 80% 的原钻交易、55% 的加工钻、45% 的工业用天然钻交易。钻石的主要来源地是刚果（金）、刚果（布）、利比里亚。主要出口方为中国和印度。比利时是中国在欧盟的第七大贸易伙伴。双边贸易额最高峰曾突破 300 亿美元。

法国是最发达的工业国家之一，在核电、航空、航天和铁路方面居世界领先地位。2018 年下半年以来，受国际贸易环境恶化、欧元区经济放缓、油价上涨、“黄马甲”运动以及 2020 年新冠肺炎疫情等因素影响，法国经济下行压力加大。法国是欧盟最大的农业生产国，也是世界主要农产品和农业食品出口国，拥有 29 家全球 500 强企业。法国是中国在欧盟内第三大贸易伙伴、第三大实际投资来源国、第二大技术引进国。中国是法国亚洲第一大、全球第六大贸易伙伴。

德国是高度发达的工业国。经济总量位居欧洲首位、世界第 4。2019 年外贸总额为 24 319 亿欧元：其中出口额 13 278 亿欧元，进口额 11 042 亿欧元，顺差 2 236 亿欧元。主要出口产品有汽车、机械产品、化工产品、通信技术、供配电设备和医学及化工设备。主要进口产品有化学品、汽车、石油天然气、机械、通信技术和钢铁产品。主要贸易对象是西方工业国，其中进出口一半以上来自或销往欧盟国家。多年来，德国一直是中国在欧洲最大贸易伙伴。

西班牙是中等发达的资本主义工业国，截至 2020 年 10 月，经济总量位居欧盟第 5、世界第 13。主要工业有纺织、钢铁、水泥、造船、汽车制造、电力等。农业现代化水平较高，橄榄油产量和葡萄种植面积均居世界第一。近年来，中西经贸合作持续发展，西班牙是中国在欧盟内第六大贸易伙伴，中国是西班牙在欧盟外第一大贸易伙伴。

葡萄牙是欧盟中等发达国家，工业基础嗯较薄弱。纺织、制鞋、酿酒、旅游等是国民经济的支柱产业。软木产量占世界总产量的一半以上，出口位居世界第一。2019 年葡萄牙出口总额 598.85 亿欧元，进口总额 806.51 亿欧元。据中国海关统计，2019 年中葡双边贸易额为 66.43 亿美元，其中，中国对葡出口 43.25 亿美元，自葡进口 23.18 亿美元。

二、西欧航线主要港口

1. 西欧主要港口

1）都柏林港

都柏林港（表 5–18）位于爱尔兰东海岸中部利菲河的入海口，都柏林湾的顶端，濒临爱尔兰海的西南侧，是爱尔兰的首都和最大港口。

表 5–18 都柏林港

港口名称（中文）	港口名称（英文）	港口代码	纬 / 经度	所在国
都柏林港	DUBLIN	IEDUB	53.345 5°/–6.206 938 5°	爱尔兰

2）伦敦港

伦敦港（表 5–19）位于英国东南沿海泰晤士河下游的南北两岸，从河口开始向上游伸延经蒂尔伯里港区越过伦敦桥，直至特丁顿码头，长达 80 n mile。整个港区包括印度及米尔瓦尔（India And Millwall）、蒂尔伯里（Tilbury）、皇港区（Royal）。其中蒂尔伯里港（Port of Tilbury）是英格兰第二大集装箱港口。2020 年，伦敦港在 Lloyd's List 发布的全球集装箱港口吞吐量排名中位居第 69。

表 5–19 伦敦港

港口名称（中文）	港口名称（英文）	港口代码	纬 / 经度	所在国
伦敦港	LONDON	GBLON	51.497 43°/–0.049 600 75°	英国

伦敦是世界公认的第一航运中心，即便近几年新华波罗的海国际航运中心发展指数发布的综合实力排名中它一直落后新加坡，屈居第 2。伦敦港作为曾经的全球第一大港确实为其成为国际航运中心起到了重要作用，但随着新兴经济体的崛起和全球经济格局的变化，其港口功能已逐渐被下游的菲利克斯托港和蒂尔伯里港所取代。英国整体的货物实体中转功能十分有限，因此，伦敦国际航运中心的地位与单纯的港口吞吐量似乎也没有直接的关联。强大的软实力是伦敦海运竞争力所在。以海事仲裁为例，超 9 成的国际海事纠纷都选择在伦敦进行仲裁，仅仲裁每年就给英国带来 300 亿英镑的收入；此外，作为老牌航运中心，世界 20% 的船级管理机构常驻伦敦，50% 的油轮租船业务、40% 的散货船业务、18% 的船舶融资业务和 20% 的航运保险业务都在此进行。全球有 1 750 多家从事航运事务的公司与机构在伦敦设有办事处。其中，仅航运服务业每年创造的价值就达 20 亿英镑。

3）费利克斯托港

费利克斯托港（表 5–20）是英国最大、最繁忙的集装箱港口，也是欧洲最大的港口之一，位于英国英格兰东部萨福克郡的费利克斯托，处理全国 4 成以上的集装箱贸易。费利克斯托港由 Hutchison Ports UK（HPUK，李嘉诚所有的和记港口控股）拥有并经营，是 Hutchison Ports 的成员，该公司本身是 CK Hutchison Holdings Ltd.（CK Hutchison）的子公司。CK Hutchison 是英国最大的外国投资者。

表 5–20　费利克斯托港

港口名称（中文）	港口名称（英文）	港口代码	纬 / 经度	所在国
费利克斯托港	FELIXSTOWE	GBFXT	51.959 055°/1.298 107 5°	英国

费利克斯托港的铁路疏运量约占英国港口总吞吐量的 27%。该港口的 3 个多式联运铁路疏运站分别位于 8 号和 9 号泊位的南部，以及 Trinty 码头的中部和北部。费利克斯托港的 8 号和 9 号泊位是第一批能处理世界上超大型集装箱的泊位。Trinity Terminal 是英国最大的集装箱码头，也是英国领先的冷藏货物运输港口，是欧洲最长连续码头之一。

2020 年，费利克斯托港在 Lloyd's List 发布的全球集装箱港口吞吐量排名中位居第 51。

4）利物浦港

利物浦港（表 5–21）处于英格兰西北部默西河口，濒临爱尔兰海，是世界上历史悠久的港口之一，也是英国最大、最繁忙和最多样化的港口之一，是仅次于伦敦的第二大深水港。2016 年开放的利物浦 2 期，是一个新建的现代化集装箱码头，专门用于大型集装箱船的装卸作业，年吞吐量为 100 万 TEU。新码头能够满足全世界 95% 的集装箱船队靠泊，可以同时容纳两艘 13 500 TEU 级超大型集装箱船。同时，该码头拥有先进的作业管理系统、自动闸道和设备控制系统，是欧洲第一个半自动集装箱港口，也将成为英国最大的跨大西洋深水集装箱码头。

表 5–21　利物浦港

港口名称（中文）	港口名称（英文）	港口代码	纬 / 经度	所在国
利物浦港	LIVERPOOL	GBLIV	53.422 425°/–3.008 368°	英国

5）南安普顿（南安普敦）港

南安普顿港（表 5–22）位于英吉利海峡北岸中段、特斯特峡湾内，为英国第三大集装箱港，也是英国主要的客运港，欧洲第二繁忙的邮轮港口，曾经是泰坦尼克号的起航点。2020 年，南安普顿港在 Lloyd's List 发布的全球集装箱港口吞吐量排名中位居第 96。

表 5–22　南安普顿港

港口名称（中文）	港口名称（英文）	港口代码	纬 / 经度	所在国
南安普顿港	SOUTHAMPTON	GBSOU	50.898 175°/–1.420 502 5°	英国

6）鹿特丹港

鹿特丹港（表 5–23）位于荷兰西南沿海莱茵河和马斯河西大河流入海汇合处所形成的三角洲上。自 20 世纪 60 年代以来一直是世界货运第一大港，是莱茵河流域的进出门户。现为荷兰第二大城市，水、陆、空交通枢纽，重要的商业和金融中心。鹿特丹现为世界货物吞吐量排名第 11 的港口，2020 年完成货物吞吐量 4.368 亿 t；也是欧洲最大的集装箱港口，2020 年完成集装箱吞吐量 1 435 万 TEU，位居全球第 10。据《2021 新华・波罗的海国际航运中心发展指数报告》，鹿特丹是全球综合实力排名第 6 位的国际航运中心。2020 年 9 月，鹿特丹港与中国之间的首条直达铁路班列开通，目的地为中国西安市。

表 5–23　鹿特丹港

港口名称（中文）	港口名称（英文）	港口代码	纬 / 经度	所在国
鹿特丹港	ROTTERDAM	NLRTM	51.943 305°/4.141 812°	荷兰

鹿特丹港于 2008 年 9 月启动了马斯平原港区二期建设项目，总投资额 30 亿欧元，2013 年中期建成。马斯平原二期位于深水航道岸边，吃水深度超过 20 m，可向客户提供 1 000 公顷的新港区及工业场地，其中 600 公顷用作集装箱码头。该新港区最大的年操作容量将达到 1 700 万 TEU。

自新冠肺炎疫情大流行开始以来，鹿特丹港一直致力于为海员服务，其中包括接收在世界其他地方被拒绝的海船。此外，鹿特丹港还允许在海上更换船员。

7）阿姆斯特丹港

阿姆斯特丹港（表 5–24）位于荷兰西部沿海的北海运河上，距运河出海口艾默伊登约 10 海里，由艾默伊登港的船闸与北海沟通，是荷兰的最大城市和第二大海港。港区由内港和外港两部分组成。外港在北海运河西端的艾莫伊登，既是荷兰北海最大渔港，北海石油、天然气开采基地，也是钢铁基地。

表 5–24　阿姆斯特丹港

港口名称（中文）	港口名称（英文）	港口代码	纬 / 经度	所在国
阿姆斯特丹港	AMSTERDAM	NLAMS	52.370 75°/4.878 955°	荷兰

同时，阿姆斯特丹港是最受游客欢迎的邮轮港口之一。邮轮码头位于汉德尔斯卡德港区，邮轮码头海域面积 6 900 m^2，陆域面积 35 000 m^2，岸线 600 m，深 10.5 m，可

以同时进行 3 艘邮轮的进出港服务，可允许 330 m 长邮轮的自由调转，游客接待室提供着完备的餐饮、快速通关等服务。

8）安特卫普港

安特卫普港（表 5–25）位于安特卫普市西北郊，斯海尔德河两岸，距北海大约 70 km。安特卫普港是欧洲一个重要的枢纽港，目前是欧洲第二大集装箱港。从安特卫普港官网公布的数据可知，2018 年港口实现 2.35 亿 t 货物吞吐。

表 5–25　安特卫普港

港口名称（中文）	港口名称（英文）	港口代码	纬 / 经度	所在国
安特卫普港	ANTWERP	BEANR	51.302 49°/4.311 460 5°	比利时

中远太平洋公司于 2004 年参股了“安特卫普门户”集装箱码头。2012 年中国石油化工集团通过 Vesta 母公司收购安特卫普 Vesta 码头 50% 的股份；2013 年，中国招商局集团收购法国达飞轮船下属子公司 Terminal Link 49% 的股份，而 Terminal link 拥有安特卫普门户码头 10% 股份，中国招商局集团间接投资该码头。

安特卫普港与中国有着长久的友好关系。安特卫普市与上海市缔结友好城市。安特卫普港与上海港、大连港、深圳港、青岛港和广州港结成了友好港，与宁波港建立了密切合作关系。在中国政府与比利时政府的支持和协调下，首班“丝绸之路”列车于 2018 年 5 月 12 日抵达安特卫普港，该项目由唐山市、唐山港、中远海运公司和中国铁路公司合作发起。

2020 年，安特卫普港集装箱吞吐量为 1 203 万 TEU，在 Lloyd’s List 发布的全球集装箱港口吞吐量排名中位居第 13。

此外，世界各地的海员也可以在安特卫普港接种新冠疫苗。据比利时当局介绍，该国是第一个用流动的医疗小组上船为海员接种疫苗的国家。

9）泽布吕赫（泽布腊赫、泽布鲁日）港

泽布吕赫港（表 5–26）位于比利时西北沿海，濒临北海的东南侧，是比利时第二大港。港区由布鲁日延伸到海边的泽布吕赫。泽布吕赫属布鲁日管辖，为其外港。2017 年 9 月，中远海运收购泽布吕赫码头（APMTZ）剩余 76% 股权，泽布吕赫码头从而成为中远海运集团在西北欧地区的第一个控股码头。中远海运集团海外码头投资情况见表 5–27。

表 5–26　泽布吕赫港

港口名称（中文）	港口名称（英文）	港口代码	纬 / 经度	所在国
泽布吕赫港	ZEEBRUGGE	BEZEE	51.329 965°/3.205 433°	比利时

表 5–27 中远海运集团海外码头投资情况

海外码头	所属国家	持股比例 /%
比雷埃夫斯码头（PPA 和 PCT）	希腊	100.00
塞得港苏伊士运河码头	埃及	20.00
伊斯坦布尔库姆（Kumport）码头	土耳其	26.00
安特卫普码头	比利时	20.00
泽布吕赫码头（APMTZ）	比利时	100.00
中远 – 新港码头	新加坡	49.00
釜山码头	韩国	5.50
西雅图码头	美国	13.33
鹿特丹欧迈（Euromax）集装箱码头	荷兰	35.00
阿布扎比哈里发码头二期	阿联酋	90.00
瓦多（Vado）集装箱码头	意大利	40.00
Noatum Port Holdings（NPH）（核心资产包括：瓦伦西亚 Notage 集装箱码头（NCTV）、毕尔巴鄂 Nota 集装箱码头（NCTB）、萨拉戈萨铁路场站 NRTZ Zaragoza、马德里铁路场站和铁路服务公司 Conterail Madrid）	西班牙	51.00
钱凯码头（TerminalesPortuariosChancay S.A.）	秘鲁	60.00

资料来源：《航运交易公报》

10）勒阿弗尔港

勒阿弗尔港（表 5–28）是法国诺曼底城市勒阿弗尔的港口，位于法国西北沿海塞纳河口北岸，濒临塞纳湾的东侧，是法国第 2 大港和最大的集装箱港。

表 5–28 勒阿弗尔港

港口名称（中文）	港口名称（英文）	港口代码	纬 / 经度	所在国
勒阿弗尔港	LE HAVRE	FRLEH	49.472 655°/0.146 204 19°	法国

勒阿弗尔港、鲁昂港和巴黎港于 2012 年成立法国 HAROPA 港口联盟。HAROPA 港口联盟地处北欧入口，拥有最佳的海运条件和地理位置以及密集的定期航线。区域港口间的资源整合可以提升港口竞争力，从而提升港口在全球物流网络中的枢纽地位。2017 年，HAROPA 港口联盟获得“2017 年欧洲最佳海港”奖和“最佳绿色港口”奖，该奖项主要由亚洲 18 000 名港口专业人士和供应链专家投票产生。

勒阿弗尔港是 HAROPA 港口联盟中的一个深水海港，既是亚欧航线进入欧洲的第一个挂靠港口，也是离开欧洲的最后一个挂靠港口，还是欧洲少数无潮汐限制，可以一周 7 天、全天 24 小时停靠世界超大型集装箱船的港口。2018 年，勒阿弗尔港完成集装箱吞吐量 290 万 TEU，该港正在扩大其市场份额并巩固其在欧洲主要港口的地位。除集装箱外，勒阿弗尔港 2018 年还完成 320 252 辆汽车的滚装运输，滚装货物运输量增加 4%，干散货量增长 19%。

2020 年，勒阿弗尔港在 Lloyd's List 发布的全球集装箱港口吞吐量排名中位居第 77。

11）波尔多港

波尔多港（表 5–29）位于法国西南的加龙河下游沿岸。波尔多是法国西南重要的工商业城市，也是这一地区的政治、经济、文化、交通和教育中心。

表 5–29　波尔多港

港口名称（中文）	港口名称（英文）	港口代码	纬 / 经度	所在国
波尔多港	BORDEAUX	FRBOD	44.857 38°/–0.547 256 45°	法国

2. 中欧主要港口

1）汉堡港

汉堡港（表 5–30）位于德国北部易北河下游的右岸，距离北海的出海口 110 km，濒临黑尔戈兰湾内，是德国最大的港口，也是欧洲第三大集装箱港。2020 年，汉堡港集装箱吞吐量为 854 万 TEU，在 Lloyd's List 发布的全球集装箱港口吞吐量排名中位居第 18。

表 5–30　汉堡港

港口名称（中文）	港口名称（英文）	港口代码	纬 / 经度	所在国
汉堡港	HAMBURG	DEHAM	53.507°/9.961 9°	德国

汉堡自由港依托汉堡港，于 1888 年 10 月 15 日正式建立，在其 125 年的发展历史中，占汉堡港区大约 1/5 的汉堡自由港曾跻身世界上规模较大的经济自由区之一。自 2013 年 1 月 1 日开始，由围栏与检查站包围的汉堡港自由贸易区正式终结了它逾百年的历史。自此汉堡港将不再拥有自由贸易区，取而代之的是整个汉堡港适用于欧盟对报关港的一系列规定，由此汉堡港亦取消了对港口区域内储存和处理欧盟国家货物的特殊监控程序。

2）不来梅哈芬港

不来梅哈芬港（表 5–31）位于德国西北部威悉河口右岸，距离公海 32 n mile，是位于易北河和威悉河下游之间的“易北—威悉三角地带”的中心城市，是欧盟划定的“不来梅—奥尔登堡大都市圈”的城市之一，处在与“汉堡大都市圈”的临界线上。不来梅哈芬港是德国汽车、机械及化工产品的主要出口港，德国第二大集装箱港。欧洲前十大集装箱港。2020 年，不来梅港在 Lloyd’s List 发布的全球集装箱港口吞吐量排名中位居第 36。

表 5–31　不来梅哈芬港

港口名称（中文）	港口名称（英文）	港口代码	纬 / 经度	所在国
不来梅哈芬港	BREMERHAVEN	DEBRV	53.550 88°/8.548 875 5°	德国

在水路运输方面，不来梅哈芬港与北欧、波罗的海沿岸东欧国家、俄罗斯的港口之间拥有密集的支线运输网络。往内陆方向，驳船能借助威悉河进入德国内河网络，抵达包括不来梅内港、汉诺威、明登、布伦瑞克等重要内河港。不来梅哈芬港和不来梅港（Port of Bremen，港口代码：DEBRE，或称不来梅内港）同属于德国不来梅州，在德语中合称为“不来梅组合港”。不来梅港目前处理的货种多为散货和件杂货，同时服务于不来梅市发达的临港产业，集装箱业务只占很小的比重。此外，不来梅港港口集团的哥伦布游轮中心为游轮提供最现代化的客运服务。不来梅港和不来梅哈芬港之间的独特分工是这两个港口的特色。

3）威廉港

威廉港（表 5–32）是德国第三大港、最大的石油港和德国重要的集装箱深水港。它位于德国西北部北海沿岸的亚德湾内，往东距离汉堡港约 100 km，往西距离荷兰鹿特丹港约 300 km。

表 5–32　威廉港

港口名称（中文）	港口名称（英文）	港口代码	纬 / 经度	所在国
威廉港	WILHELMSHAVEN	DEWVN	53.531 93°/8.164 269 5°	德国

3. 南欧主要港口

1）毕尔巴鄂港

毕尔巴鄂港（表 5–33）是西班牙重要的海运港口。毕尔巴鄂 Nota 集装箱码头（NCTB）是毕尔巴鄂港唯一的集装箱码头，是南欧大西洋地区最大和最现代化的集装箱码头之一，是伊比利亚半岛和法国西南部集装箱运输的理想门户。隶属中远海运控股 51% 的西班牙最大码头运营商 Noatum Port Holdings（NPH）。

表 5–33 毕尔巴鄂港

港口名称（中文）	港口名称（英文）	港口代码	纬/经度	所在国
毕尔巴鄂港	BILBAO	ESBIO	43.355 805°/–3.066 498 5°	西班牙

2）里斯本港

里斯本港（表 5–34）位于葡萄牙西海岸特茹河入海口处，濒临大西洋的东侧，是葡萄牙最大的港口，也是世界上最大的软木输出港。

表 5–34 里斯本港

港口名称（中文）	港口名称（英文）	港口代码	纬/经度	所在国
里斯本港	LISBON	PTLIS	38.703 39°/–9.152 427 5°	葡萄牙

课后任务

1. 列举西欧及大西洋沿岸主要港口。
2. 在地图中找出西欧航线主要港口位置。
3. 试分析中远海运港口全球化布局的意义。

我的“地中海”完全是指洋面本身、其滨海地区及其岛屿，以及那些为穿梭于大海之上的人提供了出发点与停泊点的海港城市。

——[英]大卫·阿布拉菲亚《伟大的海：地中海人类史》

任务三　地中海北岸地理及航线认知

任务描述

地中海（Mediterranean Sea）被北面的欧洲大陆，南面的非洲大陆和东面的亚洲大陆包围着，东西共长约 4 000 km，南北最宽处大约为 1 800 km，面积（包括马尔马拉海，但不包括黑海）约为 251.2 万 km^2，是世界最大的陆间海。

地中海以亚平宁半岛、西西里岛和突尼斯之间的突尼斯海峡为界，分东、西两部分。地中海是世界上最古老的海，历史比大西洋还要古老。地中海沿岸还是古代文明的发祥地之一。这里有古埃及的灿烂文化，有古巴比伦王国和波斯帝国的兴盛，更有欧洲文明的发源地（爱琴文明、古希腊文明以及公元世纪时地跨亚、欧、非三洲的古罗马帝国）。

地中海在交通和战略上均占有重要地位。它西经直布罗陀海峡可通大西洋，东北经土耳其海峡接黑海，东南经苏伊士运河出红海达印度洋，是欧亚非三洲之间的重要航道，也是沟通大西洋、印度洋间的重要通道，因而在经济、政治和军事上都具有极为重要的地位。

从传统海运角度来看，地中海北岸航线以亚得里亚海为界分为地东线和地西线。

地中海北岸航线主要涉及国家及地区包括：西班牙、英国（直布罗陀）、法国、摩纳哥、意大利、马耳他、斯洛文尼亚、克罗地亚、波斯尼亚黑塞哥维那、黑山、阿尔巴尼亚、希腊和土耳其。此外还有内陆国家和地区包括安道尔、梵蒂冈、圣马力诺、北马其顿、塞尔维亚及争议地区科索沃。

知识讲解

一、地中海北岸地区地理概况

1. 地中海北岸主要国家基本概况

1）意大利

意大利位于欧洲南部，包括亚平宁半岛及西西里、撒丁等岛屿。北以阿尔卑斯山为屏障与法国、瑞士、奥地利、斯洛文尼亚接壤，东、南、西三面分别临地中海的属海亚得里亚海、爱奥尼亚海和第勒尼安海。海岸线长约 7 200 km。首都罗马。意大利是欧盟和北约的创始会员国，还是申根公约、八国集团和联合国等重要国际组织的成员，意大利共拥有 55 项联合国教科文组织世界遗产，和中国并列为全球拥有世界遗产最多的国家。

意大利是一个发达的资本主义国家，欧洲第四大、世界第八大经济体。中小企业发达，被誉为“中小企业王国”，中小企业数量占企业总数的 98% 以上。实体经济发达，是欧盟内仅次于德国的第二大制造业强国。地区经济发展不平衡，北方工商业发达，南方以农业为主，经济较为落后。

2011 年，受国际金融危机和希腊主权债务危机影响，意大利主权债务形势十分严峻，经济持续疲软。近 10 年来，意大利分别于 2008 年、2012—2014 年、2019 年历经 3 次经济衰退。2020 年以来的新冠肺炎疫情对意大利经济也造成了严重冲击。

对外贸易是意大利经济的主要支柱，外贸产值占国内生产总值 40% 以上。著名公司包括：菲亚特－克莱斯勒汽车公司、GUCCI、Armani、倍耐力集团等。目前，意大利是中国在欧盟的第四大贸易伙伴，中国是意大利在亚洲的第一大贸易伙伴。2020 年，双边贸易额为 551.85 亿美元，其中：中国对意大利出口 329.38 亿美元，进口 222.47 亿美元。

2）希腊

希腊位于巴尔干半岛最南端。北同保加利亚、马其顿、阿尔巴尼亚相邻，东北与土耳其的欧洲部分接壤，西南濒爱奥尼亚海，东临爱琴海，南隔地中海与非洲大陆相望。海岸线长约 15 021 km，领海宽度为 6 n mile。

希腊是西方文明的发祥地，是民主制度、西方哲学、奥林匹克运动会、西方文学、历史学、政治学、科学和数学原理，以及西方戏剧的发源地。希腊文化与技术进步对世界历史具有极大的影响力，通过亚历山大大帝和拜占庭帝国传播至西方世界和东方世界。

目前，希腊属欧盟经济中等发达国家之一，经济基础较薄弱，工业制造业较落后。

希腊是世界航运大国，海运业发达，与旅游、侨汇并列为希外汇收入三大支柱。农业较发达，工业主要以食品加工和轻工业为主。2009年底以来深陷主权债务危机。2018年8月20日，希腊正式退出救助计划，希腊债务危机已基本结束。2019年9月，希腊取消所有资本管制。

希腊同100多个国家有贸易关系，欧盟成员国是其最大贸易伙伴，占其进出口总额的42%~47%。德国、意大利、英国、塞浦路斯、保加利亚、俄罗斯和中国为其主要贸易伙伴。

近年来，中希两国贸易发展较快。2019年，中希双边贸易额为84.6亿美元。2020年1—8月，中希双边贸易额48.9亿美元。

2. 地中海北岸地区资源概况

地中海北岸地区隔着地中海与亚、非两洲相望，自古以来与西亚及北非往来密切，同是重要的古文明起源地；对西方世界而言，这里更孕育了古希腊、古罗马文化，确立了早期的基督教社会，为西方的思想及知识体系奠定了基础。

地中海北岸地区地理优越，北依阿尔卑斯山脉，东濒黑海，南临地中海，西濒大西洋。大多数地区为地中海气候，降雨较少，是欧洲天气最炎热的地带。

地中海北岸地区总体资源较少，矿产主要以重金属和非金属矿物为主。重金属中的汞矿储量较大，西班牙、意大利的汞储量分别为世界第一和第三，这两个国家的基础储量占世界一半。意大利还是欧洲最大的铝土矿、硫磺、大理石产国。煤矿、铁矿主要在西班牙出产。希腊主要矿产有铝矾土、褐煤。阿尔巴尼亚主要矿藏有石油、铬、铜、镍、铁、煤等。黑山铝、煤等资源储藏丰富。克罗地亚主要矿产资源有石油、天然气、煤、铝矾土、优质泥灰石。波斯尼亚和黑塞哥维那矿产资源丰富，主要有铁矿、褐煤、铝矾土、铅锌矿、石棉、岩盐、重晶石等，其中煤炭蕴藏量达38亿t。图兹拉地区食用盐储量为欧洲之最。塞尔维亚矿藏有煤、铁、锌、铜等。北马其顿矿产资源比较丰富，有煤、铁、铅、锌、铜、镍等，其中煤的蕴藏量约9.4亿t。

地中海北岸地区农、林、渔业较发达。法国是欧盟最大的农业生产国，也是世界主要农产品和农业食品出口国。意大利是世界传统农业大国和农业强国，橄榄油、葡萄酒、番茄酱等农产品质量享誉世界。西班牙农业用地面积占国土面积13.8%，居欧盟第2位。农作物种植种类主要有葡萄、橄榄、柑橘等。畜牧业以猪、牛为主，猪肉、羊肉产量居欧盟第2位。橄榄的种植面积及橄榄油的产量均居世界首位，全世界50%的橄榄油产自西班牙。葡萄的种植面积居世界首位，达95万公顷，占世界总种植面积的13%。[①] 希腊可耕种地面积占国土面积的30%，其中灌溉农业面积占37%。希腊主要

① 资料来源：西班牙统计局报告

农产品都能自给自足，水果蔬菜可批量出口欧洲、俄罗斯等地。阿尔巴尼亚以发展有机农业为目标。耕地面积 62 万公顷。黑山全国农业用地面积为 51.6 万公顷，约占国土总面积的 37.4%。塞尔维亚土地肥沃，农业生产条件良好。北马其顿农业用地面积为 126.4 万公顷，其中耕种面积为 51.9 万公顷，畜牧面积 74.4 万公顷。

地中海北岸地区森林和水利资源丰富。法国森林面积约 1 615.4 万公顷，覆盖率 29.4%。水力和地热资源的开发利用也比较充分。西班牙林总面积 1 500 万公顷，森林覆盖率 30%。希腊森林覆盖率为 17%。斯洛文尼亚森林和水利资源丰富，森林覆盖率 66%。黑山森林和水利资源丰富，森林覆盖率 45%。克罗地亚森林和水力资源丰富，森林覆盖率 44%。波斯尼亚和黑塞哥维那拥有丰富的水资源，潜在的水力发电量达 170 亿 kW · h。森林覆盖面积占波黑全境面积的 46.6%。塞尔维亚森林覆盖率 31.12%，水力资源丰富。北马其顿森林覆盖率为 38.9%。

地中海北岸地区总体经济发展较好，大多数国家为发达国家。因特殊的地理位置，成为欧洲联系外界的交通中心。

二、地中海北岸航线主要港口

1. 地西线主要港口

1）阿尔赫西拉斯港

阿尔赫西拉斯港（表 5–35）位于西班牙南部沿海直布罗陀海峡东北侧的阿尔赫西拉斯湾的西岸，是西班牙最大的原油进口港，第 2 大集装箱港口。该港地处大西洋与地中海之间的要冲，地理位置十分重要。有铁路与西班牙内地相连接、还与摩洛哥之间有轮渡往来。阿尔赫西拉斯港的 TTI Algeciras 码头是作为西班牙港最具领先地位的自动化集装箱码头，最早采用了垂直自动化方式作业，也是地中海地区最早采用半自动化作业方式的重要枢纽码头。2020 年，阿尔赫西拉斯港在 Lloyd’s List 发布的全球集装箱港口吞吐量排名中位居第 33。

表 5–35 阿尔赫西拉斯港

港口名称（中文）	港口名称（英文）	港口代码	纬 / 经度	所在国
阿尔赫西拉斯港	ALGECIRAS	ESALG	36.136 72°/–5.434 271°	西班牙

2）直布罗陀港

直布罗陀港（表 5–36）位于欧洲西南端伊比利亚半岛西岸的阿尔赫西拉斯湾东侧，该港扼地中海和大西洋之要冲，为亚非欧联接之咽喉，是个有重要战略意义的海港。它既是货物集散地，也是一个加油站；同时，又是一个旅游业中心。

表 5–36　直布罗陀港

港口名称（中文）	港口名称（英文）	港口代码	纬 / 经度	所在国
直布罗陀港	GIBRALTAR	GIGIB	36.143 8°/–5.364 75°	英国

3）瓦伦西亚（巴伦西亚）港

瓦伦西亚港（表 5–37）位于西班牙河的入海口，瓦伦西亚湾内，濒临地中海的西侧，是首都马德里最近的海上出入门户，目前是西班牙第一大集装箱港口，也是西班牙东部重要的工业城市，主要工业有造船等，并且是西班牙的造船中心之一。巴伦西亚 Notage 集装箱码头（NCTV）是巴伦西亚港最大的集装箱码头。隶属中远海运控股 51% 的西班牙最大码头运营商 Noatum Port Holdings（NPH）。2020 年，巴伦西亚港在 Lloyd’s List 发布的全球集装箱港口吞吐量排名中位居第 29。

表 5–37　瓦伦西亚（巴伦西亚）港

港口名称（中文）	港口名称（英文）	港口代码	纬 / 经度	所在国
瓦伦西亚港	VALENCIA	ESVLC	39.442 31°/–0.316 465 95°	西班牙

4）巴塞罗那港

巴塞罗那港（表 5–38）位于加泰罗尼亚自治区首府巴塞罗那，西班牙东北沿海略夫雷戈斯河口东岸，紧依靠市区，濒临地中海的西北侧，为西班牙全国最大的件杂货港，第 3 大集装箱港口，欧洲重要邮轮港。2020 年，巴塞罗那港在 Lloyd’s List 发布的全球集装箱港口吞吐量排名中位居第 64。

表 5–38　巴塞罗那港

港口名称（中文）	港口名称（英文）	港口代码	纬 / 经度	所在国
巴塞罗那港	BARCELONA	ESBCN	41.352 375°/2.158 441°	西班牙

5）马赛港

马赛港（表 5–39）位于法国东南沿海利翁湾东北岸，濒临地中海的西北侧，原属于普罗旺斯省。它是法国最大的商业港口和第 2 大集装箱港口。

表 5–39　马赛港

港口名称（中文）	港口名称（英文）	港口代码	纬 / 经度	所在国
马赛港	MARSEILLES	FRMRS	43.309 425°/5.362 028 5°	法国

马赛港东西共有五个港区：以件杂货和集装箱的装卸、修船和客运为主的东港区即马赛港区，也就是老港区，是欧洲最大的客运港，年客运 100 万人次；西港区是新港区，包括装卸原油及成品油、液化天然气和各种化学制品的拉沃拉和贝尔港区，装

卸干散货的卡隆特港区，装卸成品油、液化天然气、散装酒、汽车和重件货物的圣路易罗拉港区，装卸干散货（工业原料）、集装箱、原油及件杂货的福斯（FOS）港区。福斯港区为欧洲第 2 大油港，拥有世界第一流的天然气装卸设施和地中海一流的集装箱码头。

6）热那亚港

热那亚港（表 5–40）位于意大利亚平宁半岛西北海岸的热那亚湾顶端，濒临利古里亚海的北侧，是意大利的最大海港之一。2020 年，热那亚港在 Lloyd's List 发布的全球集装箱港口吞吐量排名中位居第 73。

表 5–40 热那亚港

港口名称（中文）	港口名称（英文）	港口代码	纬 / 经度	所在国
热那亚港	GENOVA	ITGOA	44.403 545°/8.909 109°	意大利

7）拉斯佩齐亚港

拉斯佩齐亚港（表 5–41）位于意大利亚平宁半岛西北沿海热那亚湾东岸的拉斯佩齐亚湾的顶端，濒临利古里亚海的东北侧，1971 年开始运营，不仅是煤、石油和天然气的进出口良港，也是集装箱、邮轮、干散货的重要进出港口，是一个集海运和陆运双重优势的天然港口。

表 5–41 拉斯佩齐亚港

港口名称（中文）	港口名称（英文）	港口代码	纬 / 经度	所在国
拉斯佩齐亚港	LA SPEZIA	ITSPE	44.104 715°/9.837 505°	意大利

8）那不勒斯（拿坡里、拿波里）港

那不勒斯港（表 5–42）位于意大利亚平宁半岛西南海岸那不勒斯湾的顶端，濒临第勒尼安海的东侧，是意大利的主要海港之一。始建于公元前 6 世纪，曾是罗马皇帝的避暑胜地。现在已发展成为意大利南部地区的工业中心，是意大利的主要炼油中心之一，也是钢铁工业中心之一。

表 5–42 那不勒斯港

港口名称（中文）	港口名称（英文）	港口代码	纬 / 经度	所在国
那不勒斯港	NAPLES	ITNAP	40.837 99°/14.276 23°	意大利

9）焦亚陶罗港

焦亚陶罗港（表 5–43）位于意大利本岛西海岸，是一个人工挖掘的狭长港口，目前是意大利第一大集装箱港口。2020 年，焦亚陶罗港在 Lloyd's List 发布的全球集装箱港口吞吐量排名中位居第 57。

表 5-43　焦亚陶罗港

港口名称（中文）	港口名称（英文）	港口代码	纬 / 经度	所在国
焦亚陶罗港	GIOIA TAURO	ITGIT	38.454 94°/15.901 825°	意大利

2. 地东线主要港口

1）威尼斯港

威尼斯港（表 5-44）位于亚得里亚海威尼斯湾西北岸，为意大利东北部重要港市，是意大利最大的港口之一，也是世界著名邮轮港。威尼斯有“水城”之称。中世纪为地中海最繁荣的贸易中心之一。

表 5-44　威尼斯港

港口名称（中文）	港口名称（英文）	港口代码	纬 / 经度	所在国
威尼斯港	VENICE	ITVCE	45.436 48°/12.288 66°	意大利

2016 年 11 月 17 日，中国交建与意大利 3TI 公司、eAmbiente 公司组成的联合体中标意大利威尼斯离岸深水港一期设计项目。项目业主为威尼斯港务局。项目建成后将在威尼斯马拉莫科港口对面约 8 n mile 海域位置建造深达 20 m 的离岸码头，实现 1.8 万 ~2.2 万 TEU 巨型集装箱船舶的在港停泊，届时该港口集装箱处理能力有望从现有的 80 万 TEU 提高至 180 万 TEU。

2）里耶卡港

里耶卡港（表 5-45）位于亚得里亚海克瓦内尔湾畔，是克罗地亚第三大城市和最大的港口，也是亚得里亚海地区最大的集装箱港口之一。

表 5-45　里耶卡港

港口名称（中文）	港口名称（英文）	港口代码	纬 / 经度	所在国
里耶卡港	RIJEKA	HRRJK	45.320 88°/14.447 785°	克罗地亚

3）都拉斯港

都拉斯港（表 5-46）位于阿尔巴尼亚西部沿海都拉斯湾口的北岸，濒临亚得里亚海的东南侧，是阿尔巴尼亚最大的港口，最大的客运港，也是亚得里亚海最大的客运港之一。

表 5-46　都拉斯港

港口名称（中文）	港口名称（英文）	港口代码	纬 / 经度	所在国
都拉斯港	DURRES	ALDRZ	41.307 61°/19.458 81°	阿尔巴尼亚

4）马尔萨什洛克港

马尔萨什洛克港（表 5–47）位于马耳他东南沿海马尔萨什洛克湾的顶端，是马耳他最南部的一个海港，也是马耳他三大海港之一。马尔萨什洛克港是地中海地区集装箱运输的一个中转港。2020 年，马尔萨什洛克港在 Lloyd's List 发布的全球集装箱港口吞吐量排名中位居第 76。

表 5–47 马尔萨什洛克港

港口名称（中文）	港口名称（英文）	港口代码	纬 / 经度	所在国
马尔萨什洛克港	MARSAXLOKK	MTMAR	35.827 7°/14.543 45°	马耳他

5）比雷埃夫斯港

比雷埃夫斯港（表 5–48）位于希腊东南沿海萨罗尼科斯湾东北岸，濒临爱琴海的西南侧，是首都雅典的外港，希腊的最大港口。

表 5–48 比雷埃夫斯港

港口名称（中文）	港口名称（英文）	港口代码	纬 / 经度	所在国
比雷埃夫斯港	PIRAEUS	GRPIR	37.946 06°/23.615 965°	希腊

中远海运集团于 2008 年获得比雷埃夫斯港 2 号和 3 号码头 35 年的特许经营权，随后经过多年经营与谈判，于 2016 年购得比雷埃夫斯港港务局 67% 的股份，从而将这个地中海最重要的港口收入旗下，中远海运集团将可以管理经营比雷埃夫斯港直至 2052 年。同时，这也是中国企业首次在海外接管整个港口。

比雷埃夫斯港是“21 世纪海上丝绸之路”进入欧洲的主要港口，可以通过中欧陆海快线与丝绸之路经济带连接起来。2018 年 8 月 27 日，中国同希腊政府签署共建“一带一路”合作谅解备忘录。希腊成为与中方签订此类备忘录的首个欧洲发达国家。双方将以签署合作谅解备忘录为契机，将“一带一路”倡议同希腊建设区域交通、能源和服务枢纽的战略紧密对接，进一步加强设施联通、贸易畅通和资金融通，继续扎实推进比雷埃夫斯港合作项目和中欧陆海快线建设。

2020 年，比雷埃夫斯港在 Lloyd's List 发布的全球集装箱港口吞吐量排名中位居第 28。

6）塞萨洛尼基港

塞萨洛尼基港（表 5–49）位于希腊北部沿海塞尔迈湾内的萨洛尼卡湾的东北岸，濒临爱琴海的西北侧。原名萨洛尼卡（SALONIKA），是希腊第二大集装箱港。始建于公元前 315 年，以亚历山大帝王的妹妹命名。2016 年完成集装箱吞吐量 34.43 万 TEU。2017 年，包括德国 Deutsche Invest Equity Partners 和法国达飞集团旗下的 Terminal Link、Savvidis Group 集团组成的财团以 2.319 亿欧元获得塞萨洛尼基港务局 67% 的股份，希腊政府将保留港口当局 7.22% 的股权。

表 5–49　塞萨洛尼基港

港口名称（中文）	港口名称（英文）	港口代码	纬 / 经度	所在国
塞萨洛尼基港	THESSALONIKI	GRSKG	40.636 92°/22.918 59°	希腊

课后任务

1. 列举地中海北岸主要港口。
2. 在地图中找出地中海北岸主要港口位置。
3. 试分析意大利焦亚陶罗港的兴衰原因。
4. 说明意大利威尼斯港的优点和缺点。
5. 简要说明比雷埃夫斯港的战略地位。

希腊人盯着黑海，那里是他们粮食、金属和马匹的由来。

——南开大学历史学院教授李冬君《王国的堕落》

任务四　黑海沿岸地理及航线认知

任务描述

黑海（Black Sea）是欧亚大陆的一个内海。因水色深暗、多风暴而得名。黑海向西通过博斯普鲁斯海峡、马尔马拉海、达达尼尔海峡与地中海相通，向北经刻赤海峡与亚速海相连。黑海形似椭圆形。东西最长 1 175 km，南北最宽 611 km，中部最窄 263 km，面积 43.64 万 km^2（不包括亚速海），海岸线长约 3 400 km。平均水深 1 271 m，最大水深 2 212 m。黑海海岸低地少，大部分低地都在北岸。注入黑海的大河流有多瑙河、聂伯河、聂斯特河和顿河。原是古地中海（Tethys Sea）的残留海盆。黑海北岸为乌克兰，东北岸为俄罗斯，格鲁吉亚在其东岸，土耳其在南岸，保加利亚、罗马尼亚在其西岸。

黑海在航运、贸易和战略上具有重要地位，是联系乌克兰、保加利亚、罗马尼亚、格鲁吉亚、俄罗斯西南部与世界市场的航运要道。北部沿岸，尤其是克里米亚半岛，是东欧人的度假、疗养胜地。

知识讲解

一、黑海沿岸地区地理概况

1. 黑海沿岸国家基本概况

黑海航线主要涉及国家包括欧洲的罗马尼亚、保加利亚、乌克兰、俄罗斯和亚洲的土耳其、格鲁吉亚。

罗马尼亚位于东南欧巴尔干半岛北部。北和东北分别同乌克兰和摩尔多瓦为邻，南接保加利亚，西南和西北分别同塞尔维亚和匈牙利接壤，东南临黑海。海岸线245 km。首都布加勒斯特。罗马尼亚是欧盟成员国中经济增长率最高的，2019年被世界银行列入高收入经济体行列。近年来罗马尼亚妥善应对国际金融危机和欧债危机的冲击，经济平稳增长，已成为欧洲重要的新兴市场。

保加利亚位于东南欧、巴尔干半岛东部。其北部与罗马尼亚隔多瑙河相望，西部与塞尔维亚、北马其顿相邻，南部与希腊、土耳其接壤，东部临接黑海，海岸线总长378 km。首都索非亚。保加利亚的工业以食品加工业和纺织业为主，旅游业近年来有所发展。其玫瑰、酸奶和葡萄酒历来在国际市场上享有盛名。

乌克兰位于欧洲东部，黑海、亚速海北岸。其北邻白俄罗斯，东北接俄罗斯，西连波兰、斯洛伐克、匈牙利，南同罗马尼亚、摩尔多瓦毗邻。首都基辅。乌克兰是世界上第三大粮食出口国，有着“欧洲粮仓”的美誉，其农业产值占国内生产总值20%。乌克兰工农业较为发达，重工业在工业中占据主要地位。

土耳其，地跨亚、欧两洲，邻格鲁吉亚、亚美尼亚、阿塞拜疆、伊朗、伊拉克、叙利亚、希腊和保加利亚，濒地中海、爱琴海、马尔马拉海和黑海。海岸线长7 200 km。首都安卡拉。土耳其是北约成员国，也是经济合作与发展组织创始会员国和20国集团的成员。拥有雄厚的工业基础，为世界新兴经济体之一，亦是全球发展最快的国家之一。

格鲁吉亚位于南高加索中西部。北接俄罗斯，东南和南部分别与阿塞拜疆和亚美尼亚相邻，西南与土耳其接壤，西邻黑海。海岸线长309 km。首都第比利斯。2018年1月，中格自贸协定正式生效，格鲁吉亚成为欧亚地区首个与中国建立自贸安排的国家。2019年2月，格鲁吉亚同中国香港特区自贸协定生效。

2. 黑海沿岸地理基本概况

黑海东西长约1 175 km，从克里米亚半岛南缘到黑海南海岸，黑海山脉，西岸在博斯普鲁斯海峡附近山势稍稍平坦，西南隅是伊斯特兰贾山，往北是多瑙河三角洲，西北和北边海岸地势低洼，仅南部克里米亚山脉在沿岸形成陡崖峭壁。沿岸大陆架面积只占整个水域面积的25%，经大陆坡到达海底盆地，面积占整个水域面积的25%。海盆底部平坦，逐渐向中心加深，最深处超过2 200 m。

黑海海水平均深度为1 271 m，上层为水面至200 m深处，集中了几乎所有的海洋生物。200 m以下为下层，因海水中含有不少硫化氢，生物极少。

2020年8月22日，土耳其宣称在黑海发现有史以来储量最大的天然气，为3 200亿m^3。

1992 年，黑海沿岸国家和相关国家逐步意识到了保护和治理黑海生态环境的重要性。黑海沿岸六国于 1992 年 4 月 21 日在罗马尼亚首都布加勒斯特签署了保护黑海免遭污染的国际公约。

由于黑海是连接东欧内陆和中亚、高加索地区出地中海的主要海路，故此其战略地位非常重要。黑海航道是古代丝绸之路由中亚通往罗马的北线必经之路。尤其是对自 17 世纪开始崛起的沙俄王朝，黑海和波罗的海均是影响该国对欧洲联系的命脉。近代史中也有因为抢夺黑海的控制权而引发的战争和军事行动。

黑海是东欧各国海运要道，也是欧洲地区各主要河流的出海口，包括全长 2 100 余千米的第聂伯河、1 860 km 的顿河、源自乌克兰境内长约 1 000 km 的德涅斯特河以及发源于德国南部的多瑙河。黑海沿岸重要港口有乌克兰的敖德萨，保加利亚的布尔加斯、罗马尼亚的康斯坦察和土耳其的伊斯坦布尔等重要港口。

二、黑海航线主要港口

1. 土耳其港口

1）伊斯坦布尔港

伊斯坦布尔港（表 5–50）位于土耳其，西部沿海伊斯坦布尔海峡西南岸，濒临马尔马拉海的东北侧，是土耳其的最大海港。它是一个跨越欧、亚两洲的历史名城，是地中海经马尔马拉海去黑海的通道。

表 5–50 伊斯坦布尔港

港口名称（中文）	港口名称（英文）	港口代码	纬 / 经度	所在国
伊斯坦布尔港	ISTANBUL	TRIST	41.094 065°/29.035 765°	土耳其

伊斯坦布尔港有两部分，位于欧洲部分的港口统称阿姆巴利港（Ambarli Port），岸线长 34 km。而 Ambarli Port 又包括了 Kumport、Akcansa Cement Pier、Mardas、Armaport、Anadolu and Set cement Pier、Soyak 等 6 个码头；位于亚洲部分的码头为海达尔帕夏（Haydarpasa）码头。2020 年，阿姆巴利港在 Lloyd's List 发布的全球集装箱港口吞吐量排名中位居第 66。

2）伊兹米特港

伊兹米特港（表 5–51）是土耳其重要的海运港口，位于伊兹米特湾东端。主要有两大港口：艾维亚普港（Evyap Port）和 Korfezi DP World Yarimca。2020 年，伊兹米特港在 Lloyd's List 发布的全球集装箱港口吞吐量排名中位居第 97。

表 5–51　伊兹米特港

港口名称（中文）	港口名称（英文）	港口代码	纬 / 经度	所在国
伊兹米特港	IZMIT	TRIZT	40.756 665°/29.913 935°	土耳其

2. 保加利亚港口

1）瓦尔纳港

瓦尔纳港（表 5–52）位于保加利亚东北沿海的瓦尔纳湾的西北岸，濒临黑海的西南侧，是保加利亚的最大港口。

表 5–52　瓦尔纳港

港口名称（中文）	港口名称（英文）	港口代码	纬 / 经度	所在国
瓦尔纳港	VARNA	BGVAR	43.193 825°/27.910 81°	保加利亚

2）布尔加斯港

布尔加斯港（表 5–53）位于保加利亚东南沿海布尔加斯湾的西侧，濒临黑海的西南侧，是保加利亚的一个现代化港口，全国第二大港口。

表 5–53 布尔加斯港

港口名称（中文）	港口名称（英文）	港口代码	纬 / 经度	所在国
布尔加斯港	BURGAS	BGBOJ	42.459 295°/27.489 835°	保加利亚

3. 罗马尼亚港口

康斯坦察港（表 5–54）也称之为康斯坦萨港（Constantza），位于黑海西岸，最早于 1909 年建成，是罗马尼亚最大的海港。

表 5–54　康斯坦察港

港口名称（中文）	港口名称（英文）	港口代码	纬 / 经度	所在国
康斯坦察港	CONSTANTA	ROCND	44.131 3°/28.684°	罗马尼亚

4. 乌克兰港口

1）敖德萨港

敖德萨港（表 5–55）位于乌克兰南部沿海敖德萨湾西南岸，濒临黑海西北侧，是乌克兰的最大海湾港口，也是乌克兰的主要油港。

表 5–55 敖德萨港

港口名称（中文）	港口名称（英文）	港口代码	纬 / 经度	所在国
敖德萨港	ODESSA	UAODS	46.499 22°/30.743 925°	乌克兰

2）切尔诺莫斯克港

切尔诺莫斯克港（表 5–56）2016 年 2 月 18 日被命名为当前名称，之前名为伊利切夫斯克，位于乌克兰南部沿海，濒临黑海西北侧，是乌克兰主要海港之一。

表 5–56 切尔诺莫斯克港

港口名称（中文）	港口名称（英文）	港口代码	纬 / 经度	所在国
切尔诺莫斯克港	ILLYCHEVSK	UAILK	46.331°/30.659°	乌克兰

5. 俄罗斯港口

1）新罗西斯克（诺沃罗西斯克）港

新罗西斯克（表 5–57）也称诺沃罗西斯克港，俄罗斯南方大油港，俄罗斯黑海东北岸重要港市，属克拉斯诺达尔边疆区，是全国最大石油输出港，有输油管连接俄国中部和西西伯利亚油田。其附近有黑海舰队基地。

表 5–57 新罗西斯克港

港口名称（中文）	港口名称（英文）	港口代码	纬 / 经度	所在国
新罗西斯克港	NOVOROSSIYSK	RUNVS	44.720 065°/37.813 73°	俄罗斯

2）索契港

索契港（表 5–58）位于俄罗斯西南部克拉斯诺达尔边疆区的索契境内，地处克拉斯诺达尔边疆区的南部，西濒黑海的东侧。西北近新罗西斯克港。

表 5–58 索契港

港口名称（中文）	港口名称（英文）	港口代码	纬 / 经度	所在国
索契港	SOCHI	RUSOC	43.577 75°/39.716 65°	俄罗斯

6. 格鲁吉亚港口

1）波季港

波季港（表 5–59）位于格鲁吉亚西部黑海沿岸南部，属于天然良港，为欧亚运输走廊和丝绸之路西部出海重要港口，与中国欧亚大陆桥东部桥头堡连云港相对应。

表 5–59　波季港

港口名称（中文）	港口名称（英文）	港口代码	纬 / 经度	所在国
波季港	POTI	GEPTI	42.155°/41.656°	格鲁吉亚

2）巴统港

巴统港（表 5–60）位于格鲁吉亚西南沿海乔鲁赫河口北岸，濒临黑海的东南侧，接近土耳其共和国的边界，是格鲁吉亚的石油中转港。

表 5–60　巴统港

港口名称（中文）	港口名称（英文）	港口代码	纬 / 经度	所在国
巴统港	BATUMI	GEBUS	41.651°/41.654 5°	格鲁吉亚

课后任务

1. 说明黑海海峡的组成部分和重要性。
2. 在地图中找出黑海航线主要港口位置。

项目六

认识非洲航线

万国争推东道主，一河横跨两洲遥。

——清 · 黄遵宪《苏彝士河》

任务一 北非地区地理及航线认知

任务描述

北非（North Africa）即非洲大陆北部地区，习惯上为撒哈拉沙漠以北广大区域。“北非”一词没有单一的公认定义。它有时被定义为从西部的摩洛哥大西洋海岸延伸到东部的苏伊士运河和红海。该地区 70% 以上为阿拉伯人。阿拉伯文化与伊斯兰教为北非重要人文特征。

北非的自然和人文特征与西亚地区相似度高。为了研究方便，人们有时把它和西亚放在一起研究，称阿拉伯世界。其人们主要使用语言为阿拉伯语，民族也为阿拉伯民族，宗教为伊斯兰教。所以在很多地方，这里通常称为阿拉伯世界，人们被称为阿拉伯人，国家被称阿拉伯国家。

北非的地理位置非常重要。它北隔地中海遥望欧洲，南接非洲南部，西临大西洋，东濒红海。有西北部的直布罗陀海峡扼守地中海与大西洋的通道；东北部的苏伊士运河扼守地中海与红海通道，从而它们联合起来扼守印度洋与大西洋的战略性通道。其也是陆上交通亚、欧、非三洲间的重要中转站，战略地位极为重要。

知识讲解

一、北非地区地理概况

1. 北非地区国家基本概况

北非航线涉及的主要国家和地区通常包括苏丹、埃及、利比亚、突尼斯、阿尔及利亚、摩洛哥 6 国及大西洋中的葡属马德拉群岛、亚速尔群岛，西属加那利群岛。埃及、利比亚和苏丹又称东北非；突尼斯、阿尔及利亚和摩洛哥称西北非。

埃及跨亚、非两大洲，大部分位于非洲东北部，只有苏伊士运河以东的西奈半岛位于亚洲西南部。西连利比亚，南接苏丹，东临红海并与巴勒斯坦、以色列接壤，北濒地中海。海岸线长约 2 900 km。首都开罗。埃及是世界四大文明古国之一。埃及是中东人口最多的国家和非洲人口第二大国，在经济、科技方面长期处于非洲领先态势，也是非洲大陆第三大经济体。其各项重要产业，如旅游业、农业、工业和服务业有着几乎同等的发展比重。埃及也被认为是一个中等强国，在北非、中东和伊斯兰信仰地区尤其有广泛的影响力。

利比亚位于非洲北部，与埃及、苏丹、突尼斯、阿尔及利亚、尼日尔、乍得接壤。北濒地中海，海岸线长超 1 900 km。首都的黎波里。利比亚长期实行单一国营经济，依靠丰富的石油资源，曾一度富甲非洲。2011 年爆发内战，随后以法国、美国为首的西方国家对利比亚展开“奥德赛黎明”军事行动，卡扎菲政权倒台。卡扎菲身亡后，利比亚分崩离析。2014 年，利比亚局势再度动荡，2019 年 4 月再次爆发武装冲突。截至 2020 年 6 月，利比亚两大势力割据对峙。

苏丹位于非洲东北部，红海西岸。北邻埃及，西接利比亚、乍得、中非，南毗南苏丹，东接埃塞俄比亚、厄立特里亚。东北濒临红海，海岸线长约 720 km。首都喀土穆。苏丹经济结构单一，以农牧业为主，工业落后，基础薄弱，对自然及外援依赖性强。苏丹是联合国宣布的世界最不发达国家之一。

突尼斯位于非洲北端。西与阿尔及利亚为邻，东南与利比亚接壤，北、东临地中海，隔突尼斯海峡与意大利相望，海岸线全长 1 300 km。首都突尼斯市。突尼斯经济中工业、农业、服务业并重。工业以磷酸盐开采、加工及纺织业为主。橄榄油是出口创汇的主要农产品。旅游业较发达，在国民经济中占重要地位。

阿尔及利亚为非洲面积最大的国家。位于非洲西北部。北临地中海，东临突尼斯、利比亚，南与尼日尔、马里和毛里塔尼亚接壤，西与摩洛哥、西撒哈拉交界。海岸线长约 1 200 km。首都阿尔及尔。阿尔及利亚经济规模在非洲居第四位，仅次于南非、尼日利亚和埃及。石油与天然气是国民经济的支柱。

摩洛哥位于非洲西北端。东、东南接阿尔及利亚，南部为西撒哈拉，西濒大西洋，北隔直布罗陀海峡与西班牙相望，扼地中海入大西洋的门户。其海岸线长超 1 700 km。首都拉巴特。摩洛哥经济总量在非洲排名第 5（在尼日利亚、埃及、南非、阿尔及利亚之后），北非排名第 3。磷酸盐出口、旅游业、侨汇是经济主要支柱。农业有一定基础，但粮食不能自给。渔业资源丰富，产量居非洲首位。

2. 北非地区地理概况

北非即非洲大陆北部地区，习惯上为撒哈拉沙漠以北广大区域，北隔地中海与欧洲相望，东北部以苏伊士运河、红海与亚洲大陆相连，南部为撒哈拉沙漠，西临太平洋。北非地区矿藏有石油、磷酸盐、天然气、铁等。埃及已探明的储量为：石油 48 亿桶，天然气 3.2 万亿 m^3，磷酸盐约 70 亿 t，铁矿 6 000 万 t。2015 年，埃及近海海域发现迄今地中海范围内最大天然气田，潜在天然气蕴藏量为 8 500 亿 m^3。埃及的石油和天然气探明储量分别位居非洲国家第 5 和第 4，是非洲最重要的石油和天然气生产国。利比亚石油和天然气已探明储量分别为 484 亿桶和 1.54 万亿 m^3。其他有铁（蕴藏量 20 亿 ~30 亿 t）、钾、锰、磷酸盐、铜、锡、硫磺、铝矾土等。阿尔及利亚石油探明储量约 17 亿 t，占世界总储量 1%，居世界第 15，主要是撒哈拉轻质油，油质较高；天然气探明可采储量 4.58 万亿 m^3，占世界总储量的 2.37%，居世界第 10 位。其他矿藏主要有铁、铅锌、铀、铜、金、磷酸盐等。其中铁矿储量为 30 亿 ~50 亿 t，铅锌矿储量估计为 1.5 亿 t，铀矿 5 万 t，磷酸盐 20 亿 t，黄金 73 t。摩洛哥以磷酸盐为主要资源，估计储量 1 100 亿 t，占世界储量的 75%。其他矿产资源有铁、铅、锌、钴、锰、钡、铜、盐、磁铁矿、无烟煤、油页岩等。其中油页岩储量 1 000 亿 t 以上，含原油 60 亿 t。突尼斯主要有磷酸盐、石油、天然气、铁、铝、锌等。已探明储量：磷酸盐 20 亿 t，石油 7 000 万 t，天然气 615 亿 m^3，铁矿石 2 500 万 t。苏丹有铁、银、铬、铜、锰、金、铝、铅、铀、锌、钨、石棉、石膏、云母、滑石、钻石、石油、天然气和木材等丰富的自然资源。

北非地区农产品有棉花、阿拉伯树胶、栓皮、油橄榄、无花果、椰枣等。棉花是埃及最重要的经济作物，主要为中长绒棉（35 mm 以下）和超长绒棉（36 mm 以上），被称为“国宝”。苏丹长绒棉产量仅次于埃及，居世界第 2；花生产量居阿拉伯国家之首，在世界上仅次于美国、印度和阿根廷；芝麻产量在阿拉伯和非洲国家中占第 1 位，出口量占世界的一半左右；阿拉伯胶种植面积 504 万公顷，年均产量约 6 万 t，占世界总产量的 60%~80%。突尼斯是橄榄油主要生产国之一，橄榄油产量占世界橄榄油总产量的 4%~9%，其是突尼斯主要的出口创汇农产品。

北非地区渔业较发达。摩洛哥是非洲最大的渔业产品生产国，世界第十七大渔业产品生产国和世界第一大沙丁鱼出口国。

该地区常年受副热带高气压带控制，盛行干热的下沉气流，且非洲大陆南窄北宽，受副热带高压带控制的范围大，干热面积广。

整个北非地区由于深受自然条件限制，大部分国家经济水平较低。其中经济相对较好的代表性国家是埃及。由于经济水平较高，其人口为北非之最。

二、北非地区航线主要港口

1. 西北非航线主要港口

1）蓬塔德尔加达港

蓬塔德尔加达港（表 6–1）是亚速尔群岛（葡属）的首府，位于圣米格尔岛，是该群岛最大的港口。

表 6–1　蓬塔德尔加达港

港口名称（中文）	港口名称（英文）	港口代码	纬 / 经度	所在国
蓬塔德尔加达港	PONTA DELGAD	PTPDL	37.737 01°/–25.660 355°	葡萄牙

2）拉斯帕尔马斯港

拉斯帕尔马斯港（表 6–2）位于加那利群岛东南的大加那利岛东北岸，是加那利群岛最大的商业贸易港口。又因它是自由贸易港和位于大西洋南北航路要冲，所以吸引众多船舶进港。

表 6–2　拉斯帕尔马斯港

港口名称（中文）	港口名称（英文）	港口代码	纬 / 经度	所在国
拉斯帕尔马斯港	LAS PALMAS	ESLPA	28.141°/–15.416 35°	西班牙

3）达尔贝达（卡萨布兰卡，CASABLANCA）港

达尔贝达港（表 6–3）位于摩洛哥西北沿海，东北距首都拉巴特约 88 km，濒临大西洋的东侧，是摩洛哥的最大港口。

表 6–3　达尔贝达港

港口名称（中文）	港口名称（英文）	港口代码	纬 / 经度	所在国
达尔贝达港	DAR EL BAIDA	MACAS	33.61°/–7.599 732°	摩洛哥

联合国贸发组织发布的《2017 年国际海运述评》称，2017 年摩洛哥为非洲第一大海运国。

4）阿加迪尔港

阿加迪尔港（表 6–4）位于摩洛哥西南沿海阿加迪尔湾的东北岸，濒临大西洋的东侧，是摩洛哥的铁矿石输出港，又是主要渔港之一。

表 6–4 阿加迪尔港

港口名称（中文）	港口名称（英文）	港口代码	纬 / 经度	所在国
阿加迪尔港	AGADIR	MAAGA	30.421 5°/–9.634°	摩洛哥

5）丹吉尔地中海港

丹吉尔地中海港（表 6–5）是位于摩洛哥丹吉尔以东约 40 km 的货运港口，也是在地中海和非洲产能最大的港口之一，摩洛哥第一大集装箱港口。在 2007 年 7 月投入服务，它最初的容量为 350 万 TEU。2008 年 10 月了建立第二个深水港，被称为“丹吉尔地中海 Ⅱ”，设计容量 520 万 TEU。丹吉尔地中海港仅投入运营 7 年，就于 2014 年达到 308 万 TEU，世界排名提升 9 位，上升至第 46 位，并位居地中海港口第 5 位。2020 年，丹吉尔地中海港在 Lloyd’s List 发布的全球集装箱港口吞吐量排名中位居第 25。

表 6–5 丹吉尔地中海港

港口名称（中文）	港口名称（英文）	港口代码	纬 / 经度	所在国
丹吉尔地中海港	TANGIER MED	MAPTM	35.895°/–5.494 5°	摩洛哥

6）阿尔及尔港

阿尔及尔港（表 6–6）是阿尔及利亚最大的港口，位于该国的北部地中海岸中段，紧靠港市之东北。

表 6–6 阿尔及尔港

港口名称（中文）	港口名称（英文）	港口代码	纬 / 经度	所在国
阿尔及尔港	ALGIERS	DZALG	36.770 5°/3.072 5°	阿尔及利亚

7）突尼斯港

突尼斯港（表 6–7）位于突尼斯东北沿海突尼斯湖口，在突尼斯湾的西南岸，濒临突尼斯海峡的西侧，是突尼斯的最大港口。从海上到突尼斯市应先进入拉古莱特（LA GOULETTE）外港，然后经过突尼斯运河（可航行最深吃水 6.4 m 的船舶）抵达突尼斯市。其集装箱港口名为雷达斯港（RADES）。

表 6–7 突尼斯港

港口名称（中文）	港口名称（英文）	港口代码	纬 / 经度	所在国
突尼斯港	TUNIS	TNTNS	36.806 475°/10.287 27°	突尼斯

2. 东北非航线主要港口

1）的黎波里港

的黎波里港（表 6–8）位于利比亚西北沿海，濒临地中海的南侧，是利比亚的最大海港。2011 年，该国爆发了反对卡扎菲的利比亚内战，卡扎菲政权覆灭。2013 年 5 月，国名改为利比亚国（State of Libya），但此后仍然冲突不断。这严重影响了的黎波里港的发展。

表 6–8　的黎波里港

港口名称（中文）	港口名称（英文）	港口代码	纬 / 经度	所在国
的黎波里港	TRIPOLI，LY	LYTIP	32.897 62°/13.179 51°	利比亚

2）亚历山大港

亚历山大港（表 6–9）位于埃及北部沿海尼罗河口，在阿拉伯湾东岸入海处，濒临地中海的东南侧。又名埃尔伊斯坎达里亚（El Iskandariya），是埃及最大的港口。2020 年，亚历山大港在 Lloyd’s List 发布的全球集装箱港口吞吐量排名中位居第 99。

表 6–9　亚历山大港

港口名称（中文）	港口名称（英文）	港口代码	纬 / 经度	所在国
亚历山大港	ALEXANDRIA	EGALY	31.184 245°/29.875 605°	埃及

3）塞得港

塞得港（表 6–10）位于埃及东北沿海苏伊士运河的北口，濒临地中海北岸，是埃及第二大港，第一大集装箱港，是世界煤炭和石油的储存港之一。经苏伊士运河进出地中海的船舶都要从这里经过。塞得港的地理位置优越，城市、港口以及运河三种特色兼并。它扼守印度洋、大西洋、地中海和黑海沿岸各国航路的要冲，具有十分重要的战略位置和经济意义。

表 6–10　塞得港

港口名称（中文）	港口名称（英文）	港口代码	纬 / 经度	所在国
塞得港	PORT SAID	EGPSD	31.244 78°/32.323°	埃及

港区共有 23 个主要码头泊位，岸线长度为 5 188 m，最大水深 13.7 m，最大吃水 10.67 m，有各种岸吊、浮吊、集装箱吊、驳船及滚装设施等码头装卸设备，其中集装箱吊最大起重能力达 45 t，浮吊达 200 t，码头最大可靠 4.5 万载重吨的船舶。

2020 年，塞得港在 Lloyd’s List 发布的全球集装箱港口吞吐量排名中位居第 46。

4）苏丹港

苏丹港（表 6–11）位于苏丹东北沿海的中部，濒临红海的西侧，是苏丹唯一的对外贸易港口，也是全国重要的产盐基地。全国有 90% 以上的进出口货物经此运往世界各地。

表 6–11 苏丹港

港口名称（中文）	港口名称（英文）	港口代码	纬 / 经度	所在国
苏丹港	PORT SUDAN	SDPZU	19.619 09°/37.216 19°	苏丹

课后任务

1. 列举北非航线主要港口。
2. 说明苏伊士运河的重要性。
3. 在地图中标注出北非主要港口。

任务二　中西非地区地理及航线认知

任务描述

西非（Western Africa）是指非洲西部地区。西非通常是指非洲大陆南北分界线和向西凸起部分的大片地区，为地理、人种和文化过渡地带。东至乍得湖，西濒大西洋，南濒几内亚湾，北为撒哈拉沙漠。

中非（Middle Africa 或 Central Africa）即习惯上所认为的非洲中部地区，指从撒哈拉沙漠与非洲大陆西部突起部分合围的广大纵深地区，不包括东非大裂谷西部。该地区水量完全依赖刚果河及其支流，流域面积仅次于亚马孙河。

从海运航线角度，因为中非和西非地缘接近，有时划分也并不是特别严格，故统称为中西非航线。

知识讲解

一、中西非地区地理概况

1. 中西非地区国家基本概况

西非航线涉及的主要国家和地区通常包括毛里塔尼亚、西撒哈拉、塞内加尔、冈比亚、几内亚、几内亚比绍、佛得角、塞拉利昂、利比里亚、科特迪瓦、加纳、多哥、贝宁、尼日利亚和加那利群岛（西属）等非洲西部大西洋和几内亚湾沿岸国家及马里、尼日尔、布基纳法索 3 个内陆国家。

西非国家经济共同体（Economic Community of West African States，ECOWAS）于 1975 年 5 月 28 日建立，委员会总部设在尼日利亚首都阿布贾，目前共有 15 个成员国。包括贝宁、布基纳法索、多哥、佛得角、冈比亚、几内亚、几内亚比绍、加纳、科特迪瓦、利比里亚、马里、尼日尔、尼日利亚、塞拉利昂、塞内加尔（毛里塔尼亚于2000年12月31日退出西共体）。2021年6月19日，西部非洲国家经济共同体（ECOWAS）在加纳首都阿克拉举行峰会。西共体15国决定于2027年发行统一货币，新货币名为“ECO”。

中非航线涉及的是非洲大陆中部几个国家，通常包括中非共和国、乍得、喀麦隆、赤道几内亚、加蓬、刚果（布）共和国、刚果（金）民主共和国、圣多美和普林西比8国，面积536.5万km^2。人口多为班图语系及苏丹语系黑人。

中部非洲国家经济共同体（Economic Community of Central African States，ECCAS）于1983年10月在加蓬首都利伯维尔成立，该组织包括安哥拉、布隆迪、喀麦隆、中非共和国、刚果（布）、加蓬、赤道几内亚、刚果（金）、卢旺达、乍得、圣多美和普林西比11个成员国。

2. 中西非地区地理基本概况

1）西非

西非面积638万km^2，占非洲1/5。人口约占全非总人口1/3，多为苏丹语系黑人，次为阿拉伯人。自北向南有撒哈拉沙漠、苏丹草原、上几内亚高原（西非高原）。全境地势低平，一般海拔200~500 m；南部为富塔贾隆和包奇高原，东北为贾多和阿伊尔高原；沿海有平原。

气候和植被有明显的纬度地带性；北部热带沙漠气候，中部热带草原气候，南部热带雨林气候。内地与西部干热，沿海多雨。

西非矿产资源丰富，涵盖了世界上主要的矿产资源，但分布不均匀，主要的矿产资源有石油、天然气、铁、铜、锌、磷酸盐、黄金、钻石、铀、铝矾土、锰、石灰石等。石油、天然气资源主要分布在沿几内亚湾一带，尼日利亚、毛里塔尼亚、科特迪瓦、贝宁、加纳是非洲油气生产国。其中尼日利亚是非洲第一大石油生产国，已探明石油储量372亿桶，居非洲第2，已探明天然气储量达5.1万亿m^3，居非洲第1；科特迪瓦已探明的石油储量约2.2亿桶，天然气储量1.1万亿m^3；毛里塔尼亚石油储量约为1.2亿桶。天然气储量约1.4万亿m^3。贝宁石油已探明储量52.5亿桶，可开采的约9.2亿桶，天然气储量910亿m^3。煤炭主要分布在尼日利亚，储量约27.5亿t，为西非唯一产煤国。铁矿主要分布在毛里塔尼亚、科特迪瓦、利比里亚、几内亚、贝宁。磷酸盐主要分布在尼日尔、多哥、毛里塔尼亚、科特迪瓦、几内亚比绍等国。铝矾土和锰矿主要分布在科特迪瓦和加纳。几内亚铝矿探明储量居世界第1。此外，西非还是世界主要的黄金、钻石产区，加纳是世界主要的黄金和钻石生产国，黄金储量约6万t，居非洲第2；钻石储量约1亿克拉，居世界第4。

农产品有油棕、蜀黍、可可、棕榈仁、花生、咖啡、橡胶等。其中：可可、花生、咖啡等占有世界重要地位。科特迪瓦可可生产和出口居世界第1，占全球供给量的45%。咖啡生产居非洲第3，世界第12。科特迪瓦也是世界第一大的腰果生产国，世界第五大、非洲第二大棕榈油生产国，棉花产量居非洲第3。尼日利亚木薯年产量4 000万t，位居世界第1。2018—2019年，贝宁棉花产量71.4万t，成为西非地区第一大产棉国。加纳可可产量仅次于科特迪瓦居世界第2。

2）中非

中非地势起伏，自北向南为提贝斯提高原、乍得盆地、阿赞德高原、刚果盆地、下几内亚高原与隆达—加丹加高原。

中非地区资源丰富，国民经济仰赖矿业，农牧业相对落后，工业也不够发达。

刚果（金）自然资源丰富，素有“世界原料仓库”和“地质奇迹”之称。全国蕴藏多种有色金属、稀有金属和非金属矿，其中铜、钴、工业钻石、锌、锰、锡、钽、锗、钨、镉、镍、铬储量颇为可观，在世界上占有重要地位。铁、煤、黄金、银等储量也很丰富，还有白金、铅、磷酸盐、硅酸盐等。刚果（布）石油、天然气资源丰富，是撒哈拉沙漠以南非洲主要产油国之一。钾盐矿、磷酸盐矿和铁矿储量也很高。此外还有铝、锌、铜等金属矿。加蓬资源丰富，主要有石油、木材、锰矿等。已探明石油储量约22亿桶。锰矿蕴藏量2亿t，占全球已探明储量1/4。铌矿储量约40万t，占世界总储量5%。铁矿储量8亿~10亿t，品位在60%以上。其他矿藏有磷酸盐、黄金、重晶石、镍、铬、锌等。喀麦隆矿产资源较丰富。已探明的主要矿藏有：铝矾土（储量为11亿t以上，矾土品位为43%，硅石品位为3.4%）、铁矿（约50亿t）、金红石（约300万t，钛含量92%~95%）、铀矿（约2万t）。此外还有锡石矿、黄金、钻石、钴、镍等以及大理石、石灰石、云母等非金属矿产。乍得矿产资源较丰富，但大多尚未开采。主要矿产有天然碱、石灰石、白陶土和钨、锡、铜、镍、铬等。已探明石油储量16亿桶，且仍有较大潜力。中非共和国矿产主要是钻石，储量4 000万克拉。此外还有铀（储量2万t）、铁（储量350万t）、石灰石（储量800万t）、黄金、铜、镍、锰、铬、锡、汞等。北部地区发现有石油。圣多美和普林西比石油探明储量预计60亿~100亿桶，目前尚处于开发起步阶段。赤道几内亚矿藏有石油、天然气、磷酸盐、黄金、铝矾土、锌、钻石等。

农牧业方面，主要粮食作物有小米、高粱、玉米、稻谷、薯类、芭蕉等。主要经济作物有可可、棉花、咖啡、香蕉、油棕、阿拉伯树胶等。其中喀麦隆素有“中部非洲粮仓”之称。可耕地达到720万公顷，占国土面积的15%，是世界第五大香蕉生产国。乍得主要经济作物为棉花，全国约1/4人口从事棉花种植，是世贸组织框架下非洲“棉花四国”之一。

二、中西非航线主要港口

1. 西非航线主要港口

1）努瓦克肖特港

努瓦克肖特港（表 6–12）是毛里塔尼亚最大的港口。该港由中国援建，毛政府命名为友谊港。努瓦克肖特友谊港于 1975 年正式勘察，1979 年动工，1986 年竣工，是当时中国援助非洲的第二大工程项目。港口扩建项目由中国路桥公司承建，2009 年开工，历时 5 年。

表 6–12　努瓦克肖特港

港口名称（中文）	港口名称（英文）	港口代码	纬 / 经度	所在国
努瓦克肖特港	NOUAKCHOTT	MRNKC	17.989°/–16.030 5°	毛里塔尼亚

2014 年 8 月，中国援建毛里塔尼亚友谊港 4、5 号泊位竣工。项目完成后，新泊位大大增加了码头吞吐量，完善了港口功能，成为毛塔及周边地区经济社会发展的推进器。

2）明德卢港

明德卢港（表 6–13）又称格兰德。大西洋佛得角共和国最大港口，位于该国西北。

表 6–13　明德卢港

港口名称（中文）	港口名称（英文）	港口代码	纬 / 经度	所在国
明德卢港	MINDELO	CVMIN	16.885 3°/–24.996 355°	佛得角

3）达喀尔港

达喀尔港（表 6–14）位于非洲大陆最西端的佛得角半岛、达喀尔市的东北侧。大西洋南北航行的补给港，塞内加尔的最大的港口。据世界银行研究报告，达喀尔港口已经成为中西非地区四大港口之一，排序为拉各斯（尼日利亚）、阿比让（科特迪瓦）、达喀尔（塞内加尔）和杜阿拉（喀麦隆），这些港口的货物运输量占中西非国家港口的 30%，此外，马里货物流量的 60% 通过达喀尔港口。

表 6–14　达喀尔港

港口名称（中文）	港口名称（英文）	港口代码	纬 / 经度	所在国
达喀尔港	DAKAR	SNDKR	14.681°/–17.427 5°	塞内加尔

4）班珠尔港

班珠尔港（表 6–15）位于冈比亚西部沿海冈比亚河口的南岸，地处圣玛丽岛的东端，濒临大西洋的东侧。又名巴瑟斯特（Bathurst），是冈比亚的最大港口，它是冈比亚的首都和全国政治、经济、交通及文化的中心。

表 6–15　班珠尔港

港口名称（中文）	港口名称（英文）	港口代码	纬 / 经度	所在国
班珠尔港	BANJUL	GMBJL	13.442 5°/–16.576 5°	冈比亚

5）比绍港

比绍港（表 6–16）位于几内亚比绍西海岸中部科鲁巴尔河口北岸，濒临大西洋的东侧，是几内亚比绍的最大驳运港和渔港。它是几内亚比绍的首都和全国对外贸易的中心，也是西非重要的交通枢纽。

表 6–16　比绍港

港口名称（中文）	港口名称（英文）	港口代码	纬 / 经度	所在国
比绍港	BISSAU	GWOXB	11.856°/–15.577°	几内亚比绍

6）科纳克里港

科纳克里港（表 6–17）位于几内亚西南沿海的通博岛上，濒临大西洋东侧，是几内亚的最大海港，又是铝土矿的输出港，也是西非的最大海港之一。始建于 1985 年，地跨通博岛和卡卢姆半岛，现为几内亚的首都和全国政治、经济及文化的中心。

表 6–17　科纳克里港

港口名称（中文）	港口名称（英文）	港口代码	纬 / 经度	所在国
科纳克里港	CONAKRY	GNCKY	9.517°/–13.711 5°	几内亚

7）弗里敦港

弗里敦港（表 6–18）位于塞拉利昂西北沿海罗克尔河口南岸，濒临大西洋的东侧，是塞拉利昂的最大海港。

表 6–18　弗里敦港

港口名称（中文）	港口名称（英文）	港口代码	纬 / 经度	所在国
弗里敦港	FREETOWN	SLFNA	8.492°/–13.223°	塞拉利昂

8）蒙罗维亚港

蒙罗维亚（表 6–19）是利比里亚的首都，全国最大的港口和政治、经济、文化、交通中心。蒙特塞拉多州的首府。位于利比里亚的西南部大西洋岸，圣保罗河河口，濒临大西洋，是非洲大陆距南美大陆最近的港口城市，西非重要的出海门户之一。

表 6–19 蒙罗维亚港

港口名称（中文）	港口名称（英文）	港口代码	纬 / 经度	所在国
蒙罗维亚港	MONROVIA	LRMLW	6.346°/–10.804°	利比里亚

9）阿比让港

阿比让港（表 6–20）位于科特迪瓦东南沿海埃布里耶湖口东岸，濒临几内亚湾的北侧，是科特迪瓦的最大港口，也是西非最大的集装箱港和航空港之一。主要出口货物为木材、可可、咖啡、香蕉、棕榈油、矿砂、橡胶、棉籽及金刚石等，进口货物主要有粮食、水泥、机器设备、燃油及消费品等。

表 6–20 阿比让港

港口名称（中文）	港口名称（英文）	港口代码	纬 / 经度	所在国
阿比让港	ABIDJAN	CIABJ	5.298 391 5°/–4.019 93°	科特迪瓦

10）特马港

特马港（表 6–21）位于加纳南部沿海，濒临几内亚湾的北侧，与首都阿克拉（ACCRA）相距约 26 km，是加纳最大的港口，也是西非最大的人造海港。

表 6–21 特马港

港口名称（中文）	港口名称（英文）	港口代码	纬 / 经度	所在国
特马港	TEMA	GHTEM	5.632 85°/0.012 7°	加纳

11）洛美港

洛美港（表 6–22）位于多哥西南沿海的贝宁湾的西北侧，是多哥最大的海港。它是多哥的首都和全国政治、经济、文化中心。2020 年，洛美港在 Lloyd's List 发布的全球集装箱港口吞吐量排名中位居第 98。

表 6–22 洛美港

港口名称（中文）	港口名称（英文）	港口代码	纬 / 经度	所在国
洛美港	LOME	TGLFW	6.137 5°/1.287°	多哥

12）科托努港

科托努港（表 6–23）位于贝宁南部沿海的诺奎湖口，濒临贝宁湾的北侧，是贝宁的最大海港。始建于 1964 年，为首都波多诺伏（Porto–Novo）的外港，相距约 35 km，现为全国经济及对外贸易的中心，是贝宁的海上门户。

表 6–23　科托努港

港口名称（中文）	港口名称（英文）	港口代码	纬 / 经度	所在国
科托努港	COTONOU	BJCOO	6.344°/2.428°	贝宁

13）拉各斯港

拉各斯港（表 6–24）位于几内亚湾北部，尼日利亚西南海岸的拉各斯潟湖口。港口由阿帕帕港区（APAPA）、伊多港区和阿特拉斯湾码头等码头组成。全港码头岸线总长超 7 600 m，是西非最大的商港之一；集装箱吞吐量为西非第 2，仅次于阿比让港。

表 6–24　拉各斯港

港口名称（中文）	港口名称（英文）	港口代码	纬 / 经度	所在国
拉各斯港	LAGOS	NGLOS	6.439 5°/3.358 5°	尼日利亚

2. 中非航线主要港口

1）杜阿拉港

杜阿拉港（表 6–25）位于喀麦隆西海岸的中部的杜阿拉河口，濒临几内亚湾的西北侧，是喀麦隆的最大港口，也是中非海运中心之一。它是喀麦隆的最大城市，经济繁荣，商业发达，被誉为喀麦隆的经济首都。现为全国最大工商业中心及交通枢纽。

表 6–25　杜阿拉港

港口名称（中文）	港口名称（英文）	港口代码	纬 / 经度	所在国
杜阿拉港	DOUALA	CMDLA	4.046 247 5°/9.703 109°	喀麦隆

2）奥文多港

奥文多港（表 6–26）是加蓬最大商港。位于加蓬首都利伯维尔东南 16 km，加蓬河河口北。岸原为利伯维尔的木材输出码头，1974 年建为全国最大深水港。2017 年由加蓬经济特区港口股份有限公司斥资 1 810 亿中非法郎（约合 3 亿美元）建成的位于利伯维尔南部的奥文多新港近期正式投入使用。奥文多新港码头总长度达 690 m，拥有 3 个起重机，8 个可储存 1 万 t 粮食的粮仓，5 个可储存 8 000 t 棕榈油的储油罐和 1 个供经济特区 VIP 客户使用的日常货物贮存场。

表 6–26　奥文多港

港口名称（中文）	港口名称（英文）	港口代码	纬 / 经度	所在国
奥文多港	OWENDO	GAOWE	0.286 5°/9.498 5°	加蓬

3）利伯维尔港

利伯维尔（表 6–27）位于加蓬西北沿海加蓬河口，濒临大西洋的东侧，是加蓬第二大港，也是锰矿输出港。加蓬的锰矿总储量约 4.3 亿 t，占世界锰矿储量的 1/4，品位高达 50%~52%，年产量居世界第 4，仅次于俄罗斯、南非及印度。位于港口东南地区的莫安达（Moanda）锰矿区，储量约 2 亿 t，是世界上最大的锰矿之一，其他还有铀矿及铁矿等。

表 6–27　利伯维尔港

港口名称（中文）	港口名称（英文）	港口代码	纬 / 经度	所在国
利伯维尔港	LIBREVILLE	GALBV	0.398°/9.438°	加蓬

4）黑角港

黑角港（表 6–28）位于刚果共和国西部沿海的南端，濒临大西洋的东侧，是刚果（布）的最大海港。早在 1922 年由于兴建通往首都布拉柴维尔（Brazzaville）的大西洋铁路而得到了迅速发展。石油及木材为刚果的两大经济支柱。刚果（布）的石油资源丰富，蕴藏量达 10 亿 t，被称为刚果（布）的“黑色金子”，油田主要分布在黑角附近的大西洋沿岸一带，石油产量居非洲第 4。

表 6–28　黑角港

港口名称（中文）	港口名称（英文）	港口代码	纬 / 经度	所在国
黑角港	POINTE NOIRE	CGPNR	–4.786 447 5°/11.833 135°	刚果（布）

课后任务

1. 列举中西非航线主要港口。

2. 在地图中找出中西非航线主要港口。

任务三　东非地区地理及航线认知

任务描述

东非（East Africa 或 Eastern Africa）一般指非洲东部地区。北起厄立特里亚，南迄鲁伍马河，东临印度洋，西至坦噶尼喀湖。面积 370 万 km^2，占非洲总面积 12%。

东非航线所占份额最大的应属马士基航运 MSK 和 SAFMARINE（SAF，1999 年被马士基收购）这两家船公司。两家船公司采取共用舱位的合作方式，船期稳定，航程较快，但是运费方面还是有一定差别的。通常情况下，SAF 的运费低于 MSK，SAF 凭借船期快、运费低的优势成为了许多货主的首选。PIL 的东非航线是其老牌航线，所以也是指定货最青睐的船公司。因此，该航线上会碰见不少指定 PIL 船的工厂和贸易公司，这大多是缘于收货人的要求。因为指定，所以运费较高。

此外，CMA、MOL、MSC、MARUBA、DELMAS（被 CMA 收购）、NYK、CSAV 等公司也经营东非航线。

知识讲解

一、东非地区地理概况

1. 东非地区国家基本概况

东非航线涉及的主要国家和地区通常包括埃塞俄比亚、南苏丹、厄立特里亚、吉布提、索马里、肯尼亚、乌干达、卢旺达、布隆迪、坦桑尼亚和印度洋西部岛国塞舌尔，其中：南苏丹、埃塞俄比亚、乌干达、卢旺达、布隆迪是 5 个内陆国家。其中坦桑尼亚、肯尼亚、乌干达、卢旺达、布隆迪和南苏丹是东非共同体（East African Community，EAC）的成员。布隆迪和卢旺达有时也被认为是中非的一部分。

2. 东非地区地理基本概况

东非地形以高原为主，大部海拔 1 000 m 以上，是全洲地势最高部分；沿海有狭窄低地。东非大裂谷纵贯南北，谷地深陷，两边陡崖壁立，沿线多乞力马扎罗、肯尼亚等火山和埃塞俄比亚等大小熔岩高原。以热带草原气候为主，但垂直地带性明显；高山地区凉爽湿润；沿海低地南部湿热，北部干热。地处地中海、印度洋、大西洋水系的分水地区，多数河流东流注入印度洋。尼罗河发源于西部山地。湖泊众多，除维多利亚湖、基奥加湖外，多属断层湖，并顺裂谷带呈串珠状分布，构成著名的东非大湖带。

东非各国服务业以旅游业为主，旅游资源丰富，有东非大裂谷、阿克苏姆大石碑、拉利贝拉岩石教堂、塞伦盖蒂国家公园、乞力马扎罗雪山、恩格罗火山口、桑给巴尔岛、马塞马拉国家公园、蒙巴萨、尼罗河源头、马埃岛、普拉兰岛、拉迪格岛、伯德岛等著名的旅游胜地。坦桑尼亚的旅游年收入高达 7.46 亿美元，占其国内生产总值的 38.5%；塞舌尔则以旅游业作为其国民经济的支柱，旅游业每年创汇 1 亿多美元，占其国内生产总值的 72%。

东非矿产资源丰富，坦桑尼亚是东非矿产资源比较丰富的国家，吉布提和塞舌尔则是矿产资源贫乏的国家。东非的矿产资源开采率低下，已开采的主要有绿柱石、石膏、磷酸盐及黄金、钻石等。除此之外，东非油气储量可观，肯尼亚、莫桑比克、坦桑尼亚和乌干达等国石油储量较高。其中，莫桑比克和坦桑尼亚最被业界看好。肯尼亚天然气勘探也取得重大突破。根据最新调查数据，整个东非地区海岸线的天然气储量有望达到 12.5 万 m^3。

东非森林资源丰富，平均森林覆盖率为 21.8%，森林覆盖率较高的国家有坦桑尼亚、卢旺达、塞舌尔等。坦桑尼亚盛产安哥拉紫檀、乌木、桃花心木等名贵木材，乌干达出产硬质木。

二、东非航线主要港口

1. 红海沿岸航线港口

1）马萨瓦港

马萨瓦港（表 6-29）位于厄立特里亚东北沿海的马萨瓦湾内，濒临米齐瓦（MITSIWA）港，是厄立特里亚的第二大港。

表 6–29　马萨瓦港

港口名称（中文）	港口名称（英文）	港口代码	纬 / 经度	所在国
马萨瓦港	MASSAWA	ERMSW	15.608 405°/39.463 06°	厄立特里亚

2）阿萨布港

阿萨布港（表 6–30）位于厄立特里东南沿海的阿萨布湾内，濒临曼德海峡的西北侧，是厄立特里亚的最大港口。主要出口货物为棉籽、芝麻、咖啡、盐、皮张及干鱼等，进口货物主要有石油、钢铁、机械、棉织品及建材等。

表 6–30　阿萨布港

港口名称（中文）	港口名称（英文）	港口代码	纬 / 经度	所在国
阿萨布港	ASSAB	ERASA	12.995 445°/42.741 195°	厄立特里亚

3）吉布提港

吉布提港（表 6–31）位于吉布提东南沿海塔朱拉湾的南岸入口处，濒临亚丁湾的西南侧，是吉布提的最大海港，也是东非最大的现代化港口之一。吉布提原为法属索马里，1977 年 6 月宣告独立，改为现名。吉布提自 1949 年就开始实行自由港政策，独立后仍保留自由港地位，它是埃塞俄比亚的重要转运港，还是一个加油站及供应站，以港口为基础的服务业收入在国家经济中居首位。

表 6–31　吉布提港

港口名称（中文）	港口名称（英文）	港口代码	纬 / 经度	所在国
吉布提港	DJIBOUTI	DJJIB	11.601 46°/43.111 04°	吉布提

2013 年，中国招商局集团通过参与吉布提港改制，与吉方合资成立吉布提港有限公司，持有 23.5% 股权，并决定以吉布提港有限公司为平台共同开启多功能新港建设。2014 年 8 月 7 日多哈雷多功能港（Doraleh Multipurpose Port，DMP）项目开工建设。DMP 设计年吞吐能力为 708 万 t 加 20 万 TEU，岸线总长 1 200 m，码头前沿设计水深 15.3 m，主码头包括 6 个 10 万吨级多功能泊位。2017 年 5 月 24 日 DMP 正式开港，标志着中国招商局集团践行“一带一路”倡议取得又一实质性成果。

2017 年 1 月，吉布提国际自贸区开工建设；2018 年 5 月，自贸区一期将投入运营。未来，在中国公司的帮助下，吉布提临港工业园也将陆续开工建设，通过引进产业集群，吉布提的工业化水平将显著提升，这将带来大量就业机会。

2017 年 8 月 1 日上午，中国人民解放军驻吉布提保障基地部队进驻营区仪式在基地营区举行。这标志着我国首个海外保障基地建成和投入使用，将更好地履行起在亚丁湾、索马里海域护航以及开展人道主义救援等国际义务。

2. 东部沿海港口

1）摩加迪沙港

摩加迪沙港（表 6–32）位于索马里东南部，濒临印度洋西岸，地处谢贝利河流域。中国古称木骨都束，是索马里的首都、最大的城市和最大的港口。索马里自古被誉为"乳香和没药之邦"，曾是出产乳香和没药最多、历史最悠久的地方。当地人自 20 世纪以来即以海盗为业，且由于常年内战，如今的摩加迪沙港到处充斥着杀戮、反叛，战火随处可见，街上人人带着枪支，恐怖充斥着这座城市。

表 6–32 摩加迪沙港

港口名称（中文）	港口名称（英文）	港口代码	纬 / 经度	所在国
摩加迪沙港	MOGADISHU	SOMGQ	2.025 14°/45.337 57°	索马里

2）蒙巴萨港

蒙巴萨港（表 6–33）位于肯尼亚东南沿海的蒙巴萨岛上，有铁路桥与海堤和大陆相连，濒临印度洋的西侧，是肯尼亚的最大港口，也是东非的最大港口之一。2017 年，蒙巴萨港在非洲港口颁奖典礼上被评为东南非最佳运输及物流支持港口和集装箱码头生产效率奖的亚军。除上述奖项，2015—2017 年蒙巴萨连续三年被世界旅游大奖评为非洲最佳邮轮港。2013 年 8 月，由中国路桥承建的蒙巴萨港第 19 号泊位正式启用，这是中国公司在肯尼亚承建的第一个港口项目，提升了蒙巴萨的货物吞吐能力。

表 6–33 蒙巴萨港

港口名称（中文）	港口名称（英文）	港口代码	纬 / 经度	所在国
蒙巴萨港	MOMBASA	KEMBA	–4.047 5°/39.635°	肯尼亚

3）坦噶港

坦噶港（表 6–34）位于坦桑尼亚东北沿海的坦噶湾内，濒临奔巴海峡的西侧，是坦桑尼亚的第二大港。该港以输出剑麻为主。

表 6–34 坦噶港

港口名称（中文）	港口名称（英文）	港口代码	纬 / 经度	所在国
坦噶港	TANGA	TZTGT	–5.050 633°/39.126 09°	坦桑尼亚

4）桑给巴尔港

桑给巴尔港（表 6–35）位于坦桑尼亚东北沿海桑给巴尔岛的西海岸中部，濒临桑给巴尔海峡的东侧，是坦桑尼亚的主要港口之一，也是世界上最大的丁香输出港。

表 6–35　桑给巴尔港

港口名称（中文）	港口名称（英文）	港口代码	纬 / 经度	所在国
桑给巴尔港	ZANZIBAR	TZZNZ	–6.158 710 5°/39.190 66°	坦桑尼亚

5）达累斯萨拉姆港

达累斯萨拉姆港（表 6–36）位于坦桑尼亚东部沿海的达累斯萨拉姆湾内，濒临印度洋的西侧，被视为坦桑尼亚的“门户港”，是东非诸多国家的出海口和经济通道。达累斯萨拉姆港设计年吞吐能力仅为 80 万 TEU。2017 年 6 月，坦桑尼亚政府同中国港湾工程有限责任公司签署了价值 1.54 亿美元的合同，以扩建首都达累斯萨拉姆的重要港口。中国港湾将在达累斯萨拉姆港建造一个滚装码头，并加深和加固 7 个停泊位。

表 6–36　达累斯萨拉姆港

港口名称（中文）	港口名称（英文）	港口代码	纬 / 经度	所在国
达累斯萨拉姆港	DAR ES SALAAM	TZDAR	–6.826°/39.298 21°	坦桑尼亚

6）维多利亚港

维多利亚港（表 6–37）位于塞舌尔的马埃岛东北岸，该岛地处印度洋西侧的洋面上，扼亚、非两大洲的交通要冲。该港是塞舌尔的唯一海港，它是塞舌尔的首都和全国政治、经济及文化中心。

表 6–37　维多利亚港

港口名称（中文）	港口名称（英文）	港口代码	纬 / 经度	所在国
维多利亚港	PORT VICTORIA	SCPOV	–4.633 532°/55.475 075°	塞舌尔

课后任务

1. 列举东非航线主要港口。
2. 在地图中找出东非航线主要港口。

任务四　南非地区地理及航线认知

任务描述

南非（Southern Africa）即南部非洲的简称。在非洲南部，东临印度洋，西濒大西洋。南非位于非洲大陆的最南端，陆地面积约为 121.9 万 km^2，相当于荷兰、比利时、意大利、法国和德国五国面积之和，其东、南、西三面被印度洋和大西洋环抱，北面与纳米比亚、博茨瓦纳、津巴布韦、莫桑比克和斯威士兰接壤。

南非线包括了围绕南非东、南、西三面的印度洋和大西洋，地处两大洋间的航运要冲，地理位置十分重要。其西南端的好望角航线，历来是世界上最繁忙的海上通道之一，有“西方海上生命线”之称。

知识讲解

一、南非地区地理概况

1. 南非地区国家基本概况

南非航线涉及的主要国家和地区通常包括安哥拉、纳米比亚、南非共和国、莫桑比克、马达加斯加、科摩罗、毛里求斯、留尼旺岛（法）、圣赫勒拿岛（英）、圣赫勒拿岛（英）及其属岛阿森松岛与特里斯坦－达库尼亚群岛等太平洋和印度洋沿海国家和岛屿及赞比亚、津巴布韦、马拉维、博茨瓦纳、斯威士兰、莱索托等内陆国家。

1992 年 8 月 17 日，南部非洲发展协调会议成员国首脑在纳米比亚首都温得和克举行会议，签署了有关建立南部非洲发展共同体（简称南共体）的条约、宣言和议定书，决定改 1980 年成立的南部非洲发展协调会议为南部非洲发展共同体（Southern African Development Community，SADC），朝着地区经济一体化方向前进。成员包括纳米比亚、博茨瓦纳、津巴布韦、莱索托、马拉维、莫桑比克、安哥拉、斯威士兰、坦桑尼亚、赞比亚、南非共和国、毛里求斯、刚果（金）、塞舌尔和马达加斯加等15个国家。

2. 南非地区地理基本概况

南非地区地形主体为南非高原，东南部有德拉肯斯山脉，大部是海拔1 000~1 800 m的高原，外侧有北宽南窄的沿海低地，南端的开普山脉属褶皱山系。高原中都是卡拉哈里盆地，往四周地势逐渐升高；高原边缘以险峻的陡崖直落沿海低地，形成呈弧形绵延数千千米的大断崖，东南部德拉肯斯山脉最高峻，多海拔3 000 m以上山峰。气候类型复杂，以热带海洋性气候为主；东部沿海炎热湿润；西南部沿海属地中海式气候；卡拉哈里盆地和西部沿海干旱少雨，荒漠和半荒漠广布。有赞比西、奥兰治、林波波等大河。东部河网较密；中西部多间歇性内流河。

南非地区矿产资源丰富，钻石、金、铂、铬、锰、钒、锂、铀、石棉、铜的开采和输出居世界重要地位，同时还开采铁、金刚石、铅、锌、锑、煤等。南非地区的金、金刚石、铬、铜、钒、锂、铍、石棉等矿产占世界重要地位，还有煤、石墨、锰、铂等。具体分布在如下南非地区国家。

南非共和国矿产资源丰富，是世界五大矿产资源国之一。现已探明储量并开采的矿产有70余种。铂族金属、氟石、铬的储量居世界第1，黄金、钒、锰、锆居第2，钛居第4，磷酸盐矿、铀、铅、锑居第5，煤、锌居第8，铜居第9，是世界上最大的黄金生产国和出口国。

莫桑比克煤蕴藏量超过320亿t，钛600多万t，钽矿储量居世界首位，约750万t。马达加斯加主要矿产资源有石墨、铬铁、铝矾土、石英、云母、金、银、铜、镍、锰、铅、锌、煤等，其中石墨储量居非洲首位。此外还有较丰富的宝石、半宝石资源以及大理石、花岗岩和动植物化石。纳米比亚矿产资源十分丰富，素有“战略金属储备库”之称。主要矿藏有钻石、铀、铜、铅、锌、金等，是重要钻石供应国。安哥拉石油、天然气和矿产资源丰富。安哥拉已探明石油可采储量超过126亿桶，天然气储量达7万亿m^3。主要矿产有钻石、铁、磷酸盐、铜、锰、铀、铅、锡、锌、钨、黄金、石英、大理石和花岗岩等。赞比亚自然资源丰富，以铜为主，铜蕴藏量2 000万t，约占世界铜总蕴藏量的2.8%，素有“铜矿之国”之称。钴是铜的伴生矿，赞比亚储量约35万t，居世界第2。博茨瓦纳矿产资源丰富，主要矿藏为钻石，其次为铜镍、煤、苏打灰、铂、金、锰等。钻石储量和产量均居世界前列。

二、南非航线主要港口

1. 大西洋东岸港口

1）罗安达港

罗安达港（表 6–38）位于安哥拉西海岸北部的本戈湾的东南岸，濒临大西洋的东侧，是安哥拉最大海港。现为安哥拉的首都及全国政治、经济、文化的中心，也是全国的主要工业中心。

表 6–38　罗安达港

港口名称（中文）	港口名称（英文）	港口代码	纬 / 经度	所在国
罗安达港	LUANDA	AOLAD	–8.766 5°/13.273°	安哥拉

2）鲸湾港（沃尔维斯湾港）

鲸湾港（表 6–39）最早于 1487 年 12 月 8 日由葡萄牙航海者巴尔托洛梅乌 · 迪亚士所发现，位于纳米比亚中西部海岸线上，是纳米比亚唯一的深水良港，也是从安哥拉的洛比托到南非的开普敦之间的大西洋海岸上唯一的深水港和西南非地区最大的贸易和渔港，年吞吐量约 200 万 t，其中约 50 万 t 为集装箱货物。2014 年开始准备扩建，扩建后吞吐量将达到现在的 2 倍，该工程由中国港湾工程有限责任公司承建。

表 6–39　鲸湾港（沃尔维斯湾港）

港口名称（中文）	港口名称（英文）	港口代码	纬 / 经度	所在国
鲸湾港	WALVIS BAY	NAWVB	–22.94°/14.502°	纳米比亚

3）开普敦港

开普敦港（表 6–40）位于南非共和国西南海岸，濒临大西洋的东南侧，是南非的主要港口之一。开普敦市是南非的立法首都，也是南非人口排名第二大城市。开普敦港地理位置重要，是欧洲沿非洲西海岸通往印度洋及太平洋的必经之路。它是南非的金融和工商业中心。主要有酿酒、烟草、炼油、化工、皮革、造船及造纸等产业。

表 6–40　开普敦港

港口名称（中文）	港口名称（英文）	港口代码	纬 / 经度	所在国
开普敦港	CAPE TOWN	ZACPT	–33.909 5°/18.435 6°	南非

2. 印度洋西岸港口

1）路易港

路易港（表 6–41）位于毛里求斯西北沿海，是毛里求斯首都和最大的海港、自由港。它是全国进出口货物的唯一门户。该港地处南大西洋和印度洋之间的航运要冲，是南印度洋重要的海底电缆站和国际航运的重要停靠站。该港是全国政治、经济、文化、交通的中心，也是全国的制糖中心，故毛里求斯有“甜岛”之美称。该港的制糖、出口加工和旅游业已成为毛里求斯国民经济的三大支柱。

表 6–41　路易港

港口名称（中文）	港口名称（英文）	港口代码	纬 / 经度	所在国
路易港	PORT LOUIS	MUPLU	–20.15°/57.491 5°	毛里求斯

毛里求斯是非洲经济发展较好的国家之一，在世界经济论坛 2019 年《全球竞争力报告》中，毛里求斯位居第 52，在非洲国家中位列第 1。20 世纪 70 年代末开始调整经济结构，实行多元化产业政策，逐步形成制造业、金融服务业、旅游业和信息通信业四大经济支柱，积极开拓国际市场，实现经济快速发展，被誉为“毛里求斯奇迹”。2008 年，国际金融危机对毛出口加工业、纺织业和旅游业造成一定冲击。“人民联盟”政府 2014 年上台以来，以实现“第二次经济奇迹”为口号，制定“2030 愿景”计划。2020 年，受新冠肺炎疫情影响，旅游业等支柱产业遭受严重打击。2020 年 7 月，日本货轮“若潮”号在毛里求斯东南海域搁浅并发生漏油，引发生态灾难，冲击经济复苏。

2）塔马塔夫（图阿马西纳，TOAMASINA）港

塔马塔夫港（表 6–42）位于马达加斯加东部沿海的黑斯特角和丹尼阿角之间的一个小湾内，该港口是马达加斯加目前最大的港口，75% 的国内货运和 90% 的国际货运经过该港口。2017 年 3 月 23 日，马达加斯加财政和预算部长与日本国际协力机构副主席签署了塔马塔夫港改扩建项目的优惠贷款协议。改扩建工程计划持续 7 年，主要包括扩建防波堤、疏浚现有码头、新建 C4 集装箱码头、扩大集装箱堆场等。

表 6–42　塔马塔夫港

港口名称（中文）	港口名称（英文）	港口代码	纬 / 经度	所在国
塔马塔夫港	TAMATAVE	MGTOA	–18.152 055°/49.417 5°	马达加斯加

3）贝拉港

贝拉港（表 6–43）位于莫桑比克东部沿海蓬河口，濒临莫桑比克海峡的西南侧，是莫桑比克的第二大港。始建于 1891 年，是邻国津巴布韦、赞比亚及马拉维的主要转口港之一。它是莫桑比克的第二大经济中心，主要工业有纺织、制糖、炼铁、铝器、

水泥、造纸、电器、烟草及食品等工业。

表 6–43　贝拉港

港口名称（中文）	港口名称（英文）	港口代码	纬 / 经度	所在国
贝拉港	BEIRA	MZBEW	–19.811 5°/34.830 5°	莫桑比克

4）马普托港

马普托港（表 6–44）位于莫桑比克东南沿海圣埃斯皮里图河口，地处马普托湾的西岸，濒临印度洋的西南侧。其又名洛伦索马贵斯（Lourenco Marques），是莫桑比克的最大海港。现为莫桑比克的首都及全国政治、经济中心，扼印度洋南大西洋的航道要冲，地理位置重要。它还是全国最大的工业基地，主要工业有炼油、纺织、锯木、化学、制糖、食品加工及水泥等，并拥有全国最大的腰果加工厂。该港的腹地除莫桑比克南部外，还包括津巴布韦、南非及斯威士兰等地。

表 6–44　马普托港

港口名称（中文）	港口名称（英文）	港口代码	纬 / 经度	所在国
马普托港	MAPUTO	MZMPM	–25.97°/32.564°	莫桑比克

5）理查德湾（理查兹贝）港

理查德湾港（表 6–45）是南非最大的煤炭输出港。位于该国东部印度洋岸，西距德班港 160 n mile，有铁路与矿区连接。截至 2021 年 3 月，南非是目前世界第 6 煤炭出口大国，仅次于印度尼西亚、澳大利亚、俄罗斯、美国和哥伦比亚，2020 年出口量为 0.73 亿 t。南非煤矿主要分布在附近的纳塔尔省。煤炭大多经此港输出。

表 6–45　理查德湾港

港口名称（中文）	港口名称（英文）	港口代码	纬 / 经度	所在国
理查德湾港	RICHARDS BAY	ZARCB	–28.806°/32.06°	南非

6）德班港

德班港（表 6–46）位于南非东海岸，濒临印度洋的西南侧，是南非最大的集装箱港。始建于 1824 年，原名纳塔尔港，1835 年改现名。德班市是南非第 3 大城市。该港西北部的奥兰治自由邦和德兰士瓦两个省长达 408 km 的一条弓形地带是金矿的主要产区，黄金的储量约 2 万 t，居世界第 1，年产值占南非矿产总值的 50% 以上。南非的铂矿储量约 2.7 万 t，占世界总储量的 75%，居世界首位。主要产地在德兰士瓦省中部的波特希特斯特斯（Potgietersrus）地区。

表 6–46　德班港

港口名称（中文）	港口名称（英文）	港口代码	纬 / 经度	所在国
德班港	DURBAN	ZADUR	–29.881°/31.026 5°	南非

2018 年，德班港是南非最繁忙的港口，处理了全国 65% 的集装箱货物，且集装箱吞吐量速增到 295 万 TEU，位居世界第 66。2020 年，德班港在 Lloyd's List 发布的全球集装箱港口吞吐量排名中位居第 72。

7）伊丽莎白港

伊丽莎白港（表 6–47）位于南非东南沿海阿尔戈阿湾的西南岸，濒临印度洋的西南侧，是南非主要港口之一。始建于 1799 年，是南非的最大羊毛交易市场。该港的集装箱码头有总岸线长 925 m 的 3 个泊位，一个 22 公顷的仓储区。伊丽莎白港有岸线总长达 1 170 m 的 6 个散装码头泊位，岸线总长达 360 m 的 2 个散货泊位，岸线总长达 242 m 的 1 个油船泊位。其拖船、渔业和拖网渔船的码头岸线长度分别为 120 m、165 m 和 136 m。

表 6–47　伊丽莎白港

港口名称（中文）	港口名称（英文）	港口代码	纬 / 经度	所在国
伊丽莎白港	PORT ELIZABETH	ZAPLZ	–33.957 5°/25.637 5°	南非

课后任务

1. 列举南非航线主要港口。

2. 在地图中找出南非航线主要港口。

项目七

认识美洲航线

其国左右皆大洋，旁峙落机大山万里长。

——清 · 孙文川《嗟哉华尔行》

任务一　北美地理及航线认知

任务描述

北美（Northern America）通常指的是美国、加拿大和格陵兰岛等地区，是世界上经济最发达的区域，其人均 GDP 超越了欧洲，也是世界 15 个大区之一。北美最主要的两个国家——美国和加拿大均为发达国家，其人类发展指数较高，其经济一体化水平也很高。

北美和北美洲（North America）是两个不同的概念，前者是政治地理学概念，后者是自然地理学概念。北美航线的北美地区主要指美国、加拿大和格陵兰岛等地区。北美航线传统上也被称为美加线，分为北美西线（美加西线）和北美东线（美加东线）（包括墨西哥湾航线，传统称为美湾航线），世界上大型航运公司都经营美加线，其是世界上最繁忙的航线之一。

知识讲解

一、北美地区地理概况

1. 北美地区国家基本概况

北美地区国家以英语为主。位于美洲北部，北临北冰洋，西临太平洋，东临大西洋。范围包括加拿大、美国、格陵兰岛（丹麦）。

1）美国

美国是由华盛顿哥伦比亚特区、50个州和关岛等众多海外领土组成的联邦共和立宪制国家。位于北美洲中部，领土还包括北美洲西北部的阿拉斯加和太平洋中部的夏威夷群岛。北与加拿大接壤，南靠墨西哥湾，西临太平洋，东濒大西洋。

美国是一个高度发达的资本主义国家，在两次世界大战中，美国和其他盟国取得胜利。经历数十年的冷战，在苏联解体后成为唯一的超级大国，在经济、文化、工业等领域都处于全世界的领先地位。

2001年美国经济在经历长达10年的增长后陷入短暂衰退，之后进入新一轮繁荣期。2007年美国经济下行因素增多，7月次级房贷危机全面爆发。2008年9月，随着雷曼兄弟等多家金融机构接连破产、被兼并或由政府接管，美国次贷危机迅速升级演变成大萧条以来最严重的国际金融危机。奥巴马政府上台后实施大规模刺激经济计划，2009年下半年起美国经济金融形势开始好转，国内生产总值恢复增长。2010年美国经济继续复苏，全年GDP增长率达3.0%，经济总量基本恢复至危机前的水平。2012年以来，美国经济继续保持温和增长，国内生产总值稳居世界第一，但经济增势总体低于市场预期。

2017年1月20日，唐纳德·特朗普宣誓就任总统。2018年来，中美经贸问题突出，美方对华连续采取201、232、301等单边贸易保护主义措施，对中国输美产品加征多轮关税，将中国列为所谓“汇率操纵国”，动用国家力量打压华为、中兴等中国企业。中方不得不采取有力应对措施，坚决捍卫国家和人民利益。同时，中方始终坚持在平等和相互尊重的基础上通过对话磋商妥善解决中美经贸问题。受两国经贸摩擦、新冠肺炎疫情等影响，中美双边贸易和投资出现下滑。2019年，中美双边货物贸易额5 412.2亿美元，中方顺差2 958亿美元。2020年1—8月，中美货物贸易额3 443.0亿美元，同比下降3.5%，中方顺差1 878.2亿美元，同比下降3.9%。

在新冠肺炎疫情影响下，2020年，美国完成国内生产总值总量20.93万亿美元，继续居世界第1，但GDP年增速为–3.5%，为近年最低，工业生产萎缩3.2%。2021年1月，美国负债总额27.7万亿美元，约占GDP的130%。在美国经济因新冠肺炎疫情影响陷入严重衰退背景下，美政府签署并实施5轮累计约3.7万亿美元的经济救助法案。美联储于2020年两次紧急大幅降息至0~0.25%的近零利率，实施“无限量”量化宽松政策，并承诺采取一切必要工具促进经济就业增长。

2）加拿大

加拿大（Canada）是北美洲最北的一个国家，面积约为998万km^2，居世界第2，其中陆地面积909.350 7万km^2，淡水覆盖面积89.116 3万km^2。其位于北美洲北部，东临大西洋，西濒太平洋，南接美国本土，北靠北冰洋，西北与美国的阿拉斯加州接壤，东北隔巴芬湾与格陵兰岛相望。加拿大是世界上海岸线最长的国家，海岸线约长 24 万 km。首都为渥太华。

加拿大是一个高度发达的资本主义国家，是世界工业大国和西方七大工业国之一。制造业、高科技产业、服务业发达，资源工业、初级制造业和农业是国民经济的主要支柱。同时，加拿大也是八国集团、20 国集团、北约、联合国、法语国家组织、世界贸易组织等国际组织的成员国。

加拿大以贸易立国，对外贸依赖较大，经济上受美国影响较深。2020 年加拿大完成名义 GDP 约为 1.99 万亿加元。2020 年对外商品贸易额为 10 641.81 亿加元，贸易逆差 193.31 亿加元。（资料来源：加拿大统计局网站）主要出口汽车及零配件、其他工业制品、林产品、金属、能源产品等；主要进口机械设备、汽车及零配件、工业材料、食品等。主要贸易对象是美国、中国、墨西哥、英国、日本、欧盟国家。

据中方统计，2020 年中加货物贸易额 639.9 亿美元，同比下降 1.7%。其中：国出口 421.1 亿美元，进口 218.8 亿美元。中国是加第二大贸易伙伴、进口来源地及出口市场。50 多家加拿大企业和机构参展第三届中国国际进口博览会，同中方企业签署多项合作协议。2021 年 1 月，中国人民银行与加拿大银行续签双边本币互换协议。

2. 北美地区地理基本概况

北美地理区域分为东部地区（拉布拉多高原阿巴拉契亚山脉以东的地区）、中部地区（拉布拉多高原阿巴拉契亚山脉与落基山脉之间）、西部地区（属美洲科迪勒拉山系北段，落基山脉是本区骨架）、阿拉斯加、加拿大北极群岛和格陵兰岛。

北美大陆地形的基本特征是南北走向的山脉分布于东西两侧与海岸平行，大平原分布于中部。地形明显地分为三个区。

东部山地和高原：圣劳伦斯河以北为拉布拉多高原，以南为阿巴拉契亚山脉，地势南高北低，海拔一般为 300~500 m。阿巴拉契亚山脉东侧沿大西洋有一条狭窄的海岸平原，西侧逐渐下降与中部平原相接。

中部平原：位于拉布拉多高原、阿巴拉契亚山脉与落基山脉之间，北起哈得孙湾，南至墨西哥湾，纵贯大陆中部。平原北半部多湖泊和急流，南半部属密西西比河平原。

西部山地和高原：属科迪勒拉山系的北段，从阿拉斯加一直伸展到墨西哥以南。主要包括三条平行山地：东带为海拔 2 000 m 以上的落基山脉，南北延伸 5 000 km，是北美气候上的重要分界线；西带南起美国的海岸山岭，向北入海，形成加拿大西部的沿海岛屿，海拔一般为 500~1 000 m；中带包括北部的阿拉斯加山脉、加拿大的海岸山脉、美国的内华达山脉和喀斯喀特岭等。

北美大部分地区已经过勘查。具体资源分布如下。

美国自然资源丰富，矿产资源总探明储量居世界首位。煤、石油、天然气、铁矿石、钾盐、磷酸盐、硫磺等矿物储量均居世界前列。美国是世界第 4 大煤炭出口国，2020 年出口量为 0.63 亿 t。其他矿物有铜、铅、钼、铀、铝矾土、金、汞、镍、碳酸钾、银、钨、锌、铝、铋等。战略矿物资源钛、锰、钴、铬等主要靠进口。森林面积约 44 亿亩，覆盖率达 33%。

加拿大地域辽阔，森林和矿产资源丰富。矿产有 60 余种，主要有钾、铀、钨、镉、镍、铅等。原油储量仅次于委内瑞拉和沙特居世界第 3，其中 97% 以油砂形式存在。已探明的油砂原油储量为 1 732 亿桶，占全球探明油砂储量的 81%。森林面积 4 亿多公顷（居世界第 3，仅次于俄罗斯和巴西），产材林面积 286 万 km^2，分别占全国领土面积的 44% 和 29%；木材总蓄积量约为 190 亿 m^3。境内约 89 万 km^2 为淡水覆盖，可持续性淡水资源占世界的 7%。2020 年农林渔业总产值 454 亿加元，约占国内生产总值 2%。主要种植小麦、大麦、亚麻、燕麦、油菜籽、玉米、饲料用草等作物。可耕地面积约占国土面积 16%，其中已耕地面积约 6 800 万公顷，占国土面积 7.4%。加拿大渔业发达，东部的边缘海区为主要渔场，盛产鲑、鲽、鳕、鲭、鳗、鲱、沙丁、比目、萨门等鱼类，75% 的渔产品供出口，是世界上最大的渔产品出口国之一。

二、北美航线主要港口

1. 北美西岸航线主要港口

1）鲁珀特王子港

鲁珀特王子港（表 7–1）位于加拿大不列颠哥伦比亚省西部沿海的开恩岛上，濒临赫卡特海峡的东北侧，与夏洛特皇后群岛隔峡相望，是距温哥华港较近的北美最深的天然深水良港。该港交通运输发达，是横贯加拿大大陆桥西岸的太平洋桥头堡，东岸大西洋桥头堡为哈利法克斯港。

表 7–1　鲁珀特王子港

港口名称（中文）	港口名称（英文）	港口代码	纬 / 经度	所在国
鲁珀特王子港	PRINCE RUPERT	CAPRR	54.309 5°/–130.318 5°	加拿大

从 2006 年开始，加拿大政府就启动了作为国家战略的“亚太门户与贸易走廊（APGCI）”方案，计划把加拿大的西太平洋沿岸建成面向亚洲的贸易投资基地和连接北美的物流交通枢纽。近年来，该计划得到了极大的推动和发展。鲁珀特王子港作为近期崛起的加拿大西海岸新星港口，其独特的地理位置优势和深水港口资源优势，使得其在亚太门户和走廊计划中扮演的地位越来越重要。作为北美地区离亚太地区最近的港口（从中国的上海港到鲁珀特王子港的航运距离和上海港到美国洛杉矶长滩港的

距离相比近了 1 168 n mile），同时由于目前发达的多式联运体系（目前 98% 的集装箱货物能通过快速的海铁联运方式出港）和高效的港口运作以及目前港口货物量较少，因此，港口不会发生拥堵，货物周转时间较短，比货物直接到洛杉矶能节约 58 小时，由此节省了大量的仓储费用和中转成本。

2）温哥华港

温哥华港（表 7–2）位于加拿大西南部不列颠哥伦比亚省南端的弗雷泽河口，在巴拉德湾内，濒临乔治亚海峡的东南侧，是加拿大最大的港口，也是世界主要小麦出口港之一。2020 年，温哥华港在 Lloyd's List 发布的全球集装箱港口吞吐量排名中位居第 50。

表 7–2 温哥华港

港口名称（中文）	港口名称（英文）	港口代码	纬 / 经度	所在国
温哥华港	VANCOUVER	CAVAN	49.303 555°/–123.047 5°	加拿大

3）塔科马港

塔科马港（表 7–3）位于美国西北部华盛顿州西部沿海科孟斯姆特湾的西南岸，北距西雅图港 25 n mile，是美国西部重要集装箱港口，又是美国的木材出口港和汽车的进口港。塔科马港自 2010 年起成为东亚进出口贸易的主要中转站，其中中国内地和中国香港的贸易总量占据其出口首位，出口物品以谷类植物和粮食为主。日本是其进口贸易总量最大的国家，主要进口物品是汽车和备件、工业设备和电子产品。

表 7–3 塔科马港

港口名称（中文）	港口名称（英文）	港口代码	纬 / 经度	所在国
塔科马港	TACOMA，WA	USTIW	47.274°/–122.404°	美国

4）西雅图港

西雅图港（表 7–4）位于美国西北部华盛顿州西部的普吉特海湾之内，为天然良港，是北太平洋航线的主要起讫点，是通往远东和阿拉斯加的重要门户。其工业发达，是美国著名的飞机巨头“波音”公司总部所在地，生产世界喷气客机总数在 50% 以上。其他还有钢铁、铝制品、服装，木材加工等工业。

表 7–4 西雅图港

港口名称（中文）	港口名称（英文）	港口代码	纬 / 经度	所在国
西雅图港	SEATTLE，WA	USSEA	47.621 195°/–122.364 35°	美国

2015 年，塔科马港和西雅图港港口委员会宣布成立西北海港联盟（The Northwest Seaport Alliance），成为美国第五大集装箱港口。这也是北美港口首次出现这种联盟模

式。西雅图港和塔科马港仍然是两个相互独立的口岸，它们共同成立了一个港口发展局，管理西雅图港和塔科马港的集装箱码头、零担货物码头、汽车码头和大宗散货码头。2020 年，西北海港联盟在 Lloyd's List 发布的全球集装箱港口吞吐量排名中位居第 53。

5）波特兰港

波特兰港（表 7–5）位于美国本土西北部哥伦比亚河与其支流威拉米特尔河交汇处，俄勒冈州一侧，是美国西部重要商港。

表 7–5　波特兰港

港口名称（中文）	港口名称（英文）	港口代码	纬 / 经度	所在国
波特兰港	PORTLAND，OR	USPDX	45.568 965°/–122.733 95°	美国

6）圣弗朗西斯科（旧金山）港

圣弗朗西斯科港（表 7–6）又名“旧金山”或“三藩市”，位于美国西部加利福尼亚州西海岸岩丘半岛的北端，在圣弗朗西斯科湾口的西岸，地处金门海峡的南侧，东面与大陆上的奥克兰港隔湾相望，有 13 km 长的海湾大桥相连，北面与马林半岛隔峡相望，有金门大桥相连，素有“西海岸门户”之称，是美国太平洋地区贸易的主要通道。港口自然条件优越，为天然深水良港。它又是北美大陆桥的桥头堡之一，是横贯美国东西的主要干线——联合太平洋铁路的终点站，东部的起点站为纽约。它还是美国西部最大的金融中心。其主要工业有飞机制造、造船、电子仪器、石油加工、火箭部件、食品、化工及印刷等。

表 7–6　圣弗朗西斯科港

港口名称（中文）	港口名称（英文）	港口代码	纬 / 经度	所在国
圣弗朗西斯科港	SAN FRANCISCO	USSFO	37.773 95°/–122.396 3°	美国

7）奥克兰港

奥克兰港（表 7–7）位于美国西部加利福尼亚州西海岸，在金门海峡的东南端，地处圣弗朗西斯科湾口的东岸，隔湾与旧金山相望，有海湾大桥相连。目前该港是美国第七大集装箱港，包括内、中、外港区。2016 年，美国最大的码头营运商美国港口集团（Ports America）将业务从奥克兰港转至西海岸其他城市，这导致奥克兰的外港码头在 2016 年 2 月 1 日申请了联邦破产法第 11 章的破产保护。2020 年，奥克兰港在 Lloyd's List 发布的全球集装箱港口吞吐量排名中位居第 75。

表 7–7　奥克兰港

港口名称（中文）	港口名称（英文）	港口代码	纬 / 经度	所在国
奥克兰港	OAKLAND	USOAK	37.797 84°/–122.286 4°	美国

8）洛杉矶港

洛杉矶港（表 7–8）位于美国西南部加利福尼亚州西南沿海圣佩德罗湾的顶端，濒临太平洋的东侧，是美国第一大集装箱港。它是北美大陆桥头堡之一，是横贯美国东西向的主要干线圣菲铁路的西部桥头堡，东部大西洋岸的桥头堡为费城。另一条铁路干线是南太平洋铁路，从洛杉矶开始经过新奥尔良港向东伸直至大西洋岸的杰克逊维尔港。洛杉矶是美国西海岸的最大工业城市，著名的有飞机制造业和石油工业。2020 年，洛杉矶港集装箱吞吐量为 921 万 TEU，位居世界第 17。

表 7–8 洛杉矶港

港口名称（中文）	港口名称（英文）	港口代码	纬 / 经度	所在国
洛杉矶港	LOS ANGELES	USLAX	33.740 21°/–118.265°	美国

9）长滩港

长滩港（表 7–9）位于南加利福尼亚州的长滩港，是继洛杉矶港之后美国第二大的港口。覆盖 40 km 海岸线，占地面积 13 km^2 的长滩港每年的进出口交易值超过 1 800 亿美元。长滩港共有 6 个集装箱码头，大多拥有 50 英尺[①] 深的水泊位。2015 年，亚洲货运、物流及供应链大奖（AFLAS）在中国香港举行，长滩港获 2015 年“最佳北美港口”。2020 年，长滩港集装箱吞吐量为 811 万 TEU，位居世界第 19。

表 7–9 长滩港

港口名称（中文）	港口名称（英文）	港口代码	纬 / 经度	所在国
长滩港	LONG BEACH	USLGB	33.754 93°/–118.214 35°	美国

2. 北美东岸航线主要港口

1）努克港

努克港（表 7–10）位于丹麦所属格陵兰岛首府努克，是格陵兰岛上最大的港口城市。

表 7–10 努克港

港口名称（中文）	港口名称（英文）	港口代码	纬 / 经度	所在国
努克港	NUUK	GLGOH	64.173 5°/–51.721 1°	格陵兰岛

2）丘吉尔港

丘吉尔港（表 7–11）位于加拿大中北哈得孙湾西岸，其历史攸关整个加拿大的发展。丘吉尔港是加拿大北冰洋海域的第一个深水港，其能够把北美新大陆到欧洲旧大

① 1 英尺 =0.304 8 m

陆的航线距离缩短 1 600 km。当时英国人的开发就是将哈得孙湾当作一个集散点，大宗的皮草物资经由此地送往欧陆各地，更成立了哈得孙湾公司，这使得丘吉尔城在欧洲近代史中的“摩登时期”（Modern Times）在世界上占有举足轻重的地位。1997 年加拿大联邦政府把丘吉尔港私有化，把港口和哈得孙湾铁路线一起出售给了美国的 OmniTrax 公司。2016 年 7 月底，在丘吉尔港运营了 85 年后，总部设在美国丹佛的 OmniTrax 公司做出了关闭丘吉尔港的决定。

表 7–11　丘吉尔港

港口名称（中文）	港口名称（英文）	港口代码	纬 / 经度	所在国
丘吉尔港	CHURCHILL	CACHV	58.769 265°/–94.193 685°	加拿大

丘吉尔城作为加拿大最北的小镇，靠近北极圈，看极光的天堂。这里是北极熊迁徙的必经之路，每年 9—11 月，大批可爱的北极熊就会扶老携幼经过这里。

3）魁北克港

魁北克港（表 7–12）位于东南部圣劳伦斯河与圣查尔斯河交汇处，更近距离联通大西洋，是加拿大东部最大港口之一，也是连接欧洲与北美五大湖最短的路径。目前，魁北克港已与世界 60 多个国家的 300 多个港口建立了贸易联系。魁北克港拥有完整和高效的联运码头，过去 5 年平均每年的货物吞吐量达 2 700 万 t，其中谷物及矿石占 1/3。每年通过魁北克港的货物价值超过 200 亿加元（约合人民币 1 000 多亿元）。魁北克港区面积 500 公顷，主要有 5 大港区，近 60 个码头泊位。受拉布拉多寒流影响，冬季有 4 个月冻结期。

表 7–12　魁北克港

港口名称（中文）	港口名称（英文）	港口代码	纬 / 经度	所在国
魁北克港	QUEBEC	CAQUE	46.806 29°/–71.197 775°	加拿大

魁北克港已发展起成熟的邮轮经济。该港是荷美邮轮公司 400 个邮轮目的地中最受欢迎的目的地之一，也是皇家加勒比国际邮轮旅客最受欢迎的 10 个邮轮目的港之一，目前拥有 24 条不同的邮轮航线。2015 年，全球有 29 艘豪华邮轮靠泊魁北克港，接待旅客人数超过 16.8 万人。2017 年 7 月，魁北克港和广州港成为友好港。

4）蒙特利尔港

蒙特利尔港（表 7–13）是加拿大东部最大的交通枢纽，位于圣劳伦斯河中游与渥太华河交会附近，是世界上最大的内陆港口之一。港口拥有近 100 km 的铁路线，连通泊位和码头进行货物运输和装卸，铁路线在港区外与加拿大铁路网连通。每年 12 月中旬至次年 3 月中旬为冰冻期。蒙特利尔港拥有魁北克省最有生产力的经济体，是加拿大第二大生产基地，是国家文化、商业、科技、金融、科技等中心。

表 7-13 蒙特利尔港

港口名称（中文）	港口名称（英文）	港口代码	纬 / 经度	所在国
蒙特利尔港	MONTREAL	CAMTR	45.557 015°/-73.516 735°	加拿大

5）多伦多港

多伦多港（表 7-14）位于加拿大东南部安大略湖西北岸，东北距蒙特利尔港约 260 n mile，是加拿大的主要港口之一。早在 1750 年为法国殖民者所建立的贸易港口和要塞，现为安大略省的省会，是全国金融、商业、工业和文化中心之一。它是加拿大重要的货物集散中心，该港有铁路线可以直达西部沿海的温哥华港，具有国际多式联运的有利条件，它与首都渥太华及蒙特利尔港都很接近，距美国的纽约港只有 9 h 车程。工业仅次于蒙特利尔，主要工业有机械制造、肉类加工、电工器材、印刷、化学及服装等。该港还是东西文化的交会点，各民族可以保持自己优良的文化和艺术，全国最大的高等学府多伦多大学就有 100 多所建筑物，所以有"文化城"之美称。该港还拥有位居世界第一高的加拿大国家电视塔，高 553 m，被称为先进建筑技术之代表。

表 7-14 多伦多港

港口名称（中文）	港口名称（英文）	港口代码	纬 / 经度	所在国
多伦多港	TORONTO	CATOR	43.63°/-79.356 5°	加拿大

6）哈利法克斯港

哈利法克斯港（表 7-15）是加拿大东海岸商港，位于新斯科舍半岛东南岸中腰，不冻的天然深水良港，是加拿大大陆桥东端的大西洋桥头堡。该港是北美距欧洲最近的深水港，17 条航线可连接欧盟每个成员国。在圣劳伦斯河航道冰封期间，大西洋进出加拿大船舶多在该港停靠。港口现有 10 余个码头终端，其中两个集装箱码头总面积近 60 公顷，总长 1 900 m。港口货物主要是集装箱、散货、一般货物。此外，该港的汽车滚装码头是北美最大的车辆装运转运码头之一。滚装码头在 2008 年通过 ISO9001 验证，成为北美第一个通过验收的汽运码头。

表 7-15 哈利法克斯港

港口名称（中文）	港口名称（英文）	港口代码	纬 / 经度	所在国
哈利法克斯港	HALIFAX	CAHAL	44.668 15°/-63.596 1°	加拿大

哈利法克斯是个悲情港口。第一次世界大战期间，哈利法克斯港发生过一场严重的爆炸事故。1917 年 12 月 6 日早上，满载 2 300 t 苦酸、200 t TNT 炸药的法国货船"勃朗峰"驶入哈利法克斯港狭长的水道。与此同时，一艘名叫"伊莫"的挪威货船正从哈利法克斯港起程。由于船员操作不当，"伊莫"号撞上了"勃朗峰"号货船的船头，

"勃朗峰"瞬时起火，大火又引来许多人在岸上围观。"勃朗峰"货船上的炸药最终引发大爆炸，腾起的烟柱直冲云霄，约有 3 000 m 高，5 km^2 的街区刹那间成为废墟；约 2 000 人当场死亡，9 000 多人受伤。"哈利法克斯大爆炸"相当于 3000 t TNT 爆炸当量，是人类历史上最大的人为爆炸事故之一，仅次于 1945 年广岛原子弹爆炸的威力（相当于 1.5 万 t TNT 爆炸当量）。

7）波士顿港

波士顿港（表 7–16）位于查尔斯与米斯蒂克两河河口，东濒马萨诸塞湾，是马萨诸塞州首府。城市经济以金融、保险业、商业为主，电子、造船、制鞋、纺织服装等工业发展迅速。波士顿是美国东北部最大港市，东岸大港中距欧洲最近。位于波士顿西部的剑桥大学城有世界著名的高等学府——哈佛大学和麻省理工学院等。

表 7–16 波士顿港

港口名称（中文）	港口名称（英文）	港口代码	纬 / 经度	所在国
波士顿港	BOSTON，MA	USBOS	42.373°/–71.043 5°	美国

2015 年，港口处理了 23.7 万 TEU，60 000 辆汽车和 12.1 万 t 的水泥。在港口处理的其他主要货物包括石油，液化天然气（LNG），石膏和盐。当年有 328 305 艘邮轮乘客。

8）纽约—新泽西港

纽约—新泽西港（表 7–17）位于纽约州东南与新泽西州交接的海湾内，是美国第三大集装箱港，也是东海岸最大、最繁忙的港口。纽约—新泽西港务局是经美国国会批准，由纽约和新泽西州政府于 1921 年 4 月 30 日联合成立的机构。它所辖的范围是以纽约自由女神像为中心，半径为 25 英里的区域，共约 1 500 平方英里。① 港务局于 1972 年正式定名为"纽约—新泽西港务局"，以表明它的两州联合组建的特点。这也是在西半球建立的第一个类似的公共机构。纽约—新泽西港是一个综合性商业大港和货流中心，装卸货种齐全，有集装箱、滚装货、件杂货、散货、重大件和工程设备。纽约—新泽西全港有 16 个主要港区，纽约市一侧 10 个，新泽西市一侧 6 个。全港深水码头线总长近 70 km，有水深 9~12 米的泊位 400 多个。

表 7–17　纽约—新泽西港

港口名称（中文）	港口名称（英文）	港口代码	纬 / 经度	所在国
纽约—新泽西港	NEW YORK & NEW JERSEY	USNYC	40.675 9°/–74.082 9°	美国

该港有 4 个集装箱码头：豪兰呼克海运码头（Howland Hook Marine Terminal）；新

① 1 英里 =1.609 34 km

泽西港海运码头（Port Jersey Marine Terminal）；纽瓦克港－伊丽莎白海运码头（Port Newark-Elizabeth Marine Terminal）；布鲁克林雷德呼克海运码头（Red Hook Marine Terminal）。

2016 年，由美国陆军工程兵团（纽约区）、纽约和新泽西港务局、纽约州和新泽西州以及美国国家海洋和大气管理渔业局共同承担的，以为大型集装箱船和邮轮提供安全高效航线的纽约—新泽西港港口深化项目完成。该项目经过 20 多年的努力，投入资金 16 亿美元。

2020 年，该港集装箱吞吐量为 759 万 TEU，位居世界第 21。

9）芝加哥港

芝加哥港（表 7–18）位于美国北部伊利诺伊州东北角的芝加哥河口，濒临密歇根湖的西南侧，是美国大湖区的主要港口。它是全国最大的铁路枢纽，有 30 多条铁路干线交会于此。芝加哥现在是美国第三大城市和最大工业中心，也是全国最大的谷物和牲畜市场。工业以钢铁、肉类加工、农业机械为最发达。芝加哥金融业发达，是全国第二大证券市场。芝加哥虽是湖港，但船只可经伊利诺伊—密歇根运河、哈得孙河或圣劳伦斯河出海。它还有世界上最繁忙国际机场之一的奥黑尔国际机场。因此，芝加哥可以称得上美国东西交通、水、陆、空运输的中心。

表 7–18 芝加哥港

港口名称（中文）	港口名称（英文）	港口代码	纬 / 经度	所在国
芝加哥港	CHICAGO	USCHI	41.885 5°/–87.607°	美国

10）巴尔的摩港

巴尔的摩港（表 7–19）位于美国东北沿海马里兰州中部的帕塔普斯科河口，濒临切萨皮克湾的西北侧，是美国大西洋海岸的主要港口之一。

表 7–19 巴尔的摩港

港口名称（中文）	港口名称（英文）	港口代码	纬 / 经度	所在国
巴尔的摩港	BALTIMORE，MD	USBAL	39.254°/–76.586 805°	美国

11）弗吉尼亚港

弗吉尼亚港（表 7–20）是美国第 6 大集装箱港口，目前拥有 Newport News Marine Terminal（NNMT，新港海事码头：纽波特纽斯，弗吉尼亚州），Norfolk International Terminals（NIT，诺福克港国际码头：诺福克，弗吉尼亚州），Portsmouth Marine Terminal（PMT，朴茨茅斯海运码头：波士顿，弗吉尼亚州），Virginia Inland Port（VIP，弗吉尼亚内陆港：Front Royal，弗吉尼亚），Virginia International Gateway（VIG，弗吉尼亚国际门户：波士顿，弗吉尼亚），Richmond Marine Terminal（RMT，里士满海运码头），

Craney Island（CI，克拉尼岛）等码头。其中，诺福克港（Norfolk，港口代码 USNFK）国际码头是弗吉尼亚港务局最大的码头。主要输出煤、棉花、烟草等。有铁路可通往阿巴拉契亚南部煤田，成为美国最大的煤炭输出港之一。目前，诺福克港是美国最大的海军基地之一，也是全球第一大军港，也是美国海军大西洋舰队司令部和北约组织大西洋战区司令部的驻地。它位于通往大西洋切萨皮克湾的湾口，伊丽莎白河的右岸，距首都华盛顿只有 250 km。该地因所处地理位置良好，美国独立后发展很快，现为造船业中心，石油加工、汽车装配、化工、食品工业以及海运业也都很发达。

2020 年，弗吉尼亚港在 Lloyd's List 发布的全球集装箱港口吞吐量排名中位居第 68。

表 7–20　弗吉尼亚港

港口名称（中文）	港口名称（英文）	港口代码	纬 / 经度	所在国
弗吉尼亚港	VIRGINIA	USVGA	36.897 245°/–76.347 61°	美国

12）查尔斯顿港

查尔斯顿港（表 7–21）位于美国东部南卡罗来纳州东南沿海科佩尔河与阿什莱河汇合处，在查尔斯顿湾的顶端，濒临大西洋西侧，是南卡罗来纳州主要港口。2020 年，查尔斯顿港在 Lloyd's List 发布的全球集装箱港口吞吐量排名中位居第 80。

表 7–21　查尔斯顿港

港口名称（中文）	港口名称（英文）	港口代码	纬 / 经度	所在国
查尔斯顿港	CHARLESTON，SC	USCHS	32.794 87°/–79.914 565°	美国

13）萨凡纳港

萨凡纳港（表 7–22）位于佐治亚州东南与南卡罗来纳州交接的萨凡纳河下游，由佐治亚港务局（GPA，Georgia Ports Authority）运营，萨凡纳港主要与东北部的南卡罗来纳州的查尔斯顿港和佛罗里达州南部的杰克逊维尔港竞争。目前是美国第四大集装箱港。2020 年，萨凡纳港集装箱吞吐量为 435.2 万 TEU，在 Lloyd's List 发布的全球集装箱港口吞吐量排名中位居第 38。

表 7–22　萨凡纳港

港口名称（中文）	港口名称（英文）	港口代码	纬 / 经度	所在国
萨凡纳港	SAVANNAH，GA	USSAV	32.100 71°/–81.101 705°	美国

14）迈阿密港

迈阿密港（表 7–23）位于美国东南佛罗里达州的南端，在比斯开因湾的西岸，扼大西洋与墨西哥湾的要冲。作为"南北美洲之间的门户"，迈阿密港是距离巴拿马运河最近的美国港口，是佛罗里达州最大的集装箱港口。

表 7–23 迈阿密港

港口名称（中文）	港口名称（英文）	港口代码	纬 / 经度	所在国
迈阿密港	MIAMI	USMIA	25.752 9°/–80.218 7°	美国

迈阿密港是世界上最大的邮轮码头，被誉为“世界邮轮之都”，每年进出邮轮旅客约 400 万人次。这里是多家巨型邮轮公司的始发港，近 20 艘邮轮将其作为母港，港口的邮轮年靠泊周转量位居世界第 1。

2017 年，青岛港集团与迈阿密港在美国签署建立友好港关系协议书。

3. 北美墨西哥湾航线主要港口

1）休斯敦港

休斯敦港（表 7–24）位于得克萨斯州东南部，加尔维斯顿湾西北岸平原上，通过长 80 km 的通海运河与墨西哥相连。是墨西哥湾沿岸最大的港口、得州最大的港口、美国第 2 大的粮食出口港。在外贸水运吞吐量上，休斯敦港一直排在全美第 1，在进口量上排名第 1，在出口吞吐量上也位列第 1，总吞吐量位列全美第 2。这里也是全美重要的零担港口（Breakbulk），承担着墨西哥湾沿岸港口 41% 的项目物流。休斯敦还是美国宇航中心，国家宇航局在此设立航天中心和约翰逊空间研究中心，有“宇航城”之称。

2020 年，休斯敦港在 Lloyd’s List 发布的全球集装箱港口吞吐量排名中位居第 62。

表 7–24 休斯敦港

港口名称（中文）	港口名称（英文）	港口代码	纬 / 经度	所在国
休斯敦港	HOUSTON，TX	USHOU	29.727 785°/–95.270 045°	美国

2）新奥尔良港

新奥尔良港（表 7–25）位于路易斯安那州东南部密西西比河畔，距河口 175 km，是美国最大的散杂货吞吐港之一，也是美国最大的粮食出口港，拥有美国 14% 粮食出口实施和 27% 粮食装卸能力，经其港口出口的粮食占到美国出口 57% 的市场份额，年吞吐量均在 1.1 亿 t 以上。由于位于密西西比河流域的出海门户与中南美洲贸易联系方便，成为有名的中转港，港区分布在密西西比河沿岸和通旁扎特兰湖运河沿岸。南北、东西铁路纵横交错，通往各大城市十分方便，是全国重要的造船和宇航工业基地。

表 7–25 新奥尔良港

港口名称（中文）	港口名称（英文）	港口代码	纬 / 经度	所在国
新奥尔良港	NEW ORLEANS，LA	USMSY	29.956 69°/–90.145 89°	美国

课后任务

1. 列举北美航线主要港口。
2. 在地图中找出北美航线主要港口。
3. 试分析中美贸易战的影响。

任务二　中美地理及航线认知

任务描述

中美地区是指美国以南、哥伦比亚以北的美洲大陆中部地区，东临大西洋，西濒太平洋。包括墨西哥、危地马拉、伯利兹、萨尔瓦多、洪都拉斯、尼加拉瓜、哥斯达黎加、巴拿马和西印度群岛。其中，西印度群岛是一长串岛屿，由墨西哥及美国佛罗里达半岛南方向下延伸，包括巴哈马、大安的列斯及小安的列斯等群岛，直达南美洲东北岸，大约有 23 万 km^2。

该地区航线主要是墨西哥航线、中美洲航线（细分为太平洋侧区域航线和加勒比侧区域航线）和加勒比航线。

知识讲解

一、中美地区地理概况

1. 中美地区国家基本概况

中美航线主要包括墨西哥、中美地峡的危地马拉、伯利兹、萨尔瓦多、洪都拉斯、尼加拉瓜、哥斯达黎加和巴拿马以及西印度群岛。

1）墨西哥

墨西哥，位于北美洲南部。北邻美国，南接危地马拉和伯利兹，东临墨西哥湾和加勒比海，西南濒太平洋。海岸线长 11 122 km，为美洲面积第 5 大和世界面积第 14 大的国家。首都是墨西哥城。

墨西哥古印第安人培育出了玉米，故墨西哥有“玉米的故乡”之称。墨西哥在不同历史时期还赢得了“仙人掌的国度”“白银王国”“浮在油海上的国家”等美誉。

墨西哥是一个自由市场经济体，是拉美经济大国、《美墨加协定》（原北美自由贸易协定）成员、世界最开放的经济体之一、G20 国家之一，同 50 个国家签署了自贸协定。工业门类齐全，石化、电力、矿业、冶金和制造业较发达。是传统农业国，玉米、番茄、甘薯、烟草的原产地。据统计，2020 年国内生产总值 1.04 万亿美元，同比下降 9%，人均国内生产总值 8 400 美元，通胀率 3.4%，失业率 3.8%。

中国是墨西哥第二大贸易伙伴，墨西哥是中国在拉美第二大贸易伙伴。据中国海关总署统计，2020 年中墨贸易总额达 608.5 亿美元，其中：中方出口额 448.5 亿美元，进口额 160 亿美元。

2）中美地峡

中美地峡，狭义上通常被称为“中美洲”，位于南美洲和北美洲之间的连接地带。除巴拿马运河的东部，其他地方都在北美洲。它东北临加勒比海，西南濒太平洋。长 81.3 km 的巴拿马运河沟通了太平洋与大西洋，地峡历来就是南北美洲之间各国联系的桥梁，因而在世界海陆交通上具有重要地位。该地区有 7 个国家，即危地马拉、伯利兹、洪都拉斯、萨尔瓦多、尼加拉瓜、哥斯达黎加和巴拿马。总面积约 54 万 km^2。

3）西印度群岛

西印度群岛（The West Indies）是北美洲的岛群，位于大西洋及其属海墨西哥湾、加勒比海之间，北隔佛罗里达海峡与美国佛罗里达半岛相望，东南邻近委内瑞拉北岸，从西端的古巴岛到委内瑞拉北海岸的阿鲁巴岛，呈自西向东突出的弧形，伸延约 4 700 km。面积约 24 万 km^2。国家包括：巴哈马群岛的巴哈马；大安地列斯群岛的古巴、牙买加、多米尼加、波多黎各自治邦（美）、海地；小安地列斯群岛的巴巴多斯、特立尼达和多巴哥、圣基茨和尼维斯、安提瓜和巴布达多米尼克、圣卢西亚、圣文森特和格林纳丁斯、格林纳达。

西印度群岛的国家都是岛屿国家，地处热带海洋区域，每年夏天都有飓风出现。此区多数国家多以发展农业及旅游观光业为主，只有美国的属地波多黎各工业发展得较有规模。

2. 中美地区资源基本概况

1）墨西哥

墨西哥作为拉美经济大国和世界重要的矿业生产国，拥有丰富的矿产资源。油气资源是墨西哥最重要的矿产资源，据墨西哥国家统计局统计，墨西哥原油可采储量为 252.04 亿桶，其中：78.97 亿桶为证实储量，79.38 亿桶为概算储量，92.69 亿桶为可能储量。天然气可采储量为 9.88 万亿 m^3。此外据墨西哥国家统计局统计，墨银、铋、萤石、天青石、钙硅石、镉、钼、铅、锌和铜产量均居世界前列。墨西哥集团（Group Mexico）是墨西哥最大的铜矿企业，其最大的铜矿山位于北部索诺拉州的卡纳内阿市

（Cananea）。墨西哥也是世界上第一大产银国和世界主要铅生产国之一。墨西哥集团拥有墨西哥最大锌矿，位于圣路易斯波托西州的 Charcas。2019 年 3 月加拿大“世界矿业投资吸引力排名”调查中，墨西哥在 83 个国家（地区）中位居第 19。同时，墨西哥是传统农业国，是玉米、番茄、甘薯、烟草的原产地。

2）中美地峡

中美地峡是联系北美大陆与南美大陆的陆桥，沟通大西洋和太平洋的巴拿马运河是两大洋及沿岸国家联系交往的捷径，地理位置重要。该地区主要种植热带经济作物，盛产香蕉、咖啡、甘蔗、棉花、剑麻、可可及烟草、谷物。森林广布，畜牧业也较重要。工业以轻工食品业为主，多小型企业。

中美地峡各国的经济迄今以农业为主，如危地马拉、萨尔瓦多、尼加拉瓜、洪都拉斯和伯利兹。咖啡、香蕉、棉花三大经济作物的出口值几乎占出口总值的 80%，在国际贸易中占有重要地位。

中美地峡各国工业不发达。除少量冶金、炼油、水泥工业外，主要是一些轻工业。工业比重较大的是巴拿马，利用运河的便利条件进口石油，建有炼油厂；还设有小型钢铁厂。食糖等工业也有发展。各国首都如圣何塞（哥斯达黎加）、危地马拉城（危地马拉）、马那瓜（尼加拉瓜）等均有轻工业，以食品、纺织为主。此外，哥斯达黎加外贸、旅游和服务业发达，经济发展水平在中美洲名列前茅。

中美地峡国家大多属于发展中国家，它们虽然有良好的自然条件，但在殖民者入侵后，经济发展缓慢。农业在国内生产总值中比重很大（巴拿马除外），工业不发达，只有一些轻工业。这些国家都有积极发展旅游业的愿望，近些年重视在这方面的投资，旅游业有所发展。

3）西印度群岛

西印度群岛地处南、北美洲之间，大西洋经巴拿马运河通太平洋的海上必经之地，交通和战略地位重要。海、空港众多，海、空联系便捷，主要港口有哈瓦那、圣地亚哥、金斯敦、圣多明各、太子港、圣胡安、西班牙港和威廉斯塔德等。近年来，旅游业有了较大发展，已成为世界著名的旅游、疗养胜地。在一些小的岛国中，旅游业收入已成为重要的经济来源。

西印度群岛的经济发展一向受到自然资源缺乏的牵制，尤其是煤炭和铁矿。不过，在 20 世纪已经发现了石油、天然气和铝土矿的大型矿床，并进行了开采。石油和天然气现为特立尼达和多巴哥的经济基础。铝土矿在牙买加、海地和多明尼加共和国用露天开采法开采；牙买加曾一度是铝土矿和精炼氧化铝的世界最大出口国，现在仍是一个主要生产国。古巴是镍的主要生产国之一。

水电的潜力有限，而且，除古巴以外，木材和渔业资源都不充足，不能从事大规模的商业开发。然而，气候却是一种强大的资源，有利于旅游业的成长开发。

二、中美航线主要港口

1. 墨西哥航线主要港口

1）曼萨尼约（曼萨尼略）港

曼萨尼约港（表 7–26）位于墨西哥科利马州的西南海岸，为太平洋沿岸的墨西哥最大港口，港口有一个由一条 700 m 长南北走向的防波堤防护的海港，形成杂货船、散货船、集装箱船和油船泊位。曼萨尼约港是墨西哥第一大集装箱港口。2020 年，曼萨尼略港在 Lloyd's List 发布的全球集装箱港口吞吐量排名中位居第 65。

表 7–26　曼萨尼约（曼萨尼略）港

港口名称（中文）	港口名称（英文）	港口代码	纬 / 经度	所在国
曼萨尼约港	MANZANILLO	MXZLO	19.077 29°/–104.322 5°	墨西哥

2）韦拉克鲁斯港

韦拉克鲁斯港（表 7–27）位于墨西哥东南沿海坎佩切湾的西南岸，濒临墨西哥湾的西南侧，是墨西哥东岸的最大港口，素有墨西哥“东方门户”之美称。它是全国工商业中心，也是墨西哥东岸的农产品集散地。该港是东部的重要铁路枢纽，有公路及铁路四通八达，还是一个重要的国际航空站。主要产业有冶金、机械、石油加工、金属工业、造船、纤维、食品及烟草等。

表 7–27　韦拉克鲁斯港

港口名称（中文）	港口名称（英文）	港口代码	纬 / 经度	所在国
韦拉克鲁斯港	VERACRUZ	MXVER	19.198 905°/–96.130 025°	墨西哥

2. 中美洲、加勒比航线主要港口

1）夸特扎尔港

夸特扎尔港（表 7–28）位于危地马拉南部沿海，濒临太平洋的西侧，是危地马拉在太平洋沿岸的新建港口，于 20 世纪取代圣何塞成为危地马拉最大的太平洋港口。

表 7–28　夸特扎尔港

港口名称（中文）	港口名称（英文）	港口代码	纬 / 经度	所在国
夸特扎尔港	PUERTO QUETZAL	GTPRQ	13.923 79°/–90.790 73°	危地马拉

2）伯利兹城港

伯利兹城港（表 7–29）位于伯利兹东部沿海伯利兹河口南岸，濒临加勒比海的西北侧，是伯利兹最大的港口。它曾是伯利兹的首府，是海上运输的要冲。

表 7–29 伯利兹城港

港口名称（中文）	港口名称（英文）	港口代码	纬 / 经度	所在国
伯利兹城港	BELIZE CITY	BZBZE	17.475 55°/–88.205 6°	伯利兹

3）科林托港

科林托港（表 7–30）位于尼加拉瓜西北沿海的科林托湾内，濒临太平洋的西侧，是尼加拉瓜最大的港口。

表 7–30 科林托港

港口名称（中文）	港口名称（英文）	港口代码	纬 / 经度	所在国
科林托港	CORINTO	NICIO	12.481 165°/–87.170 16°	尼加拉瓜

4）利蒙港

利蒙港（表 7–31）是哥斯达黎加最大的贸易港，利蒙省首府，位于加勒比海岸。

表 7–31 利蒙港

港口名称（中文）	港口名称（英文）	港口代码	纬 / 经度	所在国
利蒙港	PUERTO LIMON	CRLIO	9.987 744°/–83.024 585°	哥斯达黎加

5）科隆港

科隆港（表 7–32）位于巴拿马北部沿海巴拿马运河的大西洋出口处，濒临利蒙湾的东侧，是巴拿马最大港口和最大的集装箱港口。克里斯托瓦尔（Cristobal）为其外港。科隆是巴拿马的第二大城，也是仅次于新加坡、中国香港的第三大自由贸易城市。科隆自由贸易区（Colon Free Zone，港口代码 PACOL）成立于 1948 年，位于科隆市东北部，是西半球最大的自由贸易区，与迈阿密共列为对中南美洲转口中心。

2020 年，科隆港在 Lloyd’s List 发布的全球集装箱港口吞吐量排名中位居第 40。

表 7–32 科隆港

港口名称（中文）	港口名称（英文）	港口代码	纬 / 经度	所在国
科隆港	COLON	PAONX	9.375 352 5°/–79.887 11°	巴拿马

6）巴尔博亚港

巴尔博亚港（表 7–33）位于巴拿马南部沿海的巴拿马运河太平洋出口处，濒临巴拿马湾的北侧，是巴拿马的第二大港，距巴拿马城仅 3 km，是巴拿马运河转运港、巴拿马城贸易商港。有巴拿马铁路直达科隆港。巴尔博亚是巴拿马运河区的行政中心，又是拉美的空运中心之一。2020 年，巴尔博亚港在 Lloyd's List 发布的全球集装箱港口吞吐量排名中位居第 58。

表 7–33　巴尔博亚港

港口名称（中文）	港口名称（英文）	港口代码	纬 / 经度	所在国
巴尔博亚港	BALBOA	PABLB	8.950 785 5°/–79.565 775°	巴拿马

7）金斯顿港

金斯顿港（表 7–34）位于牙买加东南沿海的金斯敦湾内，濒临加勒比海的北侧，是牙买加的最大港口。牙买加早在 1509 年沦为西班牙殖民地，1655 年被英国占领，直到 1962 年 8 月取得独立。经济以农、矿业为主。矿产中的铝矾土和氧化铝是牙买加重要的经济支柱，其收入占牙买加出口总收入的 70%左右，是目前世界上主要产铝土的国家。其他矿产还有石膏、铜、铁、大理石、金砂及硅砂等。金斯敦为牙买加的首都及全国政治、经济、文化和交通的中心。该港是南美洲同北美洲之间的重要交通枢纽，是加勒比海的主要中转港口。

表 7–34　金斯顿港

港口名称（中文）	港口名称（英文）	港口代码	纬 / 经度	所在国
金斯顿港	KINGSTON	JMKIN	17.968 45°/–76.785 055°	牙买加

8）哈瓦那港

哈瓦那港（表 7–35）位于古巴西北沿海，濒临佛罗里达海峡的西南侧，是古巴的最大港口。它是古巴的首都和全国政治、经济、文化和交通中心。其主要工业有卷烟、制糖、酿酒、造船、纺织、化学和石油提炼等。哈瓦那生产的雪茄驰名国内外。该港的工业产值占全国工业产值的 1/2。

表 7–35　哈瓦那港

港口名称（中文）	港口名称（英文）	港口代码	纬 / 经度	所在国
哈瓦那港	HAVANA	CUHAV	23.130 09°/–82.341 115°	古巴

9）拿骚港

拿骚港（表 7–36）位于巴哈马中部新普罗维登斯岛东北沿海，濒临普罗维登斯东北海峡的西南侧，毗邻天堂岛，是巴哈马的首都和最大港口。

表 7–36　拿骚港

港口名称（中文）	港口名称（英文）	港口代码	纬 / 经度	所在国
拿骚港	NASSAU	BSNAS	25.079 79°/–77.336 995°	巴哈马

10）太子港

太子港（表 7–37）位于海地西部沿海的太子港湾东岸，濒临向风海峡的东南侧，是海地的最大港口，是西印度群岛著名良港之一。它是海地的首都和全国政治、经济及文化中心。海地是拉丁美洲最穷的国家，也是世界上最不发达的国家之一。近年来，这个人口超 1 000 万的加勒比海岛国党派争斗不断，绑架事件频发，社会治安问题严重。2021 年 7 月 7 日，海地总统莫伊兹在家中遇刺身亡，海地正面临严重的政治危机。

表 7–37 太子港

港口名称（中文）	港口名称（英文）	港口代码	纬 / 经度	所在国
太子港	PORT AU PRINCE	HTPAP	18.558 065°/–72.368 66°	海地

11）圣多明各港

圣多明各港（表 7–38）位于多米尼加南部沿海奥萨马河口，圣多明各湾的东北岸，濒临加勒比海的北侧，是多米尼加的最大港口。始建于 1496 年，为美洲最古老的港市之一。

表 7–38 圣多明各港

港口名称（中文）	港口名称（英文）	港口代码	纬 / 经度	所在国
圣多明各港	SANTO DOMINGO	DOSDQ	18.465 65°/–69.883 5°	多米尼加

12）圣胡安港

圣胡安港（表 7–39）位于波多黎各自治邦北部沿海的圣胡安湾内，濒临大西洋的西侧，是波多黎各自治邦的首府和最大海港。

表 7–39 圣胡安港

港口名称（中文）	港口名称（英文）	港口代码	纬 / 经度	所在国
圣胡安港	SAN JUAN	PRSJU	18.45°/–66.111 5°	美属波多黎各自治邦

13）西班牙港

西班牙港（表 7–40）位于特立尼达和多巴哥西北部帕里亚湾的东北岸，地处南美洲北部的顶端，是全国最大的港口。

表 7–40 西班牙港

港口名称（中文）	港口名称（英文）	港口代码	纬 / 经度	所在国
西班牙港	PORT OF SPAIN	TTPOS	10.648 295°/–61.517 545°	特立尼达和多巴哥

课后任务

1. 列举中美航线主要港口。
2. 在地图中找出中美航线主要港口。
3. 分析巴拿马运河的航运意义。

任务三　南美地理及航线认知

任务描述

南美洲（South America）是南亚美利加洲的简称，位于西半球、南半球。东临大西洋，西临太平洋，北临加勒比海。北部和北美洲以巴拿马运河为界，南部和南极洲隔德雷克海峡相望。

该地区航线主要包括南美西线和南美东线。2021 年，受德尔塔新冠病毒变异毒株影响，南美多个国家疫情持续严峻，对医疗物资及部分生活必需品的需求继续保持高位。2021 年 7 月，中国出口至南美航线运价指数平均值为 2 315.17，较上月平均上涨 13.3%。7 月 30 日，上海港出口至南美基本港市场运价（海运及海运附加费）为 9 720 美元 /TEU。

知识讲解

一、南美地区地理概况

1. 南美地区国家基本概况

从地理区域上划分为：南美北部诸国，包括圭亚那、苏里南、委内瑞拉和哥伦比亚，一个地区为法属圭亚那。安第斯山地中段诸国，包括厄瓜多尔、秘鲁、玻利维亚。南美南部诸国，包括智利、阿根廷、乌拉圭、巴拉圭。南美东部国家巴西面积约占大陆总面积的一半。

南美洲各国经济发展水平和经济实力相差悬殊。巴西和阿根廷为经济最为发达的国家，加之委内瑞拉、哥伦比亚、智利和秘鲁，六国国内生产总值占全洲的 90% 以上。各国现代经济都高度集中在少数大城市或沿海地区，山区和边远地区经济落后。

工业以采矿业和制造业最为重要。采矿业是南美各国的基础部门，大部分矿产供出口：委内瑞拉、阿根廷、厄瓜多尔、秘鲁、哥伦比亚等国的石油；巴西、委内瑞拉、智利的铁；玻利维亚的锡、锑；智利、秘鲁的铜；圭亚那、苏里南的铝土；秘鲁的铅、锌、银、铋；智利的硝石、钼；巴西铌的产量和出口量在世界占据重要地位。轻工业为南美多数国家制造业的主体，肉类加工、制糖、饮料、皮革、纺织、服装等部门较发达。钢铁、汽车、化工、橡胶、电器、机械等重工业集中在巴西、阿根廷、委内瑞拉、智利、秘鲁、哥伦比亚等国家。

农业在南美各国经济中具有重要意义。种植业中经济作物占据绝对优势。南美洲是可可、向日葵、菠萝、马铃薯、木薯、巴西橡胶树、烟草、金鸡纳树、玉米、番茄、巴拉圭茶、辣椒等栽培植物的原产地。甘蔗、香蕉、咖啡分别占世界总产量的 20.5%，其中巴西的咖啡和香蕉产量均居世界第 1；可可、柑橘均占世界总产量的 25% 左右，其中巴西的可可产量居世界第 3；剑麻产量居各洲第 2，主要产在巴西；巴西木薯产量居世界第 1。南美洲向世界提供所需咖啡、香蕉、蔗糖的绝大部分及大量的棉花、可可、剑麻等。东南部阿根廷等国则大量出口肉类和粮食。牛、羊的总头数在世界上占重要地位。沿海盛产鳀鱼、沙丁鱼、鳗鱼、鲈鱼、金枪鱼等，秘鲁和智利为世界著名渔业国。南美洲大部分国家中多数人从事农业生产，但粮食生产仍不足自给，大多数国家需进口粮食。

南美洲的第三产业发展情况要依各国情况而定，巴西、阿根廷、智利、委内瑞拉等国的第三产业发展总体在发展中国家属于中等，其中巴西作为金砖国家之一，是中上等收入的国家，第三产业发展得较好。另外发展程度较高的南美国家还有阿根廷、乌拉圭、智利、委内瑞拉等。

2020 年以来的新冠肺炎疫情对南美诸国影响严重，为南美洲地区带来了现代历史上最大的一次衰退。

2. 南美地区地理基本概况

南美洲东至布朗库角（西经 34°46'，南纬 7°09'），南至弗罗厄德角（西经 71°18'，南纬 53°54'），西至帕里尼亚斯角（西经 81°20'，南纬 4°41'），北至加伊纳斯角（西经 71°40'，北纬 12°28'）。面积约 1 797 万 km^2（包括附近岛屿），约占世界陆地总面积的 12%。

南美洲大陆地形可分为东西两个纵带：西部为狭长的安第斯山脉，南美洲海拔 300 m 以下的平原约占全洲面积的 60%，海拔 300~3 000 m 之间的高原、丘陵和山地约占全洲面积的 33%，海拔 3 000 m 以上的高原和山地约占全洲面积的 7%。全洲平均海拔 600 m。

截至 2021 年底，已知现代化工业中所需要的 20 多种最重要的矿物原料南美洲大部分都有，且储量丰富。委内瑞拉石油储量、巴西的铁矿储量居世界前列；天然气主要分布在委内瑞拉和阿根廷；煤主要分布在哥伦比亚和巴西；铝土矿主要分布在苏里南；铜矿分布在智利和秘鲁；铋、锑、银、硝石、铍和硫磺储量均居各洲前列；锡、锰、汞、铂、锂、铀、钒、锆、钍、金刚石等矿物也很丰富。

南美洲森林面积约 92 000 万公顷，占全洲总面积的 50% 以上，约占世界森林总面积的 23%，盛产红木、檀香木、铁树、木棉树、巴西木、香膏木、花梨木等贵重林木。草原面积约 44 000 万公顷，约占全洲总面积的 25%，占世界草原总面积的 14%。

水力蕴藏量估计为 46 700 万 kW · h，约占世界水力蕴藏量的 16.9%；已开发的水力资源为 560 万 kW · h，约占世界水力资源总开发量的 3.6%。

智利北部沿海和巴西东南部沿海盛产金枪鱼，秘鲁沿海盛产鱼，智利沿海盛产沙丁鱼，鳕和鲸。此外，巴西、阿根廷沿海还盛产鲈、鲻、鳀、鲭、鳕等鱼类。秘鲁沿海、巴西沿海为南美洲两大渔场。

二、南美航线主要港口

1. 南美西线主要港口

1）布埃纳文图拉港

布埃纳文图拉港（表 7–41）位于哥伦比亚西部沿海布埃纳文图河口，在布埃纳文图拉湾内，濒临太平洋的东侧，是哥伦比亚在太平洋沿岸最大的港口。始建于 1504 年，港口设施优良，有铁路直达码头。经济腹地圣菲波哥大（Santa Fe Bogota）的周围地区是鲜花生产的主要基地，哥伦比亚的鲜花已成为第三大出口商品，并雄踞世界第二大鲜花出口国（第一位为荷兰）。其主要工业有制革、木材加工、酿酒及罐头食品等。

表 7–41　布埃纳文图拉港

港口名称（中文）	港口名称（英文）	港口代码	纬 / 经度	所在国
布埃纳文图拉港	BUENAVENTURA	COBUN	3.887 549°/–77.063 125°	哥伦比亚

2）埃斯梅拉达斯港

埃斯梅拉达斯港（表 7–42）又译为埃斯梅腊达斯港，位于厄瓜多尔西北沿海埃斯梅拉达斯河口西岸，濒临太平洋的东南侧，是厄瓜多尔最大的油港。

表 7–42　埃斯梅拉达斯港

港口名称（中文）	港口名称（英文）	港口代码	纬 / 经度	所在国
埃斯梅拉达斯港	ESMERALDAS	ECESM	1.010 794 85°/–79.667°	厄瓜多尔

3）瓜亚基尔港

瓜亚基尔港（表 7–43）位于厄瓜多尔西南的沿海瓜亚斯河口，在瓜亚基尔湾的西北岸，濒临太平洋的东南侧，是厄瓜多尔最大的港口。2020 年，瓜亚基尔港在 Lloyd's List 发布的全球集装箱港口吞吐量排名中位居第 87。

表 7–43　瓜亚基尔港

港口名称（中文）	港口名称（英文）	港口代码	纬 / 经度	所在国
瓜亚基尔港	GUAYAQUIL	ECGYE	–2.256 039°/–79.943 73°	厄瓜多尔

4）卡亚俄港

卡亚俄港（表 7–44）位于秘鲁西部沿海的卡亚俄湾内，濒临太平洋的东南侧，是秘鲁的最大海港和最大集装箱港。它始建于 1537 年，为西班牙殖民者掠夺金、银财宝的起运港。20 世纪 70 年代港口实现了现代化。它现为首都利马（Lima）的海上出入门户，相距 13 km。2020 年，卡亚俄港在 Lloyd's List 发布的全球集装箱港口吞吐量排名中位居第 82。

表 7–44　卡亚俄港

港口名称（中文）	港口名称（英文）	港口代码	纬 / 经度	所在国
卡亚俄港	CALLAO	PECLL	–12.046 88°/–77.148 475°	秘鲁

5）阿里卡港

阿里卡港（表 7–45）是智利最北端与秘鲁交界处太平洋沿岸港口。阿里卡市曾为秘鲁领土，但太平洋战争（1879—1884 年）后归属智利。2004 年 10 月 1 日，智利阿里卡港集团（Terminal Portuaria Arica）获得阿里卡港 30 年的经营权，阿里卡港得到迅猛发展。自 2008 年起，阿里卡港成为玻利维亚进出口的第一通道。

表 7–45　阿里卡港

港口名称（中文）	港口名称（英文）	港口代码	纬 / 经度	所在国
阿里卡港	ARICA	CLARI	–18.472 85°/–70.325 55°	智利

6）伊基克港

伊基克港（表 7–46）位于智利北部沿海伊基克湾内塞拉罗半岛的北岸，濒临太平洋的东南侧，是智利主要的硝石输出港。伊基克市拥有美洲第二、南美洲最大的自由贸易区——ZOFRI（Zona Franca de Iquique）自由贸易区，由于地理上同阿根廷、玻利维亚、秘鲁、乌拉圭、巴拉圭和巴西的陆地交通极为方便，是面向上述国家的重要进出口市场，是南美洲各国同太平洋国家之间的主要贸易集散地之一。

表 7–46　伊基克港

港口名称（中文）	港口名称（英文）	港口代码	纬 / 经度	所在国
伊基克港	IQUIQUE	CLIQQ	–20.201 835°/–70.150 24°	智利

7）安托法加斯塔港

安托法加斯塔港（表 7–47）位于智利北部沿海莫雷诺湾的东岸，濒临太平洋的东南侧，是智利的铜矿输出港，也是智利北部的普通货贸易港。智利铜储量、产量和出口量均为世界第一，已探明蕴藏量达 2 亿 t 以上，约占世界储藏量的 1/3，有“铜矿之国”的称号。铜矿及铜厂遍布全国约 400 多个。该港附近的丘基卡马塔（Chuquicamata）为智利的 4 大铜矿之一，其产量占全国的 40%。智利铜的品位极高，出口值占智利出口总值的 50%左右。安托法加斯塔港还是玻利维亚、阿根廷、乌拉圭等国的货物中转港。

表 7–47　安托法加斯塔港

港口名称（中文）	港口名称（英文）	港口代码	纬 / 经度	所在国
安托法加斯塔港	ANTOFAGASTA	CLANF	–23.647 135°/–70.405 955°	智利

8）瓦尔帕莱索港

瓦尔帕莱索港（表 7–48）位于智利中部沿海瓦尔帕莱索湾南岸，濒临大西洋的东南侧，是智利的最大海港之一，也是南美太平洋岸的最大港口之一。该港始建于 1536 年，是首都圣地亚哥（Santiago）的海上门户，相距约 100 km。该港交通运输发达，是重要的交通枢纽，是南美大陆西部桥头堡。

表 7–48　瓦尔帕莱索港

港口名称（中文）	港口名称（英文）	港口代码	纬 / 经度	所在国
瓦尔帕莱索港	VALPARAISO	CLVAP	–33.034 16°/–71.613 695°	智利

9）彭塔阿雷纳斯港（蓬塔阿雷纳斯、阿雷纳斯角）

彭塔阿雷纳斯港（表 7–49）位于智利南部不伦瑞克半岛的东海岸中部拉斯米纳斯河口，濒临麦哲伦海峡的西侧，是智利南部最大的港口。该港始建于 1843 年，1868 年起成为自由港。巴拿马运河修筑前，为大西洋与太平洋间过往船舶的加煤站。该港水、陆交通方便，并建有国际机场，也是从南美洲出发的南极探险者们进行休整的最后一站。

表 7–49　彭塔阿雷纳斯港

港口名称（中文）	港口名称（英文）	港口代码	纬 / 经度	所在国
彭塔阿雷纳斯港	PUNTA ARENAS	CLPUQ	–53.144 5°/–70.876 5°	智利

10）圣安东尼奥港

圣安东尼奥港（表 7–50）位于智利首都圣地亚哥以西约 108 km，是智利最大的集装箱港。

表 7–50　圣安东尼奥港

港口名称（中文）	港口名称（英文）	港口代码	纬 / 经度	所在国
圣安东尼奥港	SAN ANTONIO	CLSAI	–33.587 5°/–71.618 285°	智利

2. 南美东线主要港口

1）巴兰基亚港

巴兰基亚港（表 7–51）位于哥伦比亚北部沿海马格达莱纳河口西岸，濒临加勒比海的西南侧，是哥伦比亚北部的主要港口之一。始建于 1629 年，现为全国重要的工业中心，主要工业有电子、造纸、纺织、食品、水泥、冶金及化工等。

表 7–51　巴兰基亚港

港口名称（中文）	港口名称（英文）	港口代码	纬 / 经度	所在国
巴兰基亚港	BARRANQUILLA	COBAQ	10.999 37°/–74.791 785°	哥伦比亚

2）卡塔赫纳港

卡塔赫纳港（表 7–52）位于哥伦比亚西北沿海的卡塔赫纳湾北岸，濒临加勒比海的西南侧，是哥伦比亚北部的主要港口之一，目前是哥伦比亚最大的集装箱港。港内设有自由贸易区。2020 年，卡塔赫纳港在 Lloyd's List 发布的全球集装箱港口吞吐量排名中位居第 59。

表 7–52　卡塔赫纳港

港口名称（中文）	港口名称（英文）	港口代码	纬 / 经度	所在国
卡塔赫纳港	CARTAGENA	COCTG	10.401 215°/–75.528 56°	哥伦比亚

3）马拉开波港

马拉开波港（表 7–53）位于委内瑞拉西北沿海马拉开波湖口西岸，濒临委内瑞拉湾的西南侧，是委内瑞拉的主要油港。始建于 1571 年，原为咖啡输出港，后来由于 1918 年马拉开波地区发现丰富的油田而飞速发展成为著名的石油城市。马拉开波湖是南美洲最大的湖泊，也是世界上最大的石油产区之一，有“石油湖”之称，湖滨有许多石油城镇和港口。目前委内瑞拉石油（含重油）探明储量为 3 000 亿桶，居世界第 1。

表 7–53 马拉开波港

港口名称（中文）	港口名称（英文）	港口代码	纬 / 经度	所在国
马拉开波港	MARACAIBO	VEMAR	10.631 5°/–71.642°	委内瑞拉

4）卡贝略港

卡贝略港（表 7–54）位于委内瑞拉西北马拉开波湖口西岸，是加勒比海岸重要港口。

表 7–54 卡贝略港

港口名称（中文）	港口名称（英文）	港口代码	纬 / 经度	所在国
卡贝略港	PUERTO CABELLO	VEPBL	10.477 505°/–68.010 385°	委内瑞拉

5）拉瓜伊拉港

拉瓜伊拉港（表 7–55）位于委内瑞拉北部沿海，濒临加勒比海的东南侧。它是首都加拉加斯（Caracas）的外港，相距约 11 km，有高速公路相通。

表 7–55 拉瓜伊拉港

港口名称（中文）	港口名称（英文）	港口代码	纬 / 经度	所在国
拉瓜伊拉港	LA GUAIRA	VELAG	10.603 5°/–66.945 5°	委内瑞拉

6）奥尔达斯港

奥尔达斯港（表 7–56）委内瑞拉矿石输出港位于该国东北奥里诺科河下游。1961 年，奥里诺科河西岸的奥尔达斯港和东岸的商港圣费利克斯（San Felix）合并为圭亚那城（Ciudad Guayana）。

表 7–56 奥尔达斯港

港口名称（中文）	港口名称（英文）	港口代码	纬 / 经度	所在国
奥尔达斯港	PUERTO ORDAZ	VEPZO	8.333 121 5°/–62.709 96°	委内瑞拉

7）累西腓港

累西腓港（表 7–57）位于巴西东北沿海，地处南美大陆最东点布拉塔角附近，濒临大西洋的西侧，是巴西东北部的散糖出口港。该港交通运输发达，是巴西东北部铁路和公路的枢纽。市区由一半岛和附近岛屿组成，水道纵横，有铁桥及石桥相连，被誉称为“巴西的威尼斯”。

表 7–57 累西腓港

港口名称（中文）	港口名称（英文）	港口代码	纬 / 经度	所在国
累西腓港	RECIFE	BRREC	–8.055 601 5° / –34.870 505°	巴西

8）图巴朗港

图巴朗港（表7–58）位于巴西东南沿海圣埃斯皮里图湾东岸湾口，濒临大西洋的西南侧，是巴西最大的铁矿石输出港。巴西的铁矿主要分布在米纳斯吉拉斯州，以贝洛奥里藏特（Belo Horizonte）南部的露天铁矿规模最大，有“铁山”之美称，是世界储量最大的优质铁矿之一。目前该地区的矿石产量约占巴西铁矿石总产量的2/3。

表7–58　图巴朗港

港口名称（中文）	港口名称（英文）	港口代码	纬/经度	所在国
图巴朗港	TUBARAO	BRTUB	–20.285 715°/–40.243 03°	巴西

9）里约热内卢港

里约热内卢港（表7–59）位于巴西东南沿海瓜纳巴拉湾西岸入口处，濒临大西洋的西南侧，是巴西第二大港，也是南美洲主要的海港之一。始建于1565年，曾为巴西首都，1960年由此迁往巴西利亚（Brasilia）。它是全国的金融主文化中心，是巴西仅次于圣保罗（Sao Paulo）的第二大工业城市和最大的商业中心。主要工业有机械、造船、汽车、冶金、纺织、服装、化学、出版印刷和食品加工等。同时它也是南美地区的金融中心，有许多大企业、银行和跨国组织在此设办事机构。

表7–59　里约热内卢港

港口名称（中文）	港口名称（英文）	港口代码	纬/经度	所在国
里约热内卢港	RIO DE JANEIRO	BRRIO	–22.849 815°/–43.177 84°	巴西

10）桑托斯港

桑托斯港（表7–60）位于巴西东南沿海的桑托斯湾内，地处圣维森特岛的东岸及圣多亚马罗岛的西岸，濒临大西洋的西南侧，是巴西最大城市圣保罗的外港，相距63 km。桑托斯是巴西最大的海港，最大的集装箱港，又是世界最大的咖啡输出港，还是玻利维亚及巴拉圭的中转港。2020年，桑托斯港在Lloyd’s List发布的全球集装箱港口吞吐量排名中位居第45。

表7–60　桑托斯港

港口名称（中文）	港口名称（英文）	港口代码	纬/经度	所在国
桑托斯港	SANTOS	BRSSZ	–23.951 09°/–46.353 58°	巴西

11）蒙得维的亚港

蒙得维的亚港（表7–61）位于乌拉圭南部沿海拉普拉塔河口北岸，在蒙得维的亚湾内，濒临大西洋的西南侧，是乌拉圭的最大海港。

表 7–61 蒙得维的亚港

港口名称（中文）	港口名称（英文）	港口代码	纬 / 经度	所在国
蒙得维的亚港	MONTEVIDEO	UYMVD	–34.889 705°/–56.220 85°	乌拉圭

12）布宜诺斯艾利斯港

布宜诺斯艾利斯港（表 7–62）位于阿根廷东部沿海拉普拉塔河口的西岸，在桑博龙邦湾的西北端，濒临大西洋的西南侧，是阿根廷的最大海港。它是阿根廷的首都及全国政治、经济、交通及文化的中心。2019 年，布宜诺斯艾利斯港在 Lloyd’s List 发布的全球集装箱港口吞吐量排名中位居第 92，2020 年跌出百强榜。

表 7–62 布宜诺斯艾利斯港

港口名称（中文）	港口名称（英文）	港口代码	纬 / 经度	所在国
布宜诺斯艾利斯港	BUENOS AIRES	ARBUE	–34.611 61°/–58.367 685°	阿根廷

课后任务

1. 列举南美航线主要港口。
2. 在地图中找出南美航线主要港口。

项目八

认识北极航道

航海是一件高贵的事情，对人类而言比其他一切事物都更有用。

——乔治乌斯·帕西迈利斯《历史》

任务一　北极西北航道认知

任务描述

按照北极理事会2009年的定义，西北航道（Northwest Passage）是指沿北美大陆北部沿岸并穿越加拿大北极群岛从而连通大西洋和太平洋的航线集合。西北航道大部分航段位于加拿大北极群岛水域，以白令海峡为起点，向东沿美国阿拉斯加北部离岸海域，穿过加拿大北极群岛，直到戴维斯海峡。这条航道在波弗特海进入加拿大北极群岛时，分成2条主要支线：一条穿过阿蒙森湾、多芬联合海峡、维多利亚海峡到兰开斯特海峡；一条穿过麦克卢尔海峡、梅尔维尔子爵海峡、巴罗海峡到兰开斯特海峡。

知识讲解

一、北极西北航道地理概况

1. 北极西北航道开辟历史

从15世纪开始，无数航海家和探险家就开始了对西北航道的探索。这里一度成为许多世界知名的探险家的天堂，也成为了他们的折戟之地，无数优秀的探险家丧命于此。

16世纪，由于绕过非洲和拉美南端的航线被葡萄牙和西班牙垄断，西欧和北欧的探险家希望从北大西洋寻找一条穿越北冰洋的新航线，与财富遍地的东方建立直接贸易关系，由此展开了长达两个多世纪的航道探险。数以百计的西方探险家为了探寻这条航线，葬身冰海。直到19世纪中叶，人们才勉强分段走通，证实西北航道确实存在。

1845年5月19日，由皇家海军少将约翰·富兰克林爵士（Rear-Admiral Sir. John Franklin）率领的“西北航道”探险队（包括“黑暗”号和“恐怖”号，见图8-1）在一片欢呼声中离开英格兰港口驶向北极。此次远征西北航道已是他第4次深入北极探险了。谁知，此次万众瞩目的西北航道的探索，却以“全员失踪”而告终。之后为了寻找富兰克林爵士，麦克卢尔（Robert McClure）也进入了航道，却被困在这片冰天雪地中长达2年。

图8-1　富兰克林率领的“黑暗”号和“恐怖”号

1903年6月，阿蒙森的探险队开始远航寻找西北航道。整队人马在深入北极圈的威廉王岛上安营扎寨，度过了两个冬季，并在马更些岛上又度过了一个冬季。他们于1906年9月完成了到达太平洋的航行。这时，西北航道才真正被打开。

1940—1942年，加拿大皇家骑警的一艘木质双桅补给机帆船St. Roch号从西向东，花了27个月才实现船舶第二次走通西北航道。

1944年，St.Roch号利用更靠北的一条新航线返回西海岸的温哥华。

1969年，曼哈顿号油船穿越“西北航道”将原油从阿拉斯加运抵纽约。

2. 北极西北航道基本概况

所谓西北航道（Northwest Passage）是指由格陵兰岛经加拿大北部北极群岛到阿拉斯加北岸的航道，这是大西洋和太平洋之间最短的航道。西北航道是经数百年努力寻找而形成的一条北美大陆航道，由大西洋经北极群岛（属加拿大）至太平洋。航道在北极圈以北 800 km，距北极不到 1 930 km，是世界上最险峻的航线之一。一旦能够进行商业通航，将产生显著的经济效益。北极西北航道最大的优势在于拉近了北美洲、北欧和东北亚国家之间的距离，比现在经巴拿马运河的太平洋航线要缩短 1/3 的航程，被称为“全世界最有效益的便捷航道”。目前，北极西北航道在特定时段已初步具备了通航条件。

西北航道的商业性通航，将对全球的自然资源开发、交通运输、国际贸易等方面带来显著的经济效益：对美国和加拿大影响最大，而从波斯湾到巴拿马、从智利到斯堪的那维亚都受到影响。不过该航线如何尽早利用、利用到何等程度，则可能取决于竞争的发展、政府的政策和许多复杂的经济问题。

加拿大政府自 1880 年宣布对北极群岛拥有主权，但包括美国在内的一些国家则认为西北航道大部分应属公海水域。加拿大曾表示在遵守污染控制规章的前提下，欢迎各国利用该航道通商。

加拿大在 1973 年宣称这条航道是它的国内线路，一直声称对此拥有主权。但美国和俄罗斯反对加拿大将“西北航道”据为己有。加拿大的理由是，“西北航道”其实是加拿大国内的一条水道，就像密西西比河是美国的内河一样。美国和俄罗斯认为，“西北航道”本是一条国际海路，主张向任何国家开放。

2014 年 9 月，加拿大最大的远洋航运公司 Fednav 旗下动力最强的可破冰散货船（Ice-Breaking Bulk Carrier）“努那维克”（NUNAVIK）轮从加拿大魁北克省北部的迪塞普申湾（Deception Bay）出发，在没有加拿大专家陪同以及其他船舶护卫的情况下，成功穿行整个北极西北航道，将加拿大皇家镍业的 2 300 t 镍精矿运到中国营口市的鲅鱼圈，成为世界上首艘成功穿行这条航道的远洋商船，标志着西北航线在特定时段已初步具备了通航条件。

2014 年，银海邮轮旗下“银海探索号”成功搭载 132 名乘客完成了西北航道的探险之旅。此次航行于 8 月 9 日起程，始发地为格陵兰的堪格鲁苏阿卡，9 月 1 日到达目的地阿拉斯加的诺姆。整个航程大约有 3 500 n mile。

2016 年 4 月 5 日，交通运输部海事局组织编撰的中文版《北极航行指南（西北航道）2015》，由人民交通出版社股份有限公司正式出版发行。该指南与 2014 年出版的《北极航行指南（东北航道）》一起，作为“北极航道使用说明书”，将为船舶航行北极航道提供可靠实用的航行参考。

2016 年 8 月 16 日，“宁静水晶”（Crystal Serenity）号邮轮从美国阿拉斯加州的苏厄德启航，邮轮载有乘客和船员约 1 700 人，同行的还有一艘相较之下显得“微型”的 1 800 t 的破冰船。邮轮围绕阿拉斯加半岛向西北方向航行，穿过白令海峡，然后向东驶向构成西北航道的一系列海峡和海域的迷阵，并到访 Ulukhaktok、剑桥湾、格陵兰等多个因纽特文化圈，最后在1个月后抵达美国纽约。

2017年7月5日，一艘名为“MSV诺迪卡”号的破冰船从加拿大温哥华出发，7月29日抵达努克。尽管此次航行航程相对较长，但用时少于2008年加拿大海岸警卫队“路易斯L·圣-洛朗”号破冰船创造的25天纪录。“路易斯L·圣-洛朗”号于2008年7月5日从纽芬兰出发，7月30日抵达阿拉斯加州巴罗角，航行方向同“MSV诺迪卡”号相反。

2017年9月，中国第八次北极科学考察队搭乘“雪龙”号科考船成功穿越北极西北航道。2017年8月30日，“雪龙”号进入戴维斯海峡，途经巴芬湾、兰开斯特海峡、皮尔海峡、维多利亚海峡和阿蒙森湾，沿途克服航道曲折、浮冰密集、冰山散布、海雾频现、冰区夜航等诸多困难，历时8天，航行2 293 n mile，于2017年9月6日进入波弗特海，完成中国船舶首次成功试航北极西北航道，为未来中国船舶穿行西北航道积累了丰富的航行经验。

近10年内，陆续有3~4家探险公司，包括挪威的海达路德公司，法国的庞洛邮轮，美国的水晶邮轮公司等，凭着有破冰能力的邮轮，在每年7—8月盛夏时期，开启西北和东北航道的旅行。其中挪威邮轮运营商海达路德（Hurtigruten）旗下的罗尔德·阿蒙森号（MS Roald Amundsen）是世界上第一艘混合动力邮轮，2019年完成了从大西洋至太平洋的3 000 n mile航程，成为首艘穿越北极西北航道的混合动力船舶。

二、北极西北航道主要港口

1. 美国港口

1）诺姆港

诺姆港（表8-1）是北极邮轮航线挂靠港。位于美国西北部阿拉斯加州的诺姆境内，地处苏厄德半岛的西南岸，南濒诺顿湾西北侧的湾颈处，东近安克雷奇（Anchorage）港。

表8-1　诺姆

港口名称（中文）	港口名称（英文）	港口代码	纬/经度	所在国
诺姆港	NOME	USOME	64.498 455°/-165.433 75°	美国

2）巴罗

巴罗（表8-2）是美国阿拉斯加州北坡自治区村镇，也是北美洲大陆最北端的村镇。位于巴罗角西南14 km处，1826年为英国北冰洋探险队首先到达。因纽特人最大居民点之一。附近有美国海军北极研究基地。

表 8–2 巴罗

港口名称（中文）	港口名称（英文）	港口代码	纬/经度	所在国
巴罗	BARROW	USBRW	71.302 225°/–156.768 9°	美国

2. 加拿大港口

1）图克托亚图克

图克托亚图克是加拿大北冰洋岸海港（表 8–3）。位于该国西北部波弗特海岸。“图克托亚图克”在当地语言中意为“它看起来像一头北美驯鹿”。图克托亚图克过去被称为布拉班特港，是加拿大西北地区的一个村镇，太平洋、大西洋、北冰洋在这里汇合。该地总面积 11 km^2，总人口 950 人。在 1950 年，布拉班特港的名字改回当地居民原本使用的名字图克托亚图克。

作为加拿大北极地区的一个重要标志，图克小镇承载着众多国家使命。这里是加拿大西北三特区之一的西北特区内濒临北冰洋的咽喉要塞，也是总长 1 738 km 的北美第二大水系麦肯锡河注入北冰洋的入海口，还是加拿大北部重要的原住民社区。

表 8–3 图克托亚图克

港口名称（中文）	港口名称（英文）	港口代码	纬/经度	所在国
图克托亚图克	TUKTOYAKTUK	CATUK	69°27'0"/–133°0'0"	加拿大

2）剑桥湾镇港

剑桥湾镇港（表 8–4）位于维多利亚岛东南岸，是维多利亚岛最大的居民点，也是基蒂克美奥特地区的首府，是著名的西北航道上最大的客运和科考船停泊点。小镇上生活着北极原住民因纽特人。

表 8–4 剑桥湾镇港

港口名称（中文）	港口名称（英文）	港口代码	纬/经度	所在国
剑桥湾镇港	CAMBRIDGE BAY	CAYCB	69°07'02"/–105°03'11"W	加拿大

3）伊卡卢伊特港

伊卡卢伊特港（表 8–5），也译“伊瓜努”或“伊魁特”，是加拿大努勒维特省的首府，位于世界第五大岛巴芬岛的南方，属于港口城市。从地形上看，伊卡卢伊特位在弗罗比歇湾的顶部，在北冰洋的东大陆边缘，面对着哈得孙湾（Hudson Bay）北部。

表 8–5 伊卡卢伊特港

港口名称（中文）	港口名称（英文）	港口代码	纬/经度	所在国
伊卡卢伊特港	IQALUIT	CAIQL	63.739 62°/–68.522 89°	加拿大

课后任务

1. 列举北极西北航道的主要港口。
2. 说明北极西北航道开通的意义。

任务二　北极东北航道认知

任务描述

按照北极理事会2009年的定义，东北航道（Northeast Passage）是指西起挪威北角附近的欧洲西北部，经欧亚大陆和西伯利亚的北部沿岸，穿过白令海峡到达太平洋的航线集合。该航道从北欧出发，向东穿过北冰洋巴伦支海、喀拉海、拉普捷夫海、新西伯利亚海和楚科奇海五大海域直到白令海峡。在东北航道上，连接五大海域的海峡多达58个，其中最主要的有10个，自西向东依次是：尤戈尔海峡、喀拉海峡、马托奇金海峡、维利基茨基海峡、绍卡利斯基海峡、红军海峡、扬斯克海峡、德米特里拉普捷夫海峡、桑尼科夫海峡、德朗海峡。

东北航道最关键的一个航段为俄罗斯北方海航道。前苏联以自身大陆为参照，提出了北方海航道的概念。北方海航道（Northern Sea Route）在俄罗斯法律上被定义为西起喀拉海峡（Kara Gate）（新地岛南端）、东至白令海峡之间的一系列海上航线的集合（Arctic Council，2009）。

知识讲解

一、北极东北航道地理概况

1. 北极东北航道开辟历史

早在11世纪，科拉半岛和白海海岸的居民为了寻求皮毛和进行捕捞，开始尝试沿着俄罗斯北部海岸向东航行进入了喀拉海。

16世纪，欧洲殖民国家为了扩大他们的帝国版图和寻求进入东亚地区的贸易路线，开始探索通往神秘东方的路线。

16 世纪 50 年代，荷兰人和英国人进入探险行列。因为这条“假想”的航道位于西欧东北方，故名“东北航道”。自 1527 年英国商人罗伯特·索恩提出存在一条东北航道以来，英、俄等国探险家在东方香料高额利润的吸引下，都试图开发这一航道，但终因风险太大而未能如愿。

1553 年英国人詹斯勒（Richard Chancellor）率 3 艘船满怀豪情地踏上了征途，试图打通东北航道，最远到达俄罗斯北方的白海。但结果除了一艘船得以幸免之外，其余两艘船上的官员和水手共 70 多人全部因饥寒而丧命。

1555 年，英国商业探险公司组织了一次探险性航行，这次他们绕过科拉半岛进入喀拉海，却没有寻找到任何陆地的影子。然而，英国人仍然不甘心。

到了 1580 年，他们又派出两艘船进入了喀拉海，企图东进，结果又有一艘船失踪，30 多人死于非命。至此，英国人才被迫放弃打通东北航道的最后希望，而把探索的目光转向了西北方。这些探险队当时希望能绘制出东北航道西部的海图，但结果不是探险队失事，就是迫于恶劣的冰情被迫返回。

16 世纪，荷兰航海家巴伦支连续 3 次取道北极寻找通往中国的航路。1596 年 7 月，巴伦支探险队因坚冰困于新地岛，继而巴伦支长眠于这片海域，西欧的北极探险以巴伦支殒命冰海的悲剧而告终。不过，他在航行中所做的记录、绘制的海图（见图 8-2），为后来的航海探险家提供了指南。

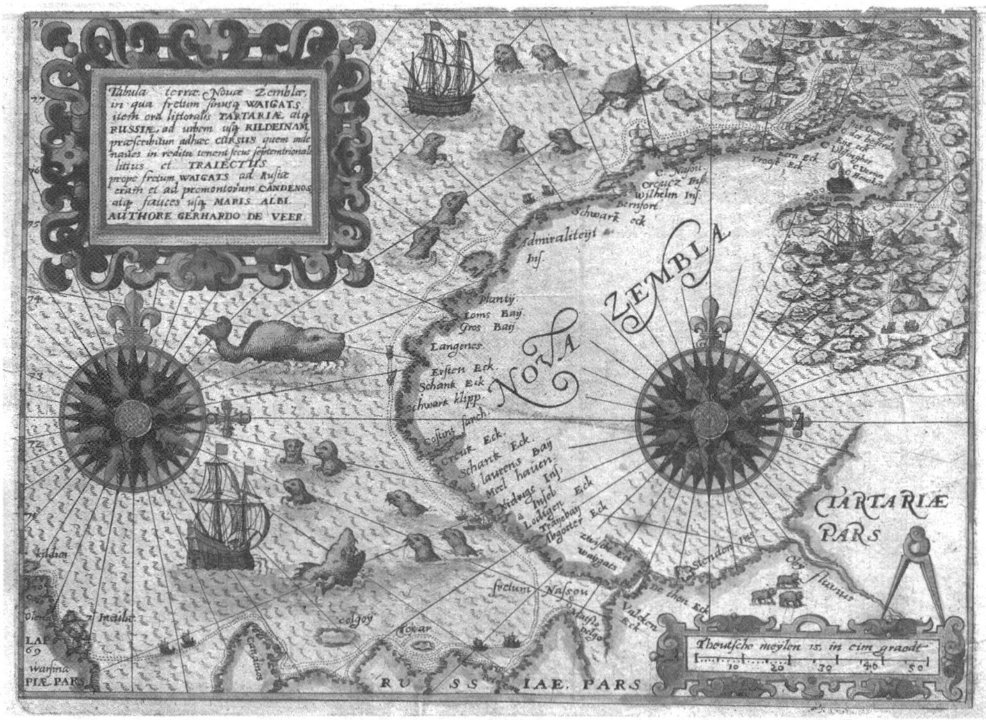

图 8-2　荷兰人巴伦支（Willem Barentsz）1596 年绕过新地岛时画的地图

据不完全统计，到16世纪结束的时候，已死于北极的探险者至少有150人之多，但东北航道仍然没有走通的希望。当西班牙和葡萄牙从东方源源不断运回稀缺物品大赚其利时，英国、荷兰探索东北航道的积极性大大下降了，人们对东北航道的探索冷却了两个世纪。

进入18—19世纪，因为探险运动和民族主义的兴起，俄罗斯、英国、瑞典、美国及挪威等国再掀东北航道探索高潮。

1725年1月，彼得大帝任命丹麦人白令为考察队长，去完成“确定亚洲和美洲大陆是否连在一起”这一艰巨任务。白令和他的25名队员自西向东横穿俄罗斯海岸，顺利通过了现在的白令海峡。但是，前后共有100多人在探险中死去，其中也包括白令自己。虽然整个东北航道的探险困难重重，但人们并未忘记这条航道，特别是随着欧亚大陆以北一系列岛屿的相继发现，“如何打通东北航道”这个问题的轮廓似乎愈来愈清楚了。

打通北极东北航道的梦想，最终由出生于芬兰的瑞典航海家诺登舍尔德（Nordenskjold，Nils Adolf Erik）率领的国际考察队实现。1878年7月，诺登舍尔德从瑞典的哥德堡出发，率领着两艘轮船（“维加号”和“莉娜号”），于第二年夏天绕过亚洲大陆东北角进入白令海峡。至此，经过3个多世纪的寻找与发现，人类终于将北极东北航道走通。

2. 北极东北航道现状

20世纪，人类社会前进的步伐骤然加快，东北航道的利用提上日程。

东北航道被前苏联称为北方航道（Northern Sea Route），并于1932年在官方文件中正式使用该称呼。自20世纪30年代开始，苏联沿东北航道一线把北极作为一个整体进行了大量的科研活动，并于20世纪60年代大大提高了核动力破冰船队的水平，完善了沿海航行安全体系。随后苏联考虑到航道的重要政治、经济等战略意义，担心外国的介入，遂禁止外国船舶通行。挪威、瑞典和美国等国一直坚持国际通行权利，但遭到苏联多次拒绝。1991年苏联解体，俄罗斯成为前苏联法律和国际条约的继承者。自苏联解体后，俄罗斯向国际社会力推这一概念，这一概念遂大量出现在各种媒体和学术文章中。苏联时期和今天的俄罗斯对这条航道的定义在距离上基本相同，且都把它视为“国内航线”。

进入21世纪，随着全球变暖和全球航运技术的发展，北极东北航道的重要性日益显现。

2005年，俄罗斯附近的东北通道畅通，但后来又有冰块阻塞，直至2008年8月中下旬，卫星拍摄的照片显示，西北航道和东北航道第一次同时冰融开通，海冰专家将其形容为“具有历史意义的事件”，代表人类史上首次可绕过北极开展商业航行，由此引发了新一轮东北航道开发热潮。

2009 年 7 月，德国布鲁格航运公司的两艘货船“布鲁格友爱”号和“布鲁格远见”号（两艘都非破冰船）从韩国装货出发，向北航行通过往年因冰封无法通航的北冰洋“东北航道”，抵达荷兰鹿特丹港。此次航行在北极航运史上具有重要意义，在一定程度上宣告了一条新商业航道的诞生。

2011 年 9 月，挪威楚迪航运公司使用抗冰货船装载了 41 000 t 铁矿石从挪威的希尔科内斯港起程，穿越东北航道，将铁矿石运往中国，开启了具有历史意义的航行。

2012 年 8 月，中国第五次北极科考队乘坐“雪龙”号科考船穿越巴伦支海后抵达北冰洋—大西洋扇区的第一个海洋调查站点，这标志着由中国国家海洋局组织实施的北极东北航道首航任务已顺利完成。此次“雪龙”船成功首航北极东北航道，不仅为中国海洋科考打通了一条连接大西洋和太平洋的北极通道，也为中国船舶利用北极通道提供了一个成功范例。

2013 年 8 月 27 日—至 9 月 3 日，中国中远集团旗下的“永盛”轮在 2 名引航员帮助下，由破冰船单独护航成功通过俄罗斯北方海航道，到达新地岛北部，成为中国历史上第一艘穿越东北航道到达欧洲的商船。

2014 年，中华人民共和国原交通部海事局组织编撰的《北极东北航道航行指南》正式出版发行，这是全球首部中文版的北极东北航道航行指南。其将为计划航行北极东北航道的中外船舶提供海图、航线、海冰、气象等全方位航海保障信息服务。

2015 年 7—9 月底，“永盛”轮再航北极，并成功实现双向通行；2016 年中远海运集团利用北极东北航道夏季航行窗口期 7—9 月底实施“永盛 +”项目，“永盛”“夏之远 6”“天禧”“祥和口”“祥云口”等 5 艘船舶成功通过北极东北航道，其中除“永盛”轮外其余船舶均为非冰级船舶，“永盛”轮再次实现双向通过。2013—2018 年，中国远洋海运集团旗下中远海运特运公司共派出 15 艘船舶，完成了 22 个航次的北极东北航道航行任务。其中，2017 年的 5 艘货船主要承运设备、钢材、纸浆等货物，探索中国商船北极东北航道的项目化、常态化运行。东北航道开通对于连接我国北方港口和欧洲尤其是北欧港口，经济性极为显著，节省路途达 40% 以上。2019 年，中远海运特运公司所有 9 艘次船舶全部圆满完成北极东北航道段航行任务。

尽管北极东北航道航运已初具规模，国内航运企业在通航窗口期基本实现了常态化运营，但是受北极地缘政治、高纬高寒地理气候条件影响，极地航行仍然面临着传统航线所不存在的限制。

2017 年 7 月 3 日，国家主席习近平与俄罗斯总统普京提出要开展北极航道合作，共同打造“冰上丝绸之路”。2018 年 1 月，中国政府发表的首份北极政策文件——《中国的北极政策》白皮书中指出：“中国是北极事务的重要利益攸关方。中国在地缘上是‘近北极国家’，是陆上最接近北极圈的国家之一。中国发起共建‘一带一路’重要合作倡议，与各方共建‘冰上丝绸之路’，为促进北极地区互联互通和经济社会可持续发展带来合作机遇。”

2018 年 7 月，中俄能源合作重大项目——亚马尔（YAMAL）液化天然气项目向中国供应的首船液化天然气（LNG），通过北极东北航道运抵江苏如东，交付给中国石油天然气集团有限公司旗下的 LNG 接收站。对于亚马尔半岛而言，这次穿越北极之旅意味着，冰海变通途，发展现捷径。2018 年 12 月 11 日，亚马尔液化天然气项目第三条生产线正式投产，年总产量为 1 650 万 t，标志着该项目由工程建设阶段全面转入生产运营和成本回收阶段。根据协议，从 2019 年起，中石油每年进口来自亚马尔项目的数百万吨液化天然气。

综合来看，“冰上丝绸之路”可为中国带来三方面价值：

第一，北极航线可以大量节省经济成本。如果北极航线完全开通，有助于中国打破海上通道单一的局面，促进中国国际航运多元化发展。

据专家测算，“冰上丝绸之路”将使上海以北港口到欧洲西部、北海、波罗的海等港口的航线航程缩短 25%~55%，每年可节省 533 亿 ~1 274 亿美元国际贸易海运成本，且航道可在更大程度上避免海盗和国际突发事件侵扰。

第二，北极航线为中国提供安全稳定的能源通道。北极地区及其洋底大陆架蕴含着丰富的石油、天然气，以及大量的矿藏。另外，北极地区还拥有丰富的矿产资源和森林、渔业资源。除管道输送之外，北极航线为海上油气资源的运输提供了一条安全的海上通道。

第三，北极航道开通直接影响我国沿海地区经济发展布局。北极航道的开通以及北极航运商业化运营的发展，将进一步加强中国东部沿海地区的经济优势地位，促进中国北方港口的经济和外贸发展，进一步刺激中国内地货源地的布局改革和规划更新，从而为内陆经济发展带来新机遇。

二、北极东北航道主要港口

1. 俄罗斯港口

1）季克西（提克西）港

季克西，又译“提克西”，是俄罗斯北海航线东段的重要港口（表 8-6）。港口建于 1932 年—1934 年。为北冰洋同勒拿河、亚纳河、因迪吉尔卡河及科雷马河间货运的中转港。附近建有北极观测站。

表 8–6　季克西港

港口名称（中文）	港口名称（英文）	港口代码	纬 / 经度	所在国
季克西港	TIKSI	RUIKS	71.647 57°/128.898 9°	俄罗斯

2）迪克森（迪克松）港

迪克森港（表 8–7）是俄罗斯北冰洋喀拉海南岸港口，位于泰梅尔半岛西北端、叶尼塞湾口东岸，水深可泊海轮，是北海航线上的重要港口及燃料补给基地。该港 20 世纪 30 年代中期随北海航线开发而兴起，由迪克森岛（面积 25 km^2）及对岸港区组成，有机场、水文气象站、北极无线电气象中心、地球物理天文台和鱼类加工厂。

表 8–7　迪克森港

港口名称（中文）	港口名称（英文）	港口代码	纬 / 经度	所在国
迪克森港	DIKSON	RUDKS	73.506 81°/80.510 04°	俄罗斯

3）萨别塔港

萨别塔港（表 8–8），亦译作萨贝塔港，位于俄罗斯北部的亚马尔半岛，是中远海运能源亚马尔（YAMAL）项目母港。1974 年，位于亚马尔半岛的 South–Tambeyskoye 气田被发现，直到 2010 年，俄罗斯政府开始着手规划亚马尔项目。

表 8–8　萨别塔港

港口名称（中文）	港口名称（英文）	港口代码	纬 / 经度	所在国
萨别塔港	SABETTA	RUSAB	71.278 825°/72.060 015°	俄罗斯

亚马尔液化天然气（LNG）项目是中国提出“一带一路”倡议后在俄罗斯实施的首个特大型能源合作项目。由于将“一带一路”建设拓展到北极圈以内，该项目成为了“冰上丝绸之路”的重要支点，被誉为“北极圈上的能源明珠”。2013 年 12 月，由俄罗斯最大独立天然气生产商诺瓦泰克（Novatek）公司主导，法国道达尔（Total）公司、中国石油天然气集团有限公司（CNPC）和中国丝路基金（SilkRoadFund）参股的亚马尔 LNG 项目做出最终投资决定，四方分别占股 50.1%、20%、20%、9.9%。该项目标志着全球纬度最高、规模最大，总投资约 300 亿美元的极地超级工程正式启动。2017 年 12 月 8 日，亚马尔项目的第 1 条生产线正式投产。2018 年 3 月，中远海运能源所属上海 LNG 亚马尔项目首制破冰 LNG 船 Vladimir Rusanov 号在俄罗斯亚马尔项目母港萨贝塔港顺利完成首载货物的装载，随即启程开赴荷兰鹿特丹。2018 年 7 月 19 日，亚马尔项目向中国供应的首船液化天然气，通过北极东北航道，运抵中国石油旗下的江苏如东液化天然气接收站，交付给中国石油。2018 年 8 月 9 日，亚马尔项目在萨别塔港完成第 2 条生产线液化天然气的首次装船，装船量达 17 万 m^3。2018 年 12 月 11

日，亚马尔项目的第 3 条生产线正式投产。2020 年 10 月 31 日，沪东中华建造的 LNG 运输船“天权星”轮成功交付，标志着沪东中华的亚马尔 LNG 船项目完美收官。

4）阿尔汉格尔斯克港

阿尔汉格尔斯克港（表 8–9）位于北德维纳河河口附近，是阿尔汉格尔斯克州首府。阿尔汉格尔斯克港是俄罗斯的第一个海港，由沙皇伊凡雷帝建立。18 世纪后因圣彼得堡开埠而衰落。尽管如此，该市仍在发展造船业和渔业。19 世纪连接莫斯科的铁路落成，成为国家最大的森林工业和木材出口中心。两次世界大战期间，是盟国物资进入俄国的口岸。该港曾是北极探索的重要基地，并建立起了北海航线的航行。

表 8–9　阿尔汉格尔斯克港

港口名称（中文）	港口名称（英文）	港口代码	纬 / 经度	所在国
阿尔汉格尔斯克港	ARKHANGELSK	RUARH	64.537 845°/40.534 06°	俄罗斯

2016 年 10 月，中国保利集团与俄罗斯“北极工业交通枢纽阿尔汉格尔斯克”公司签署了一份关于实施阿尔汉格尔斯克深水港建设项目意向的协议。根据项目方案，到 2030 年深水港年吞吐能力将达 3 000 万 t，有助于打造一条连接俄罗斯中国、横跨欧亚和北美的新货运路线。

目前，阿尔汉格尔斯克深水港建设项目已经列入了“至 2030 年间俄罗斯联邦运输战略”规划中。战略的制定者们认为，新港口可能成为欧洲、北美、亚太地区国家（首先是中国）进出口货物运输最有吸引力的更替通道，以及保证在这些方向新的大吨位商船自由地进入世界各大洋。

5）摩尔曼斯克港

摩尔曼斯克港（表 8–10）是北极东北航道重要港口，位于俄罗斯西北沿海科拉河口东岸，临近巴伦支海科拉湾，是俄罗斯乃至世界最大的军港之一，也是俄罗斯最大的渔港和北方最大的商港。因受北大西洋暖流影响，港湾终年不冻，可全年通航（有时需破冰船协助）。该港口也是俄罗斯北极圈唯一的不冻港。港区码头泊位有 20 多个，最大水深约 12 m，年吞吐量可达 1 000 万 t。

表 8–10　摩尔曼斯克港

港口名称（中文）	港口名称（英文）	港口代码	纬 / 经度	所在国
摩尔曼斯克港	MURMANSK	RUMMK	68.984 125°/33.061°	俄罗斯

摩尔曼斯克港还是俄罗斯北极地区的科研文化中心。这里有著名的北极海洋渔业和海洋学研究所。同时，摩尔曼斯克是俄罗斯最大的有色金属生产基地，俄罗斯“镍大王”北方镍公司就设在这里。它还是俄罗斯最重要的云母产地。

摩尔曼斯克港一年中有一个半月的长夜，又有两个月的长昼。每年从 12 月 2 日起到次年1月18日前后，太阳一直沉落在地平线以下，北极星则几乎垂直地悬挂在高空。而在夏至前后的两个月里，太阳终日不落，周而复始地在天空回转。

在摩尔曼斯克有一个特殊的旅游活动——北极点之旅，每年7月旅游者可以乘坐俄罗斯核动力破冰船（Nuclear Powered Ice Breaker）到北极点去旅游。

2. 挪威港口

1）希尔克内斯（希尔科内斯）港

希尔克内斯港（表8–11）是挪威东北部港市，处于北极圈内。在帕斯维克河畔，临博克峡湾，村庄邻近俄罗斯边境，是挪威西海岸沿海航线的终点港口，每天都有无数的汽船邮轮进港，是世界最美丽的海边小镇之一。1910年因采矿业发展而兴起。地处高纬带，但因受暖流影响，气候也较温暖是重要的铁矿区。有水上飞机基地和机场，是卑尔根海空航运及北方公路运输的终点。因其独特的地理位置和闻名世界的帝王蟹以及冰雪酒店（Snow Hotel），这里成为了知名的旅游地。

表8–11　希尔克内斯港

港口名称（中文）	港口名称（英文）	港口代码	纬/经度	所在国
希尔克内斯港	KIRKENES	NOKKN	69.727 12°/30.055 8°	挪威

2）哈默弗斯特港（哈默菲斯特）

哈默弗斯特港（表8–12）是挪威芬马克郡的第二大城市，仅次于特罗姆瑟，是挪威北部主要的港市，也是欧洲最北的港市。哈默弗斯特港是北冰洋捕鲸和捕海豹的常用港口，渔业相当发达，有鱼类加工厂，出口鳖鱼肝油和腌鱼等海鲜类。因北大西洋暖流经过，终年不冻。夏季旅游业颇盛。

表8–12　哈默弗斯特港

港口名称（中文）	港口名称（英文）	港口代码	纬/经度	所在国
哈默弗斯特港	HAMMERFEST	NOHFT	70.666 5°/23.679°	挪威

哈默弗斯特原来是一个小渔村，1789年建镇。1940—1944年，哈默弗斯特的战略位置，使它被选为德国舰队北大西洋海军基地，战争中哈默菲斯特被曾被夷为平地。哈默菲斯特早在200年前就宣称自己是“世界最北城市”，并建立了“最北标志”“最北酒店”等许多意在证明其地位的纪念性建筑。

3）特罗姆瑟港

特罗姆瑟港（表8–13），被称为“北极之门”，是挪威芬马克郡的首府，是挪威北部最大的城市，也是北极圈内最大的城市，同时也是挪威重要海港。位于该国北部特罗姆瑟峡湾东部的克瓦洛伊岛（Kvaloy）西南，临北冰洋挪威海北部。海路东至摩尔曼斯克港 418 n mile，西南至博法港 197 n mile，至特隆赫姆港 486 n mile，至卑尔根港 700 n mile，至多弗尔港约 1 240 n mile。因有北大西洋暖流通过，冬季不封冻。

表 8–13 特罗姆瑟港

港口名称（中文）	港口名称（英文）	港口代码	纬 / 经度	所在国
特罗姆瑟港	TROMSO	NOTOS	69.667°/19.010 35°	挪威

特罗姆瑟是一个大学城，拥有极光观测所等，是挪威北冰洋捕鱼和捕海豹业的中心。建有冷冻、冷藏和鱼油加工等工厂，还有人造奶油、啤酒等工业，水上飞机基地以及地球物理观测站和卫星遥测站。每年 5 月 1 日至 7 月 23 日出现极昼现象。

4）纳尔维克港

纳尔维克港（表 8–14）位于挪威北部奥福特峡湾内，港市西南，临挪威海韦斯特峡湾。海路东北距特罗姆瑟港 141 n mile，至俄国摩尔曼斯克港 559 n mile，西南距特隆赫姆港 403 n mile，卑尔根港 616 n mile，至多佛尔港 1 156 n mile。港区分布在奥福特湾东部南岸的纳尔维克小湾内，因北大西洋暖流经过，是全年不冻的天然良港。

表 8–14 纳尔维克港

港口名称（中文）	港口名称（英文）	港口代码	纬 / 经度	所在国
纳尔维克港	NARVIK	NONVK	68.422 5°/17.408°	挪威

纳尔维克港是世界上位置最北端的不冻港之一，与世界大铁矿中心之一瑞典的基律纳有铁路相连。基律纳以产高品位铁矿石（含铁率超过 70%）著名。纳尔维克是基律纳矿石的出海口，1883 年起为瑞典铁矿石的主要输出港。该港渔业发达。

课后任务

1. 列举北极东北航道的主要港口。
2. 说明北极东北航道开通的意义。

参考文献

[1] 赵盼红 , 何伟 . 基于国际海运航线的海运经济地理课程教学改革探析 [J]. 青岛职业技术学院学报 , 2015, (3): 42–44.

[2] 宋彬 . 基于谷歌地球软件的海运地理课程可视化教学研究 [M]// 上海海事大学继续教育学院 / 上海港湾学校 . 2019 海大职教探索 . 上海 : 上海浦江教育出版社有限公司 , 2019.

[3] 姜伟 . 航运地理 [M]. 3 版 . 北京 : 人民交通出版社 , 2020.

[4] 宋彬 . 基于国际海运航线的"海运经济地理"课程校本教材开发研究 [M]// 上海海事大学继续教育学院 / 上海港湾学校 . 2017 海大职教探索 . 上海 : 上海浦江教育出版社有限公司 , 2017: 118–122.

[5] 詹姆斯・费尔格里夫 . 地理与世界霸权 [M]. 胡坚 , 译 . 浙江 : 浙江人民出版社 , 2016.

[6] 杰里・布罗顿 . 十二幅地图中的世界史 [M]. 林盛 , 译 . 浙江 : 浙江人民出版社 , 2016.

[7] 儒勒・凡尔纳 . 地理发现史 [M]. 戈信义 , 译 . 海南 : 海南出版社 , 2016.

[8] 菲利普・德・索萨 . 极简海洋文明史 [M]. 施诚 , 译 . 北京 : 中信出版社 , 2016.

[9] 亨德里克・威廉・房龙 . 航行七大洋的故事 [M]. 焦晓菊 , 译 . 北京 : 现代出版社 , 2016.

[10] 林肯・佩恩 . 海洋与文明 [M]. 陈建军 , 罗燚英 , 译 . 天津 : 天津人民出版社 , 2017.

[11] 彼得・弗兰科潘 . 丝绸之路 : 一部全新的世界史 [M]. 邵旭东 , 译 . 浙江 : 浙江大学出版社 , 2016.

[12] 中国地图出版社 . 世界港口交通运输地图集 [M]. 北京 : 中国地图出版社 , 2018.

[13] 任啸科 . 世界地理全知道 [M]. 北京 : 北京联合出版公司 , 2016.

附录 相关网站

① 中华人民共和国交通运输部网站：https://www.fmprc.gov.cn

② MarineTraffic: https://www.marinetraffic.com

③ 航运在线：http://www.sol.com.cn

④ 地图窝：http://www.onegreen.net/maps

⑤ 厦门港口管理局：http://www.portxiamen.gov.cn

⑥ 宁波舟山港：http://www.portnbzs.com.cn

⑦ 上海国际港务（集团）股份有限公司：http://www.portshanghai.com.cn

⑧ 维基百科：https://en.wikipedia.org/wiki

⑨ 辽宁港口集团：http://www.liaoningport.com

⑩ 营口港务集团有限公司：http://www.ykport.com.cn

⑪ 天津港（集团）有限公司：http://www.ptacn.com

⑫ 秦皇岛港股份有限公司：http://www.portqhd.com

⑬ 广州港股份有限公司：http://www.gzport.com

⑭ 深圳市交通运输委员会：http://www.sztb.gov.cn

⑮ 中国香港海运港口局：http://www.hkmpb.gov.hk

⑯ 中国澳门海事及水务局：http://www.marine.gov.mo

⑰ 通用运费网：http://www.ufsoo.com/port/

⑱ 仁川地方海洋水产厅：http://www.portincheon.go.kr

⑲ 横滨市港湾局：http://www.city.yokohama.lg.jp/kowan

⑳ 名古屋港管理组合：http://www.port-of-nagoya.jp

㉑ 中国海事服务网：http://www.cnss.com.cn

㉒ 中华航运网：https://www.chineseshipping.com.cn

㉓ 港口网：http://www.chinaports.com

㉔ 国际航运研究中心：http://www.sisi-smu.org

㉕ 中国海运信息网：http://www.chinashippinginfo.net

㉖ 国际海事信息网：http://www.simic.net.cn

㉗ 标准地图服务网：http://bzdt.ch.mnr.gov.cn